비판적 지식인 윤선도

: 사상과 네트워크

비판적 지식인 윤선도

: 사상과 네트워크

고영진 지음

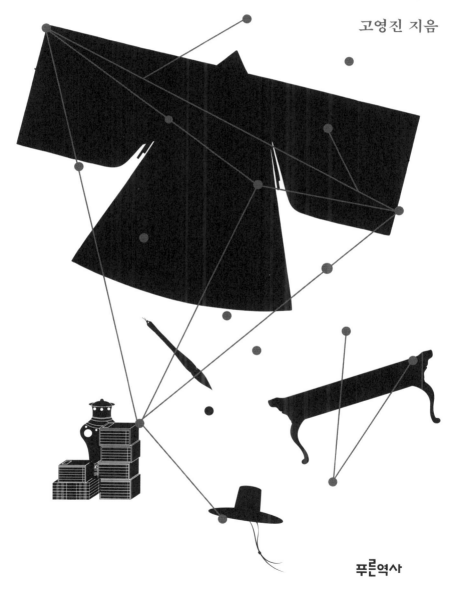

푸른역사

머리말

내가 처음 윤선도와 관련을 맺은 것은 지금으로부터 25년 전쯤 보길도를 답사하면서였다. 세연정과 부용동, 동천석실 등을 돌아다니며 가졌던 기억들은 아직도 생생하며 슬라이드 필름으로 찍었던 당시 사진들은 지금까지 연구실 책장에 보관되어 있고 그 가운데 몇 장은 '지역문화유산답사'라는 강의에서 활용하고 있다. 그러나 그때 관심을 가졌던 것은 윤선도라는 인간이 아니라 그와 관련된 유적들이었다고 해도 과언이 아니다.

　내가 학문적으로 윤선도를 만나게 되는 것은 2005년 한국국학진흥원에서 계획한 《한국유학사상대계》의 필진으로 참여하여 〈호남사림의 학맥과 사상〉이라는 글을 저술하면서였다. 그 글에서 17세기 남인계 호남사림의 대표적인 인물로, 윤선도의 학문과 사상을 살펴보았다. 그 후 2011년 완도군과 고려대 민족문화연구원에서 주최한 제1회 고산학술제에서 〈17세기 호남사림의 계보와 윤선도의 위상〉이라는 글을 발표하여 다시 한번 그의 학문과 사상을 다루었다. 하지만 이 두 개의 글은 완성된 형태는 아니었다.

　2007년 《호남사림의 학맥과 사상》이라는 단행본을 내고 난 뒤 나의 목표는 호남의 유학을 체계적으로 정리한《호남유학사상사》를 내는 것이었다. 따라서 이후의 작업은 퍼즐을 맞추어나가듯 호남유학의 빈자리를 메워가는 것이었으며 윤선도에 대한 연구도 그 일환이었다.

2015년부터 윤선도의 문집을 비롯한 관련 자료들을 꼼꼼히 읽어나갔다. 윤선도라는 인간과 본격적으로 만나게 된 것도 이때였다. 그리고 그의 삶과 사상을 살펴보면서 '비판적(실천적) 지식인'의 모습이 떠올랐다.

사실 '지식인'이란 단어는 유신 말기인 1970년대 말 대학을 다닐 때부터, 대학 강단에서 학생들을 가르치고 있는 지금까지도 나의 뇌리를 떠나지 않았던 화두였다. 40여 년 전 대학시절에 읽었던 사르트르의《지식인을 위한 변명》과 한완상의《민중과 지식인》을 다시 읽어보니 감회가 새로웠다. 그리고 대학 동료 교수들과 함께하는 푸코스터디모임에서《담론과 진실》을 비롯한 '지식인' 관련 책들을 같이 읽었다.

2017년 발표한 〈비판적 지식인으로서의 윤선도의 삶〉이라는 논문은 이러한 작업의 첫 결실이었다. 이 글을 시작으로 〈윤선도의 학문과 사상〉, 〈호남남인 윤선도의 관계망〉, 〈유교국가 조선과 비판적 지식인〉 등 윤선도와 비판적 지식인과 관련한 글들을 잇달아 발표하였다. 이 책은 바로 이러한 일련의 연구 성과들을 바탕으로 약간의 대중성을 가미해 저술한 것이다.

나의 전공은 조선시대 사상사(지성사)이다. 그런데 언제부터인가 나는 사상가들을 그들의 주장이나 사상만 가지고 평가하지 않게 되었다. 인생을 살다보니 말과 행동이 일치하지 않는 인간들이 너무나 많았기 때문이다. 더욱이 많은 사람들은 자신의 말과 행동이 일치하지 않는다는 사실조차 인식하지 못하고 있다. 따라서 내가 선택한 연구방법은 한 인간의 사상을 그의 전체 삶과 연관지어 살펴보는 것, 즉 '삶으로서의 사상사(지성사)'였다.

결국 이 책은 윤선도라는 인간, 그의 삶과 사상을 바로 '비판적 지식인'과 '삶으로서의 사상사(지성사)'라는 두 가지 코드로 살펴본 것이라고 할 수 있다. 그리고 앞으로도 나는 이 두 가지 코드를 가지고 조선시대 사상사(지성사) 연구를 진행해나갈 것이다.

또한 내가 조선시대 사람 윤선도를 통해 비판적 지식인을 소환한 것은 오늘날 비판적 지식인이 거의 사라져버린 한국사회에 대한 안타까움 때문이기도 하다. 잘 알다시피 '지식인'이란 용어는 19세기 말 프랑스에서 일어난 '드레퓌스 사건'을 계기로 해서 등장하였다. 처음에는 세상물정 모르는 부정적인 의미로 사용되었으나 '드레퓌스 사건'을 계기로 비판적이고 실천적인 긍정적 의미로 바뀌었다.

1970년대와 80년대 한국사회 역시 이러한 비판적·실천적 지식인의 활동과 사회 참여가 활발히 이루어졌으며 그 주축은 대학의 연구자들과 언론인, 종교인 등이었다. 그러나 1990년대 들어와 신자유주의가 한국사회를 지배하기 시작하면서 대학은 취업학원으로 전락하고 교수들은 지식전달자로 전락하였다. 더욱이 2000년대 들어와 대학에 비정년트랙과 연봉제가 본격적으로 도입되면서 대학 교원의 신분은 더욱 불안정해지고 그 결과 비판적 지식인이 설 자리는 점점 좁아져 갔다. 사립대학의 경우는 더 말할 나위가 없다.

얼마 전 서양사 분야에서 많은 학문적 업적을 내고 사회 현실에도 쓴소리를 아끼지 않았던 이영석 교수가 갑자기 세상을 떠났다. 서로 잇대어 있는 연구실에서 25년을 함께 공부하고 수업이 끝나면 동료 교수들과 함께 호프집에서 맥주 한잔을 마시면서 '대학다운 대학', '나라다운 나라'를 만들기 위해 밤 늦게까지 격정을 토로했던 기억들이 떠오른다.

지금 한국사회는 이런 비판적 지식인은 하나둘 사라져가고 대신 도 척지견盜跖之犬처럼 행동하며 기세도명欺世盜名하는 사이비 지식인만 난무하고 있다. 그리고 코로나19 팬데믹 속에서 이념갈등과 지역갈등, 빈부갈등에 더해 세대갈등과 남녀갈등까지 심화되면서 공동체는 갈갈이 찢겨지고 그 속에서 고통받는 국민들은 점차 늘어만 간다.

이런 상황에서 지식인이란 무엇이며 지식인의 역할은 무엇인가, 그리고 지식인은 어떻게 행동해야 하는가, 라는 질문이 다시 나에게 다가온다. 이 책은 이러한 질문에 대한 나의 대답이기도 하다.

어려운 출판계의 사정 속에서도 별로 대단한 내용도 아닌 책을 선뜻 출판해준 도서출판 푸른역사와 책이 나오기까지 애써준 편집부 여러분께 감사드린다. 그리고 이 글을 쓰고 있는 밤 2시까지도 집에서 기다려주고 있는 나의 든든한 지지자 아내 조미하와 이 험한 세상에서도 반듯하게 자라준 두 아들 범준, 만준에게도 고마움을 전하고 싶다.

2022년 9월
진월동 연구실에서
고영진

윤선도 연보

1587년(선조 20)	1세 __ 한양 동부 연화방에서 윤유심의 차남으로 태어나다.
1592년(선조 25)	6세 __ 처음으로 학업을 시작하다.
1594년(선조 27)	8세 __ 윤유기의 양자로 들어가 해남윤씨 가문의 종손이 되다. 윤유기는 윤선도의 숙부로 큰집의 양자로 들어갔다.
1603년(선조 36)	17세 __ 판서 윤돈尹暾의 딸인 남원윤씨와 결혼하다. 진사 초시에 합격하다.
1606년(선조 39)	20세 __ 처음《소학》을 접하고 평생의 필독서로 삼다.
1608년(선조 41)	22세 __ 양모 능성구씨의 상喪을 당하다.
1609년(광해군 1)	23세 __ 생모 순흥안씨의 상을 당하다.
1612년(광해군 4)	26세 __ 진사시에 2위로 합격하다. 생부 윤유심의 상을 당하다.
1616년(광해군 8)	30세 __ 대북의 영수 이이첨의 전횡을 비판하는 〈병진소〉를 올리고 이로 인해 함경도 경원으로 귀양 가다.
1618년(광해군 10)	32세 __ 경상도 기장으로 이배되다.
1619년(광해군 11)	33세 __ 양부 윤유기의 상을 당하다.
1623년(인조 1)	37세 __ 인조반정으로 유배에서 풀려나다. 의금부도사에 임명되었으나 몇 달 만에 그만두고 해남으로 돌아오다.
1628년(인조 6)	42세 __ 이조 판서 장유의 천거로 봉림대군과 인평대군의 사부에 임명되다.
1629년(인조 7)	43세 __ 공조좌랑에 임명되다.

1630년(인조 8)	44세 __ 공조정랑에 임명되다.
1631년(인조 9)	45세 __ 호조정랑, 형조정랑에 임명되다.
1632년(인조 10)	46세 __ 병조정랑, 사복시 첨정, 한성부 서윤에 임명되다.
1633년(인조 11)	47세 __ 증광시에 합격하다.
	예조정랑, 관서경시관, 시강원 문학, 사헌부 지평에 임명되다.
1634년(인조 12)	48세 __ 성산현감으로 좌천되다.
1635년(인조 13)	49세 __ 갑술양전의 문제점을 지적한 〈을해소〉를 올리고
	이로 인해 파직되어 고향으로 돌아가다.
1636년(인조 14)	50세 __ 병자호란이 일어나자 가동 등을 모아
	의병을 일으켜 배를 타고 강화도로 향하다.
1637년(인조 15)	51세 __ 강화도가 함락되고
	인조가 영남으로 향한다는 소식을 듣고 해남으로 돌아왔으나
	남한산성에서 인조가 항복했다는 소식을 듣자
	배에서 내리지도 않고 제주도로 향하다
	보길도를 발견하고 그곳에 터를 잡다.
1638년(인조 16)	52세 __ 대동찰방과 사도시 정에 임명되었으나 취임하지 않다.
	병자호란 때 강화도까지 갔다가 인조를 문안하지 않았다는 이유로 영덕으로 귀양 가다.
1639년(인조 17)	53세 __ 유배에서 풀려나다.
1640년(인조 18)	54세 __ 해남 금쇄동을 발견하고
	그곳에서 지내면서 〈금쇄동기金鎖洞記〉를 짓다.
1642년(인조 20)	56세 __ 〈산중신곡〉을 짓다.
1645년(인조 23)	59세 __ 〈산중속신곡〉을 짓다.
1651년(효종 2)	65세 __ 보길도 부용동에서 〈어부사시사〉를 짓다.
1652년(효종 3)	66세 __ 성균관 사예와 동부승지, 예조참의에 임명되고
	〈진시무팔조소〉를 올리다. 이어 공신 원두표를 비판하는
	〈논원두표소〉를 올려 삭탈관작 문외출송을 당하다.

1655년(효종 6)	69세	부인 남원윤씨가 죽다. 〈시폐사조소〉를 올리다.
1656년(효종 7)	70세	〈향사당조약〉을 짓다.
1657년(효종 8)	71세	첨지중추부사에 임명되다.
1658년(효종 9)	72세	공조참의에 특별히 임명되다.

자산서원의 훼철을 비판하는 〈국시소〉를 올려 파직당하다.
진사 정유악의 대학문목大學問目에 답하다. 효종이 화성에 집을 지어 윤선도에게 하사하다.

1659년(효종 10)	73세	격물물격설格物物格說을 짓다. 효종이 승하하자 첨지에

임명되어 산릉 자리를 살펴보라는 명을 받아 〈산릉의山陵議〉를 올리다.

1660년(현종 1)	74세	제1차 예송에서 종통적통설을 주장하는

〈논례소〉를 올려 삼수로 귀양 가다. 유배지에서 〈예설〉 2편을 저술하다.

1661년(현종 2)	75세	위리안치가 더해지다.

자손들을 훈계하는 가훈 성격의 편지를 장남 윤인미에게 보내다. 〈소빙화〉를 짓다.

1662년(현종 3)	76세	위리안치가 철회되다. 장남 윤인미가 문과에 합격하고

외손 심주·심단 형제가 사마시에 합격하다.

1665년(현종 6)	79세	전라도 광양으로 이배되어 백운산 아래 옥룡동에 거처하다.
1666년(현종 7)	80세	유세철 등 영남유생 천여 명이 3년복을 주장하는

상소를 올렸는데 윤선도의 예론의 영향이 컸다.

1667년(현종 8)	81세	왕의 특명으로 유배에서 풀려나다.
1668년(현종 9)	82세	1658년 효종이 하사한 화성 집의 사랑채 건물을

해남 연동으로 옮겨와 복원하고 녹우당이라 이름짓다.

1671년(현종 12)	85세	부용동 낙서재樂書齋에서 생을 마치다.
1672년(현종 13)		왕이 복관復官을 명하다.
1675년(현종 16)		이조판서에 추증되다.
1678년(숙종 4)		충헌忠憲이라는 시호를 받다.
1721년(경종 1)		해남 해촌서원海村書院에 배향되다.

비판적
지식인
윤선도
— 사상과 네트워크
차례

I

비판적 지식인으로서의 삶

윤선도를 보는 시선

윤선도는 1587년(선조 20) 서울 연화방蓮花坊에서 태어나 1671년(현종 12) 보길도 부용동芙蓉洞에서 생을 마쳤다. 85세라는 짧지 않은 삶이기도 했지만 그가 살았던 시대는 임진왜란과 병자호란 등 두 차례의 큰 전쟁으로 나라가 존망의 위기까지 몰렸던 시기였으며 이를 극복하기 위한 노력이 정치적으로나 사회경제적으로나 사상적으로 치열하게 전개된 시기였다. 윤선도 역시 그 과정에 적극적으로 참여하고 자신의 의견을 개진하였다.

그러나 5년 동안의 대군사부大君師傅 시절을 포함해 총 10년에 못 미치는 관직생활과 세 차례에 걸친 15년간의 유배생활에서 볼 수 있듯이 그의 삶이 평탄한 것만은 아니었다. 아니 파란만장했다고 하는 것이 사실에 더 부합할 것이다.

그러면 왜 이렇게 파란만장한 삶을 살았을까? 그 이유에 대해 적지 않은 연구자들이 붕당정치기라는 시대적 환경 외에도 윤선도의 성격과 기질을 든다. '현실과 타협하지 않는 직선적 성격',[1] '원칙을 향해 불같이 돌진하는 투지와 누구도 흉내 내기 어려운 투명한 감수성',[2] '강직한 성품과 원칙주의, 근본주의적 사고방식',[3] '남과 융화하지 못하는 성격'[4], '돌출적인 양상'[5] 등이 그것이다.

사실 윤선도가 살던 당대에도 그의 성격과 기질에 대한 지적은 적지 않았다. "패악스럽고 탐학하다",[6] "술수가 많다",[7] "말씨가 험악하다"[8] 는 등 그를 비판하는 세력의 지적은 말할 것도 없고 심지어 효종과 허목 등 그와 가까웠던 사람들도 "살벌한 기상이 있다"거나[9] "매사에 남들과 달리하려고만 한다"고[10] 지적하였다.

그러나 상소를 비롯해 윤선도가 행한 많은 정치적 행동들은 자신에게 이익이 되기는커녕 목숨까지 내걸어야 하는 경우도 없지 않았다. 그럴 경우 많은 고민과 용기가 필요했을 것이다. 이는 윤선도 자신의 글에서도 잘 드러난다. 따라서 그의 행동들을 성격이나 기질 탓으로 돌려 '이해할 수 없다'는 듯이 보는 것은 문제가 없지 않다. 오히려 그를 제대로 이해하는 데 걸림돌이 될 수도 있으니까.

당시 윤선도의 생각과 행위를 옹호하는 사람들이 하는 말은 한결같이 그가 '감언지사敢言之士' 그리고 '직언지사直言之士'라는 것이었다.[11] 윤선도가 광해군 대 〈병진소丙辰疏〉를 올릴 때 옹호했던 이형李洞과 종실 귀천군龜川君 이수李晬 등은 그를 "권간權奸에 대해 과감히 말한",[12] "사람들이 감히 말하지 못하는 것을 감히 말한"[13] 사람이라 평했다.

또한 기해예송 때 윤선도를 옹호했던 권시權諰와 홍우원洪宇遠, 성대

경성大經 등도 "자신에게 반드시 화가 닥치게 될 것을 염두에 두지 않고 다른 사람이 말하지 못하는 것을 감히 말을 한 선비",[14] "기개와 절조가 있고 감히 말하는 사람, 직언하여 절개를 지킨 사람",[15] "형벌을 두려워하지 않고 뜻을 거스르는 것을 피하지 않은 채 다른 사람이 감히 말하지 못하는 것을 말하는 과감한 선비"[16] 등으로 지칭하였다. 효종도 윤선도를 비난하는 신하들에게 "이 사람은 아첨해서 뜻을 이루는 자가 아니다"라고[17] 감쌌다.

자신에게 반드시 화가 닥치고 심지어 목숨까지 담보할 수 없는 상황에서 사람들이 감히 말하지 못하는 것을 감히 말하고 나아가 그 말을 빙빙 둘러서가 아니고 직접 말하는 윤선도의 행동은, 성격과 기질에서 비롯되었다고 보기보다는 많은 고심과 용기 그리고 신념 속에서 나왔다고 보는 것이 타당하지 않을까. 그리고 이러한 그의 모습과 행동은 바로 '비판적 지식인'의 모습에 가깝다고 할 수 있다.

사실 '비판적 지식인'은 현대적인 용어로, 사르트르나 한완상 등이 정의한 '(비판적·실천적) 지식인' 또는 미셸 푸코가 말한 '파레시아스트'에 가까운 개념이라고 볼 수 있다.

장 폴 사르트르는 '지식인'을 자신과 무관한 일에 쓸데없이 참견하는 사람으로 규정하였다. 즉 지적 능력에 관계되는 일(정밀과학, 응용과학, 의학, 문학 등)을 통해서 어느 정도의 명성을 획득한 후에, 자신의 영역을 벗어나, 인간이라는 보편적이고 독단적인 개념(그 개념이 애매하건 명확하건 또는 도덕주의적이건 마르크스주의적이건 상관없이)을 명분으로 내세우면서, 사회와 기존의 권력을 비판하기 위해 자신들의 명성을 남용

하는 다양한 부류의 사람들이라는 것이다.[18]

반면 자신의 전문 분야를 연구만 하는 사람들은 '지식인'이 아니라 '학자'라고 보았다. 또한 법률가, 문필가, 수학자, 총괄 징세 청부인, 의사 등 실천적인 지식을 가진 전문가 집단은 스스로를 '철학자', 즉 '지혜를 사랑하는 자'로 불렸는데 사르트르는 이들이 지배계급의 헤게모니를 위한 봉사자이며 아직 지식인이 아니라고 보았다.

사르트르는 지식인은—그 어디에서도 아닌—바로 실천적인 지식을 가진 전문가 집단 속에서 나온다고 생각하였다. 즉 자기 자신 속에서 그리고 사회 속에서 실천적인 진리(자기의 모든 규범까지 포함한 실천적인 진리)에 대한 탐구와 지배 이데올로기(자기의 전통적인 가치체계까지 포함한 지배 이데올로기) 사이에 벌어지는 대립을 깨달으면 지식인이 되며 따라서 지식인은 역사적 산물이라는 것이다.[19]

한편 사르트르는 지식인의 가장 직접적인 적은 자신이 '사이비 지식인'이라고 부르고자 하는 자, 니장Paul Nizan이 집 지키는 개라고 명명했던 자, 즉 지배계급의 사주를 받아 자칭 엄격한 논증—마치 엄밀한 방법의 산물인 것처럼 제시되는 논증—을 통해 특수주의 이데올로기를 옹호하려드는 자라고 규정하였다. 반면 진정한 지식인은 그가 지닌 모순의 본성 때문에 우리 시대의 모든 갈등 속에 스스로 참여하지 않을 수가 없으며, 이데올로기와 싸우면서 또한 이데올로기가 숨기고 변호하는 폭력을 적나라하게 드러내면서 폭로라는 실천적인 작업을 수행한다고 보았다.[20]

한완상은 지식인을 지식인과 지식기사 둘로 나누어 보았다. 그에게 있어 지식인은 비판과 창조를 그 생명으로 삼는다. 그리고 지식인의 특징으로 다음의 몇 가지를 들고 있다. 첫째, 분석과 관찰을 주로 미시적인 지적 활동으로 본다면 지식인의 활동은 거시적 통찰을 그 핵으로 삼는다. 둘째, 지식인은 사물과 사건을 분석하고 관찰하며 나아가 그것을 거시적으로 통찰하는 데만 그치지 않고, 의분과 공감의 정을 가지고 사건을 파악한다. 셋째, 지식인은 사실의 세계를 진실의 세계로 착각하지 않는다. 넷째, 일상성의 세계의 그 일상성을 그대로 받아들이지 않는다. 다섯째, 이렇게 일상성의 질서를 회의하려는 지식인은 자연스럽게 자기가 사는 시대를 지배하는 허위의식을 꿰뚫어볼 수 있다. 이 허위의식의 폭로와 연관된 중요한 지식인의 사명이 또 하나 있는데, 그것은 자기 지식이 부당한 기존 질서를 정당화시켜주는 일과 기존 질서의 유지와 강화에 절대 필요한 실용적 정보로 기능하는 일을 결연히 거부하는 것이라고 보았다.[21]

반면 지식기사는 대체로 분석과 관찰에 그치기 때문에 악과 맞서 싸우는 힘을 기대하기 어렵다고 보았다. 둘째, 지식기사는 사건과 사물을 너무 가까이만 보려고 한다. 즉 미시적 관찰에는 열심인데 거시적 조망에는 서툴다. 셋째, 지식인은 일상성의 세계의 두꺼운 뚜껑을 열어서 그 속을 꿰뚫어보려고 하지만 지식기사는 그렇지 않다고 보았다. 그리고 지식기사의 특징은 실용적 지식을 그들의 고객인 기존 질서의 주역에게 제공하는 데서도 두드러지게 나타난다고 하였다.[22]

미셸 푸코는 만년에 파레시아parrêsia라는 개념을 제시하였다. 파레시아는 '모든 것을 말하기' 또는 '진실 말하기'를 의미하는 그리스어이다. 파레시아를 행하는 자인 파레시아스트parrêsiastês는 자신이 생각하고 있는 모든 것을 말하는 자이다. 그는 모든 것을 말하고 아무것도 숨기지 않으며 자신의 마음과 정신을 타인에게 활짝 열어 보이고 그 결과 청중은 화자가 생각하는 바를 정확히 이해할 수 있게 되는데 이것이 파레시아의 첫 번째 특징이라고 보았다.[23]

두 번째 특징은 파레시아가 이러한 진지성과 솔직함 이상이라는 점, 즉 진실 말하기라는 것이다. 파레시아스트는 자신이 말하는 바가 진실되다고 믿기 때문에 진실된 바를 말하며 그것이 진짜로 진실이기 때문에 그것을 진실이라고 믿는다. 따라서 파레시아에서는 신념과 진실이 정확히 일치한다.

세 번째 특징은 어떤 사람이 파레시아를 행하고 파레시아스트로 간주될 자격이 있다고 말할 수 있기 위해서는 그가 진실을 말할 때 반드시 위험이 수반되어야 한다는 것이다. 따라서 파레시아는 위험에도 불구하고 진실을 말할 수 있는 용기이며 파레시아스트는 위험을 감수하고 용기 있게 진실을 말하는 자이다. 그리고 파레시아 내에서 진실 말하기는 그 극단의 형식에서는 삶과 죽음의 '게임'에 속한다고 할 수 있다.

네 번째 특징은 파레시아가 늘 화자 자신에 대한 비판이나 대화 상대자에 대한 비판이라는 비판적 기능을 갖는다는 것이다. 비판적 입장 표명이 파레시아의 특수한 특징이며 파레시아는 비판이다. 파레시아는 자아비판일 수도 있고 타자에 대한 비판일 수도 있지만 늘 화자는 대화 상대자에 비해 열등한 위치에 놓인다고 보았다. 파레시아는 진솔성, 진실과의 관계, 신념과 진실의 일치를 전제로 한다. 또한 파레시아는 위험과 비판을 전제로 하며, 화자가 대화 상대자에 비해 열등한 위치에 놓이는 상황 내에서의 비판 행위를 전제로 한다고 여겼다.

다섯 번째 특징은 파레시아에서 진실을 말하는 것은 위험을 감수하거나 위협과 맞서는 것일 뿐만 아니라 의무이기도 하다는 것이다. 친구나 군주를 비판하는 것은 그것이 자신이 행한 것인 한, 또한 군주인 왕이 스스로를 개선하도록 돕는 것이 도시국가에 대한 의무인 한, 파레시아의 행위이다. 그러므로 파레시아에서 진실을 말하는 것은 자유의 실천인 동시에 도덕적 의무의 표현이기도 하다. 파레시아 내에서 화자는 자유를 활용하고, 거짓 대신 진실을 선택하며, 생명과 안전보다는 죽음을 선택하고, 아첨 대신 비판을 택하며, 이득이나 이기심 대신 의무를 선택한다고 보았다.[24]

푸코는 이 파레시아 개념이 민주주의와 진실 간의 관계를 재평가할 수 있는 중요한 정치적 가치를 지니며, 주체와 진실 간의 관계를 문제화 하는 데 결정적인 윤리적 가치를 지니고, 비판적 태도의 계보를 기술하기 위한 철학적 가치를 갖는다고 보았다.

또한 푸코는 '구체적 지식인'이라는 용어도 말하고 있는데, 이는 그가 정치 활동에 대한 새로운 관점을 발전시키며 고안해낸 용어로, 억압적 정권을 그 내부로부터 침몰시키기 위해 자신의 전문 영역 내에서 구체적인 실천을 하는 지식인을 지칭한다. 예를 들면 핵무기를 연구하면서 정부의 핵정책을 비판하는 핵과학자들이 여기에 속하는데, 유토피아적인 환상과 각종 억압적 이데올로기를 거부하면서도 자신의 공적 지위를 구체적인 정치운동에 사용하는 지식인이라고 할 수 있다.[25]

이상으로 사르트르와 한완상, 푸코가 규정한 지식인의 개념과 내용을 살펴보았다. 삼자 간에 차이점이 없지 않지만 공통점을 묶어보면 '비판적·실천적 지식인' 또는 '비판적 지식인'이라고 해도 크게 무리는 아닐 것이다. '비판적'이라는 용어에 '실천적'이라는 의미도 포함할 수 있기 때문이다.

본래 '지식인'이란 용어는 19세기 말 프랑스에서 일어난 '드레퓌스 사건'을 계기로 해서 등장하였다. 처음에 '지식인'이란 용어는 세상물정 모르는 부정적인 의미로 사용되었으나 드레퓌스 사건을 계기로 비판적이고 실천적·긍정적인 의미로 바뀌었다. 사르트르와 한완상, 푸코 등은 이러한 지적 전통 속에 있다고 할 수 있다. 우리에게 익숙한 단어인 앙가주망engagement은 바로 비판적·실천적 지식인의 사회 참여를 의미한다.[26]

'비판적 지식인'이라는 현대적 용어를 조선시대 역사를 설명하는 데 사용하는 것이 무리가 없지 않지만 그럼에도 불구하고 그렇게 하는 것은 이 개념이 조선시대 사상사(지성사)를 설명하는 데 아주 유용한 틀이 될 수 있다는 생각 때문이다. 어찌 보면 조선의 건국이나 사림정권의 성립, 실학의 등장 등이 모두 이 '비판적 지식인'들에 의해 주도되었으며, 조선이 자기 정화과정을 거치면서 유교국가로서 500여 년을 지속한 데에도 이 비판적 지식인들의 역할이 컸다고 할 수 있기 때문이다. 그러나 필자는 이 개념을 조선사에 일방적으로 적용하기보다는, 조선시대 사상가들과 그들의 사상에 대한 연구를 통해 '비판적 지식인'의 개념을 재정립하는 상호 소통의 과정, 기회로 삼으려고 한다.

감언지사와 직언지사

당대 많은 사람들로부터 감언지사와 직언지사로 불리던 윤선도는 실제로 폐모론과 갑술양전甲戌量田, 북벌정책과 예송 등 정치적으로나 사회 경제적으로 중요한 시기에 상소 등을 올려 적극적으로 자신의 의견을 개진하였다.

그가 첫 번째 상소인 〈병진소〉를 올렸던 1616년(광해군 8)은 김직재 옥사金直哉獄事와 김제남 옥사金悌男獄事, 영창대군 살해 사건 등을 거치면서 대북으로의 권력 집중이 강화되고 급기야는 폐모론이 본격적으로 제기되던 시점이었다.[27] 그런 상황에서 윤선도는 당시 최고 권력자였던 이이첨의 권력 전횡을 대놓고 비판한 것이다.

윤선도의 상소는 다음과 같이 시작된다.

삼가 아룁니다. 신이 듣건대 임금이 아랫사람을 제어하는 방도는 권강權綱을 모두 손에 쥐고 있는 것보다 중요한 것은 없다고 하였습니다. 그래서 《서경》에도 "오직 임금만이 상을 주고 벌을 줄 수 있다"라고 하였고, 송나라 신하인 진덕수도 "임금이 된 자가 어찌 하루라도 권력의 칼자루를 손에서 놓을 수가 있겠는가"라고 하였으니 이는 참으로 음미할 만합니다. 신하된 자가 만약 나라의 권세를 한 손에 쥐게 되면 자기의 복심腹心을 중요한 자리에 배치하여 위복威福의 권한이 자기에게서 나오게 할 것입니다. 설사 어진 자라도 이렇게 하면 안 되는데 더욱이 어질지 못한 자가 이렇게 한다면 나라가 또한 위태롭지 않겠습니까. 지금 성상聖上께서 임어臨御하시어 군군신신君君臣臣하는 때이니 당연히 이와 같은 사람은 없어야만 할 것입니다. 그런데 신이 삼가 예조판서 이이첨이 하는 짓을 보건대 불행히도 여기에 근사近似하기에 신은 삼가 괴이하게 생각하는 바입니다.[28]

이이첨에 대한 윤선도의 비판이 즉자적이 아니라 임금에 대한 존군尊君의식과 권신權臣의 전횡에 대한 비판의식 위에서 나왔음을 상소의 첫머리부터 보여주고 있다. 또한 이이첨에 대한 직접적인 비판은 자신이 처음이었음도 말하고 있다.

신이 비록 어리석기 그지없으나 그래도 흑백을 구분하지 못할 정도는 아니니 이런 말을 하면 화가 뒤따르리라는 것을 어찌 모르겠습니까. 더욱이 홍무적 등은 이이첨의 죄상을 전혀 지적하여 배척하지 않았는데도 바다 밖으로 귀양을 갔고 원이곤은 과거가 공정하지 못했다고 조금 진달했다가 매를 맞고 옥에 갇혔는데, 신이 말한 것은 모두 전배前輩(나이가 많은 사람)가 진달하지 않았던 것으로 온나라를 통틀어 한 사람도 감히 말하지 못했던 것인 데야 더 말해 무엇하겠습니까. 그러니 신이 당할 화가 어느 정도일 것인지는 또한 앉아서 점칠 수가 있습니다.[29]

그리고 상소의 마지막에서 그는 자신이 상소를 올리기까지 많은 고민을 했음을 부친과 주고받은 대화까지 언급하며 밝히고 있다.

신의 집안은 3대에 걸쳐 국록을 먹고 국가의 후은을 입었으니 만약 위급한 상황이 발생한다면 의리상 국난에 달려가 죽지 않을 수 없습니다. 그리고 간신이 나라를 그르치는 것이 이와 같고 국가의 위란危亂이 이와 같은 때에, 남북의 이적夷狄이 이 틈을 타서 쳐들어온다면 난리를 피하여 구차히 살려고 해도 좋은 방책이 없고 사방을 둘러보아도 움츠러들 뿐 달려갈 곳이 없을 것이니, 아무 보탬도 되지 못하고서 죽기보다는 차라리 오늘날 전하를 위해 죽는 것이 낫지 않겠느냐는 생각도 들었습니다. 전하께서 신의 말을 옳게 여기신다면 종사宗社의 복이요 백성의 다행일 것이며 비록 옳다고 여기지 않으시어 신이 죽음에 이른다고 해도 사책史策에는 빛나게 될 것입니다. 신은 이런 점에 대해서 여러모로 심사숙고하였습니다.[30]

사실 윤선도집안은 고조인 윤효정과 증조인 윤구 대에는 사림 집안이었다가 조부인 윤의중 대에는 동서분당이 되면서 동인에 가까웠으며 부친인 윤유기 대에는 오히려 북인에 가까웠다. 그럼에도 불구하고 윤선도가 대북의 영수였던 이이첨을 비판하는 상소를 올렸다는 것은 그가 당색에 크게 구애받지 않았음을 보여주고 있다.

《실록》에는 "윤유기가 본래 이이첨의 당류였는데 이이첨이 거두어 써주지 않았다. 윤선도의 상소가 들어가자 왕이 자못 의혹을 가졌는데 이이첨이 호소하여 애걸했기 때문에 이에 풀려났다"고 기록되어 있다.[31]

결국 〈병진소〉로 윤선도는 경원으로 귀양을 가게 되고 이후 기장으로 이배移配되었다가 인조반정으로 7년 만에 풀려나 고향 해남에 내려갔다. 그리고 1628년(인조 6)에는 장유의 추천으로 봉림대군과 인평대군의 사부로 임명되었으며 1633년 증광시增廣試에 합격하고 공조좌랑, 호조정랑, 한성서윤, 관서경시관, 세자시강원 문학 등의 관직을 역임하였다. 그의 생애 중 가장 화려했던 시절이었다고 할 수 있을 것이다.

그러다가 1634년 갑자기 외직인 성산현감으로 나갔다. 좌천성 인사였다. 당시 윤선도는 재상인 강석기가 자신의 벼슬길을 방해해 이런 인사를 당했다고 생각하였다. 더욱이 서로 두 집안 간에 인연이 있었던 강석기의 행동에 윤선도는 큰 충격을 받게 된다.[32]

그가 두 번째 상소인 〈을해소乙亥疏〉를 올린 것은 바로 성산현감으로 있을 때인 1635년이었다. 이 시기는 임진왜란으로 대폭 악화된 국가 재정을 회복하기 위해 1602년(선조 34)에 실시된 계묘양전癸卯量田에 이어 1634년부터 대규모로 삼남 지방을 대상으로 갑술양전이 시행되고 있던 때였다. 특히 이 갑술양전은 임란 이전의 전결수田結數 회복을 목표로 했기 때문에 계묘양전보다 한층 엄격하고 철저하게 시행되었다.

그 결과 전결수는 임란 이전의 80퍼센트 정도로 회복했지만 농민들의 부세 부담은 그만큼 늘어났다. 특히 윤선도가 현감으로 있던 성산을 비롯한 경상우도 지역이 전결수가 제일 많이 늘어나고 토지 등급이 과도하게 올라간 경우도 많아 농민들의 부세 부담이 급증하였다.[33] 이런 상황에서 그는, 국가가 보존되고 멸망하는 것은 민심을 얻느냐 잃느냐에 달려 있는데, 부세를 고르게 하기 위한 것이 아니라 오직 많이 늘리려고만 하는 갑술양전은 농민들의 원망을 불러일으켜 나라를 위기에 빠뜨리고 있다면서, 양전 결수를 줄이고 등급을 낮춰줄 것을 청하였다. 임진왜란도 전제田制가 과중하여 백성이 살 곳을 잃어 초래되었는데 국가의 위망과 직결된 이 일에 대해 가만히 있을 수 없다는 것이다.[34] 이는 다음 글에서도 잘 나타난다.

신이 듣건대 송의 신하 주희는 "국가의 위망危亡과 직결되는 일에 대해서는 비록 포의布衣의 신분이라도 말하지 않으면 안 된다"라고 말하였습니다. 그래서 신이 과거 혼조昏朝에서 원흉이 나라를 그르칠 때에 한번 발언한 적이 있습니다. ……계해년(1623) 이후에도 말씀드릴 일이 한두 가지가 아니었습니다만 신이 괄낭括囊(입을 다물고 말하지 아니함)의 경계警戒를 지키며 감히 발언하지 않은 것은 그 일들이 모두 국가의 위망과 직결되는 일은 아니었기 때문입니다. 그런데 지금 마침 위망과 직결되는 일을 보게 된 이상에는 감히 출위出位의 경계 때문에 우리 성상聖上을 저버릴 수 없겠기에 다시 한 말씀을 올리게 되니 삼가 원하옵건대 성명聖明께서는 사람이 변변치 않다고 그 말까지 버려서 혼조 때처럼 되는 일이 없게 하소서.[35]

〈을해소〉를 올린 그해 윤선도는 성산현감에서 파직되어 고향으로 돌아갔다. 그런데 이듬해 병자호란이 일어났다. 윤선도는 향족鄕族과 가동家僮, 노 젓는 곁꾼 등을 모아 의병을 일으켜 배로 강화도 근처까지 갔다가 되돌아오게 되고 결국 인조가 남한산성에서 항복했다는 소식을 접하자 배에서 내리지도 않고 곧바로 제주도로 향하다가 보길도를 발견하고 그곳에 터를 잡았다.

그러나 1638년 강화도까지 왔음에도 불구하고 남한산성에 있던 임금을 문안하지 않았다는 이유 등으로 영덕으로 유배되었다가 이듬해 풀려났다. 이러한 일련의 사건을 거치면서 윤선도는 벼슬길에 뜻을 두지 않게 된다.[36] 그리하여 집안일을 장자인 윤인미尹仁美에게 맡기고 금쇄동金鎖洞과 보길도를 오가며 자연과 벗 삼아 지냈다. 윤선도의 대표적인 문학작품인 〈산중신곡山中新曲〉과 〈어부사시사漁父四時詞〉는 바로 이 시기에 지은 것이다.

윤선도를 다시 세상으로 불러들인 것은 그가 사부일 때 가르쳤던 효종의 즉위였다. 1652년(효종 3) 성균관 사예에 임명된 것을 계기로 윤선도는 17년 만에 조정에 나아갔다. 이어 동부승지를 거쳐 예조참의에 임명되어 〈진시무팔조소陳時務八條疏〉를 올리기도 하였다. 이 상소는 효종에게 하늘을 두려워하고[畏天], 마음을 다스리며[治心], 인재를 잘 분별하고[辨人材], 상벌을 분명히 하며[明賞罰], 기강을 떨쳐 일으키고[振紀綱], 붕당을 파할[破朋黨] 것을 건의하고, 나라를 강하게 하는 길[强國有道]과 학문을 하는 요령[典學有要]을 제시한 것이다.

그러나 윤선도의 출사에 대한 반발도 만만치 않았다. 윤선도가 병자호란 때 분문奔問하지 않고 해도海島를 점유하여 호부豪富를 즐겼으며 인조의 국상 때 분곡奔哭하지 않았다는 등의 이유에서였다.[37] 심지어 광해군 대 올린 〈병진소〉도 유희분에 빌붙어 이이첨을 공격한 것으로 폄하하고 〈진시무팔조소〉를 올린 것도 "시무라 칭하면서 실은 임금의 뜻을 몰래 흔들고 임금의 귀를 어지럽히려 한다"는[38] 비판을 받았다.

이러한 세간의 오해와 비판에 대해 윤선도는 자신의 생각을 밝힌 적이 있다.

저는 천성이 우둔하여 세상살이가 서툰 까닭에 한번 벼슬길에 들어선 이후로 내직에 있을 때에는 별의별 말을 다 들었고 외직에 보임되면 비방이 쌓이곤 하였습니다. 길을 잘 살피지 못한 것을 후회하지 않은 것은 아닙니다만 그래도 그 조행操行(태도와 행실)을 고칠 수 없었음을 보면 이는 바로 주임周任이 말한 제대로 행할 수 없는 자라고 할 것입니다. ……저의 심사心事는 이와 같은 데에 지나지 않는데도 사람들은 자기네와 다르다고 하여 미워하고 세상에서는 시속時俗과 다르다고 하여 의아해합니다. 그리하여 무리 지어 노여워하고 떼 지어 시기하는 가운데 혹 불측한 말을 지어내는 자가 있기도 한데 대평臺評(사헌부·사간원의 평론)이 발동한 것도 이것과 꼭 서로 표리가 되지 않는다고 할 수가 없으니 제가 미천한 몸의 입장에서 기가 막힐 뿐만 아니라 실로 국가를 위해서도 심장이 떨리기만 합니다.[39]

결국 이러한 일들이 초래된 것이 붕당주비朋黨比周, 즉 붕당의 폐해에서 비롯되었다고 본 것이다. '붕당주비'는 《순자荀子》〈신도편臣道篇〉에 나오는 말로 일반적으로 무리를 지어 사리를 도모하고 자기와 의견이 다른 자를 배척하는 것을 뜻한다. 더 나아가 윤선도는 붕당의 폐해가 나라까지 망친다고 생각하였다. 그가 효종 즉위 직후 올린 〈기축소己丑疏〉와 〈진시무팔조소〉 등에서 계속 편당偏黨, 붕당의 폐해를 지적한 것도 이 때문이었다.

〈진시무팔조소〉를 올린 지 한 달도 안 되어 윤선도는 척신인 원두표를 비판하는 상소를 올렸다. 그가 재주는 많으나 덕이 없고 이익을 좋아하고 의리가 없으며 사납고 교활하며 표독스럽게 화심禍心을 감추고 있어 장차 화를 면하지 못할 것이므로 먼 지방으로 내보내라는 것이었다.[40]

원두표는 인조반정에 참여하여 정사공신 2등에 책록되었으며 인조대 후반 공신세력[功西]이 낙당洛黨(김자점)과 원당原黨으로 분열될 때 원당을 이끌었으며 효종 초반 김자점 역모 사건을 해결하는 데 기여하였다. 1659년(효종 10) 손자인 원몽린이 효종의 5녀인 숙경공주와 결혼하여 부마가 되기도 하였다.

당시 상황은 효종이 북벌정책을 본격적으로 추진하던 시기였다. 이를 위해 효종은 관무재觀武才(특별히 왕의 명이 있을 때 시행한 무과)를 실시하고 금군禁軍과 어영청 등 중앙군을 강화하고 삼남 지방에 영장營將을 파견하고 각사 노비各司奴婢를 추쇄하는 정책 등을 강력히 시행하였는데 이를 적극적으로 추진한 인물이 바로 원두표였다.[41] 윤선도는 당시의 이러한 시책들이 백성을 불안하게 하고 결국 민심을 잃어 나라가 망할 수도 있다고 판단하고 그 핵심 인물이면서 권신이었던 원두표를 비판했던 것이다.[42]

안민安民이 국가의 흥망과 밀접한 관계가 있다는 윤선도의 인식은 3년 뒤인 1655년에 올린 〈시폐사조소時弊四條疏〉에서도 그대로 나타난다. 결국 〈을해소〉부터 시작하여 〈논원두표소論元斗杓疏〉와 〈시폐사조소〉에 이르는 일련의 상소들이 같은 맥락에서 작성되었음을 알 수 있다. 원두표 비판 상소로 인해 윤선도는 삭탈관작 문외출송門外黜送 당하였다.

1657년(효종 8) 왕비가 아픈 것을 계기로 효종이 부르자 다시 상경한 윤선도는 첨지중추부사에 임명되고 이듬해 공조참의에 임명되었다. 그러나 "사람의 벼슬을 어떻게 매번 특명으로만 할 수 있는가"라는[43] 비판 속에 결국 사직하였다. 이 과정에서 윤선도가 올린 사직 상소가 승정원에서 계속 기각되어[44] 윤선도가 승정원이 언로를 막는다는 상소를 별도로 올리는 일이 벌어지기도 하였다.[45]

이러한 상황에서 자산서원紫山書院이 훼철되는 사건이 일어났다. 자산서원은 기축옥사 때 죽은 정개청을 배향한 대표적인 북인계 서원으로 1616년(광해군 8) 세워졌는데 1657년 송준길 등이 주장하여 헐어버리고 위판位板을 불태워버린 것이다.[46] 이에 대해 정개청의 손자인 정국헌이 억울함을 호소하는 상소를 올렸지만 기각당하자,[47] 윤선도는 〈국시소國是疏〉를 올려 송준길이 정개청을 무함하여 자산서원을 훼철하였으며 이는 국시國是, 즉 국가의 원기를 해치는 일이라고 강력히 비판하였다.

기축옥사는 정여립의 모반으로 시작되었지만 이 사건을 처리하는 과정에서 많은 인물들이 무고하게 죽거나 피해를 입었다. 피해자 수는, 죽거나 귀양 가거나 감옥에 갇힌 자를 포함해서 총 수백 명에서 1,000여 명에 이르렀던 것으로 추정되며 정철이 위관을 맡으면서 크게 늘어났다.[48] 특히 이들 가운데 서경덕·조식 학파와 북인계 인물들의 피해가 많았다. 따라서 북인이 주도하던 광해군 대에, 관련 인물들이 많이 신원되고 그 일환으로 자산서원도 건립되었다.[49]

그러나 인조반정 이후 서인이 정국을 주도하고 주자 중심의 이황·이이의 성리학이 뿌리내리면서 북인과 그들의 사상은 배척당하였다. 특히 효종 대 송시열 등 서인 산림이 정권의 전면에 등장하면서 주자 이외의 사상에 대한 배척은 더욱 강화되었다. 자산서원도 이러한 과정에서 훼철된 것이며 이때 같은 북인계인 곽시郭詩와 전팽령全彭齡의 서원도 함께 훼철당했다. 이들 서원의 철폐는 인조반정 직후인 1624년(인조 2) 김장생이 주장한 바 있었는데 송준길이 이를 계승해 훼철을 관철시킨 것이다.[50]

그런데도 윤선도는 상소에서, 오히려 북인의 대표적인 사상가라 할 수 있는 정개청을 "동방의 진유眞儒로 이황에 버금간다"고 높이 평가하고 그의 문집인《우득록愚得錄》을 간행해줄 것을 요구하였다. 동시에 송준길이 자산서원 훼철을 주장하며 그 명분으로 내건 내용을 상세히 반박하며 이 일이 정개청 죽음에 책임이 있는 정철의 혐의를 벗겨주기 위한 것이라고 강력히 비판하였다.[51]

사실 주자의 상대화를 주장했던 북인과 그 사상에 대한 옹호는 당시 금기시되었던 상황이었다. 또한 송시열과 송준길은 효종에게 국가의 대사를 위임받을 정도로 권력의 최정점에 있었다. 이러한 상황에서 정개청을 옹호하고 송준길을 정면으로 비판한다는 것은 쉽지 않은 일이었다. 때문에 권시가 상소를 그만둘 것을 권유하기도 했지만 윤선도는 "상소가 가로막혀서 위에 진달될 수 없다면 그만이지만 어찌 내가 스스로 그만둘 수가 있겠는가. 처음부터 이해를 따지지 않았으니 어찌 위세威勢와 화복禍福에 겁을 먹어 뜻을 굽혀 세상에 아부하겠는가" 하며[52] 올리는 것을 그만두지 않았다. 상소는 다음과 같은 말로 끝을 맺는다.

전하께서 신의 말을 들어주신다면 매우 다행이겠습니다만 신의 말을 들어주시지 않더라도 신의 말은 오히려 우주 사이의 공론公論이 되어 오도吾道에 만분의 일이라도 도움이 될 수 있으리라 기대합니다. 신이 삼가 옛사람이 "신이 차라리 할 말을 다 하고 죽을지언정 말을 하지 않아 폐하를 저버리는 일은 차마 하지 못하겠습니다"라고 한 말을 스스로 따르고자 합니다. 신은 두려워 떨리는 지극한 심정을 가누지 못한 채 삼가 죽음을 무릅쓰고 아룁니다.[53]

결국 〈국시소〉는 받아들여지지 않고 윤선도는 파직되는 것으로 이 사건은 마무리되었다. 이후 자산서원은 갑인예송으로 1677년(숙종 3) 복설되고 1680년 경신환국으로 다시 훼철되었으며 1689년 기사환국으로 복설되고 갑술환국으로 1702년 다시 훼철되는 등 효종·숙종 연간에 각각 3차에 걸쳐 치폐를 거듭하였다.[54]

이 일이 있고 난 뒤 얼마 안 있어 1659년에 효종이 승하하였다. 양주 고산에 있던 윤선도는 효종의 산릉을 살피는 데 참여하게 되는데 산릉을 정하기도 전에 시골로 내려갔다는 구설수에 올라 추고推考를 받기까지 하였다.[55]

이러한 상황에서 효종의 어머니이자 인조의 왕비였던 자의대비慈懿大妃가 효종의 상에 어떤 상복을 입을 것인가를 둘러싸고 논쟁이 벌어졌다. 기해예송己亥禮訟(제1차 예송)으로 불리는 이 논쟁에서 송시열은 기년복朞年服을 주장하고 윤휴는 참최삼년복斬衰三年服을 주장하였는데 일단 국제國制《경국대전》에 따라 기년복으로 정해졌다. 그런데 1년 뒤 소상小祥을 앞두고 허목이 상소를 올려 자최삼년복齊衰三年服을 주장하고 이에 대해 송준길·송시열 등이 반박함으로써 다시 논쟁이 벌어졌다. 이때 윤선도가 허목의 입장을 지지하고 송시열의 주장을 논박하는 상소를 올렸다.

이 〈논예소論禮疏〉에서 윤선도는 오복제五服制가 천지天地의 존비尊卑, 종사의 존망과 밀접한 연관이 있으므로 이보다 중한 일이 없음을 강조하고, 사종지설四種之說에 입각해 효종은 장자가 아니므로 참최복을 입으면 적통嫡統이 엄하지 않게 된다는 송시열의 주장에 대해, 적통과 종통宗統을 둘로 갈라 종통은 효종에게 돌리면서 적통은 이미 죽은 소현세자에게 돌리는 것이 아니냐며 강하게 비판하였다. 나아가 양송兩宋이 효종으로부터 유현儒賢으로 대접받았음에도 불구하고 제대로 보도輔導하지 못했다며 그 예들을 직접 거론하며 비판하였다.[56]

윤선도의 상소는 조정에 큰 파문을 불러일으켰다. 사실 소현세자의 셋째 아들이 살아있는 상황에서 효종을 장자로 대우할 것인가 아니면 차자로 대우할 것인가는 효종의 정통성과 관련된 매우 민감한 문제로 정치 문제화 될 소지가 많았다. 송시열을 비롯한 서인들이 아무리 복제와 종통은 별개의 문제라고 주장한다 하더라도 그것을 별개로 보는 것 자체가 국왕의 권위와 밀접한 연관이 있었기 때문이다.

어쨌든 효종의 정통성을 직접 거론하고 송시열을 정면 비판한 윤선도의 상소는 서인의 강력한 반발을 가져왔다. 그들은 윤선도를 남곤·심정·유자광에 비유하며 그가 무고誣告로 사림을 말살시키려고 한다고 강하게 비판하였다.[57] 결국 그의 상소는 불태워지고 윤선도는 삼수로 유배되었다. 유배지에 가서도 윤선도는 자신의 견해를 보완하여 〈예설禮說〉 2편을 저술하였으며 이로 인해 위리안치가 더 부가되었다. 1665

년 광양으로 이배된 윤선도는 귀양 간 지 7년 만인 1667년에 풀려나 고향으로 돌아와 부용동에서 지내다가 1671년 85세로 생을 마감하였다.

지금까지 살펴보았듯이 짧지 않은 삶을 사는 동안 윤선도는 국가적으로 중요한 일이 있을 때마다 자신의 생각과 의견을 상소 등의 방법을 통해 적극적으로 개진하였다. 나아가 자신에게 화가 닥치고 심지어 목숨까지 담보할 수 없는 상황에서도 그는 개의치 않고 직언하였다. 그리고 그러한 행동의 바탕에는 존군尊君의식과 권신權臣에 대한 비판의식, 안민安民의식이 자리 잡고 있었다.

당시 이이첨과 송시열로 대표되는 대북과 서인(노론)세력은 사상과 이념 면에서는 차이가 있었지만 정치운영 면에서는 군자와 소인의 변별을 엄격하게 하여 소인을 철저히 배격하는 군자소인론君子小人論을 주장하며 권력의 집중을 추구한 점에서는 유사점을 지녔다고 할 수 있다. 광해군 대 이이첨은 말할 것도 없고 현종 대 송시열의 위세는 중국에 군약신강君弱臣强으로까지 소문이 났으며, 《실록》에서 사관이 "당시 조정 신하들이 모두 송시열을 칭송하는 것을 자기 출세의 발판으로 삼았다"고 기록할 정도였다.[58]

윤선도의 〈신도비명神道碑銘〉에서 허목은 다음과 같이 말하였다.

공公은 준정峻正하여 인의仁義를 쌓아 널리 베풀고 만물을 이롭게 하는 것으로 마음을 삼았으며 곡례曲禮와 자잘한 은혜로 명예를 구하는 것을 부끄럽게 여겼다. 말과 행동에서 남에게 구차하게 영합하려 하지 않아 환난患難과 궁액窮厄에서도 한결같았다. 도道를 곧게 지키다 배척당하여 죄인의 명부에 있는 것이 20년이었다. 하늘에 맹세코 정당하여 비록 아홉 번 죽어도 후회하지 않고 처음부터 끝까지 한결같았으니 의가 밝지 않음을 보고 변치 않는 의를 목숨을 바쳐 지킨다면 능히 이렇게 할 수 있는 것인가? 용주龍洲(조경)가 말하기를, "예로부터 나라가 흥하고 망할 때에는 하늘이 반드시 한 사람을 내어 예를 지키고 의에 죽게 하여 한 시대를 깨우침으로써 후대 사람들을 가르치게 한 사람이 있었으니 바로 이런 사람을 두고 하는 말일 것이다" 하였다. ……묘명墓銘은 이러하다. "비간比干은 심장을 쪼갰고 백이伯夷는 굶어죽었으며 굴원屈原은 강물에 빠져 죽었다. 옹翁은 궁할수록 더욱 굳으며 죽음에 이르러서도 변치 않았으니 그 의를 보고 죽음으로써 지킨 것이 한 가지였다."[59]

감언지사와 직언지사, 즉 비판적 지식인으로서의 윤선도의 모습을 잘 설명해주고 있다고 할 수 있다. 그럼 이제 그가 쓴 시문들을 통해 비판적 지식인으로서의 모습을 좀 더 살펴보도록 하자.

시문으로 본 윤선도

윤선도의 교우관계는 넓지 않다. 홍우원은 〈시장諡狀〉에서, "윤선도가 소싯적부터 뜻이 맞는 사람이 적어서 교유를 삼가고 출입을 가려서 하였으며 출세를 위한 길이나 권귀權貴의 문간에는 발을 들여놓지 않았다"고[60] 지적하였다. 본인 스스로도 "편당偏黨을 짓지 않고 교유를 일삼지 않았으며 성격은 한적한 것을 좋아하고 마음은 염퇴恬退에 두었다"고 밝히기도 하였다.[61]

실제로 윤선도의 시문을 보면 일가·친인척과 일상적으로 주고받은 경우와 조정의 관원 또는 지방관과 공·사적인 일로 주고받은 경우를 제외하고는 몇몇 제자와 친구, 그리고 정치적으로 윤선도를 옹호했던 인물들과 주고받은 경우가 거의 대부분이라고 해도 과언이 아니다.

그럼에도 불구하고 한 가지 눈에 띄는 점은, 윤선도처럼 유배를 간

인물들과 주고받은 시문, 윤선도처럼 권귀에 아첨하지 않고 직언·감언을 한 인물들을 다룬 글이 적지 않다는 사실이다.

1616년 윤선도는 고향 친구인 홍무적洪茂績·홍무업洪茂業 형제에게 시를 지어 보낸다. 하나는 형인 홍무적의 유배지로 가는 홍무업을 전송하는 시이고[62] 다른 하나는 홍무적에게 직접 보낸 시이다. 당시 홍무적은 1615년 생원의 신분으로 폐모론에 반대하는 상소를 올렸다가 거제로 귀양을 간 상태였다.[63] 홍무적에게 보낸 시를 한번 보자.

〈홍면숙洪勉叔에게 부치다〉[64]

예로부터 귀양 간 사람들에 대해
지나간 역사에서 두루 살펴보건대
날개 접고 나약하게 변하기도 하고
아름다움 믿고서 기세를 올리기도 하고
원망하며 탓하는 말을 발하기도 하고
분개하며 성내는 마음을 품기도 하는데
이 중에 하나라도 가지고 있다면
비록 옳더라도 옳지 않게 되나니
바라건대 그대는 성현의 글을 읽어
무궁한 이치를 더욱 궁구하시고
고인古人을 생각하여 허물이 없게 하고
계속 전진하며 조금도 뇌두지 마시기를
그대에게 남의 말이 무슨 필요 있으랴만

절시切偲하는 것이 바로 붕우의 의리니까

친구가 귀양 간 것을 안타깝게 생각하며 그에게 마음 굳게 먹고 학문에 정진하라는 우정 어린 권고를 엿볼 수가 있다. 또한 어쩌면 자신의 앞날을 미리 예견하는 시 같기도 하다. 그해 윤선도는 이이첨을 강력히 비판하는 〈병진소〉를 올리고 경원으로 귀양을 갔다.

윤선도가 상소를 올린 지 보름도 안 되어 이형이 이이첨을 비판하고 윤선도를 옹호하는 상소를 올리고[65] 북관北關으로 귀양 갔다.[66] 그 역시 윤선도와 아주 친한 친구로 윤선도가 〈병진소〉를 올릴 때 홍무업과 함께 도와주기도 했던 인물이다.[67]

이형이[68] 상소를 올린 그날 귀천군 이수와 금산군錦山君 이성윤李誠胤 등 종친 19인이 역시 이이첨을 탄핵하는 상소를 올렸다. 이로 인해 이수는 순천에 중도부처되고, 이성윤은 남해에 위리안치되었다가 4년 뒤인 1620년 유배지에서 죽었다.[69]

이수는 윤선도와 10년 전부터 아는 사이로 윤선도가 그에게 보낸 시한 수가 남아 있으며[70] 이성윤은 윤선도가 15세 때 서울에 올라와 연화방에서 살며 공부할 때 이웃에 살면서 왕래하고 그 아들인 이정방李庭芳과 가까웠던 사이였다.[71] 만년에 윤선도는 이성윤을 위해 묘갈명을 지었는데 그 내용이 절절하다.

공公이 충분강개忠憤慷慨한 것은 천성적으로 품부받은 것이지만, 이는 또한 전훈典訓을 익히고 의리를 강구하여 사람의 신자臣子 된 도리를 분명히 인식한 위에 고금의 일을 두루 통하고 치란존망治亂存亡의 기미를 알고 있어서, 일을 만나면 감발感發하고 의롭게 행해야 할 일을 보면 반드시 행했기 때문이기도 하였다. 그래서 함정에 빠져 수화水火를 밟게 되더라도 후회하지 않았고 털끝만큼이라도 한 몸의 이해를 따지지 않았으니 학문을 좋아한 공功을 속일 수가 없다고 하겠다. …… 아, 용방龍逄은 하나라 때에 직간을 하다가 죽었고 비간比干은 은나라 때에 직간을 하다가 죽었다. 비간은 용방의 일을 모르지 않았을 터인데 어째서 용방의 발자취를 다시 밟았던 것인가. 경방京房은 원제元帝 때에 숨기지 않고 할 말을 다하다가 죽었다. 매복梅福과 주운朱雲은 경방의 일을 모르지 않았을 터인데 어째서 경방의 발자취를 다시 밟았던 것인가. 매복과 주운이 다행히 죽음을 면하긴 하였으나 필시 죽게 될 길을 스스로 선택한 것은 경방과 똑같았다. 충신이 나라 있는 것만 알고 자기 몸 있는 것은 알지 못한 것이 바로 이와 같다. ……자줏빛이 붉은 빛을 어지럽히고 아첨하는 말이 나라를 뒤엎는 것은 필연적인 이치인데 하늘이 자줏빛을 내고 아첨하는 말을 내는 것은 또 어째서인가. 하늘이 같은 시대에 자줏빛과 붉은 빛을 내고 충신의 직간과 아첨하는 말을 같은 시대에 내어 사정邪正이 한데 뒤섞여 사람들이 분변하지 못하게 함으로써 길이 천추만세토록 충신과 의사義士가 팔을 걷어 올리고 장탄식을 하게 하는 것은 도대체 또 어째서인가. 공이 유배되어 죽은 일에 대해 내가 깊이 느끼는 것이 한두 가지가 아니기에 직접 하늘에 하소연하고 싶어도 그렇게 할 길이 없다.[72]

이 묘갈명은 윤선도가 삼수에 세 번째로 귀양 갔다 광양으로 이배된 이듬해인 1666년에 저술한 것이니, 쓰는 본인도 착잡한 마음이었을 게

다. 광해군의 왕비의 오빠인 유희분은 이성윤의 부인의 종형從兄이기도 하였으나 이성윤은 유희분의 집에 한 번도 가지 않다가, 권필權韠의 죽음을 계기로 알고 지내는 일도 완전히 끊어버렸다고 한다.[73]

경원으로 귀양 간 윤선도가 시를 많이 주고받은 인물은 김시양金時讓이었다. 김시양은 1611년 전라도 도사로서 향시를 주관하다 왕의 실정을 풍자하는 시제를 출제했다가 당시 종성에 유배 중이었다.[74] 그는 윤선도가 귀양 간 경원으로 찾아와 같이 유숙하고 자주 글을 보내 물어보는가 하면 시를 지어 화답을 구하기도 했다고 한다.[75]

〈면숙勉叔에게 부친 운韻을 써서 낙망자樂忘子에게 답하다〉[76]

우리 공公은 군자다운 사람으로서
야野하지도 않고 사史하지도 않은 분
곤궁하든 영달하든 바른 도리 지키고
괴롭든 즐겁든 호연지기가 있다오
귀양살이도 자신의 잘못이 아니거니
어쩌면 증익增益하려는 하늘의 뜻인지도
야위어 파리한 고달픔이 나와 같아서
믿고 의지하는 이런 행운을 얻었는데
생각으로는 귀하신 가르침 받들고서
글을 논하며 물리物理를 구하고 싶어도
두려운 마음에 감히 못 나가는지라
유유悠悠한 심정을 그만둘 수 없으니

바라건대 약석藥石의 말씀 내리시어
교칠膠漆의 의리를 아끼지 마시기를

　거제에 귀양 가 있던 홍무적에게 부친 운韻을 써서, 경원에 귀양 간 윤선도가 종성에서 유배생활을 하고 있던 김시양에게 보낸 시이다. 끝이 보이지 않는 귀양살이를 서로 시를 주고받으며 격려하고 달랬던 것이다.

　윤선도는 1638년 영덕으로 2차 유배를 간다. 거기서 윤선도는 역시 그곳에 유배 중이던 이해창李海昌과[77] 많은 시를 주고받았다. 20수 가까이 되니 아마도 문집에 수록되어 있는 인물 가운데 제일 많은 시를 주고받은 듯하다. 그는 1638년 김상헌을 옹호하다가 영덕으로 귀양 갔었는데[78] 유배가 풀려난 이후에도 계속 윤선도와 관계를 맺고 시를 주고받았다.[79] 이 시들을 보면 동병상련의 내용이 적지 않다.

〈차운次韻하여 계하季夏에게 답하다〉[80]

그대는 다급하니 후말煦沫을 구함이 당연하나
나는 빈궁해서 한 몸도 많으니 어떻게 하오
멀리 생각건대 가고笳鼓의 정情이 엉기는 곳
쫓겨난 두 신하 동정할 겨를도 없으리라
관리의 책임을 내가 자못 지녔으니
천하의 궁지窮地에 던져짐도 당연한 일
나와 같은 사람은 없는 줄로 알았는데

그대와 함께할 줄이야 어찌 생각했으랴

〈차운하여 이계하에게 답하다〉[81]

아 나는 해바라기보다도 몸을 지키지 못했나니
일곱 번 넘어진 안顔이요 세 번 쫓겨난 혜惠라 할까
섬으로 들어간 것도 격경擊磬 양襄을 본받아서가 아니요
동강棟江의 일사一絲가 붙들어맨 것에 적이 부회附會했다오
즐거우면 행하고 걱정되면 떠난다는 성인의 말씀 외우며
노을 밖에서 소요할 뿐 다른 사람의 권세權勢는 잊었나니
······
평소 공부한 목적이 임금과 백성에 있나니
세상을 피했어도 세상을 잊은 건 아니라오
한걸음 양보해 걷는 일은 오래전부터 잘하지만
기름처럼 매끄럽고 가죽처럼 무르게는 못 한다오

비록 귀양 간 신세가 되었지만 당나라의 안진경顔眞卿과 노나라의 유하혜柳下惠처럼 도道를 곧게 지키면서 출처出處의 의리에 따라 당당하게 처신하겠다는 의지가 엿보인다. 그리고 윤선도의 이러한 생각은 평생 동안 견지되었다고 할 수 있다. 그의 출처관을 자세히 엿볼 수 있는 글을 보자.

사군자士君子가 이 세상에서 살아가는 것은 출出과 처處일 뿐이다. 그

런데 그 출처의 도는 때에 따를 뿐이니 출사해야 할 때에 은퇴한다면 그것은 옳은 도가 아니요 은퇴해야 할 때에 출사한다면 그것도 옳은 도가 아닌 것이다. 이른바 때라고 하는 것은 무엇인가. 위로는 임금이 사람을 알아보는 명철함과 현재賢才를 기용하는 성의誠意를 가지고 준심俊心을 환히 살펴 하늘이 함께하고 귀신이 도와줌으로써, 비천한 사람이 존귀한 자를 넘어서게 하고 소원한 자가 친근한 자를 넘어서게 하며, 현인이 아니면 나라를 다스릴 수 없다는 경계를 항상 생각하고 자기를 버리고 남을 따르는 도량을 크게 넓히고 있으며, 아래로는 신하들이 선善을 좋아하는 덕德을 지니고서 거지擧知의 훈계를 따르고, 남이 재능을 지니고 있으면 자기가 지닌 것처럼 기뻐하며, 자기보다 나은 자를 시기하지 않고 함께 승진하는 것을 혐의하지 않아서 인재를 추천하여 임금을 섬기는 도리를 다하여 기필코 동인협공同寅協恭의 아름다움을 이루려고 한다면, 이는 출사해야 할 때라고 할 것이요. 만약 혹시라도 이와 반대일 경우에는 은퇴할 때라고 해야 할 것이다. 비록 그렇긴 하지만 시비와 훼예毀譽, 승침昇沈과 득상得喪으로 그 마음을 움직이지 않고 행행悻悻히 진퇴하는 뜻과 근심 걱정에 휩싸인 모습을 보이는 일이 없이, 위로는 하늘을 원망하지 않고 아래로는 사람을 탓하지 않으며 남과 비교하지도 않고 남과 어긋나게 하지도 않으면서 현재 처한 위치에서 알맞게 행동할 뿐 어떤 환경을 만나더라도 편안하게 여긴다면, 이는 바로 철인哲人의 도라고 할 것이다. ……아, 군자가 벼슬을 하는 것이 영록榮祿을 위해서인가 군민君民을 위해서인가. 사체四體를 떨치고 일어나서 도를 행하며 세상을 구제하여 종사에 공을 세우고 창생에게 은택을 베풀 수 있다면 국궁진췌鞠躬盡瘁하여 죽은 뒤에야 그만두는 것이 옳을 것이다. 그러나 만약 부질없이 머리에 높은 진현進賢의 관을 쓰고 태창太倉의 곡식을 허비하거나 한갓 이해의 길목에서 왔다 갔다 하며 쓸데없이 시비의 영역에서 분주하기보다는, 차라리 밭이랑 사이에서 느긋하게 노닐고 강과 바다 위에서 방랑을 하거나 하여 소쇄瀟灑하게 일월日月을 보내며 나의 연수年數를 마치는 것이 낫지 않겠는가.[82]

진나라 때 벼슬을 버리고 강동江東으로 돌아간 장한張翰의 고사를 소재로 쓴 글인데, 여기서 윤선도는 사군자가 이 세상에서 살아가는 것은 출과 처뿐이며 그 출처의 도는 때에 따를 뿐이라고 하였다. 즉 기필코 동인협공同寅協恭의 정사를 이루려고 한다면 출사할 때요, 그 반대라면 은퇴할 때이니 쓸데없이 국록을 축내며 시비에 분주하려면 차라리 물러나 자연을 벗 삼아 지내는 것이 나으며 그것이 철인의 도라는 것이다. 다시 이해창과 노년에 주고받은 시로 돌아가보자.

〈차운하여 송파거사松坡居士에게 부치다〉[83]

남해의 어부와 한양의 인사가 일찍부터
막역한 우정을 나눈 것을 누가 알리오
세상길 어긋난 멍청한 나를 그대는 동정하고
풍진風塵을 벗어난 의젓한 그대를 나는 사랑했소

〈이계하가 심희성沈希聖에게 준 나의 시에 차운하여 부쳐왔기에

다시 그 운으로 세 수를 지어 사례하다〉[84]

오직 소원은 세상에 왕화王化가 회복되는 것
항상 근심은 천하의 백성이 살기 힘든 것
홀연히 온갖 감회가 속에서 모여들어
늙은이 창망하게 지금 홀로 서 있노라

바로 보길도에서 〈어부사시사〉를 지을 때 즈음이다. 이 시를 지은
1652년 윤선도는 효종의 부름으로 다시 한번 때를 얻어 출사를 하게
된다.

유배지에서 만나 사귄 이들 외에 윤선도가 관심을 가진 인물은 의義
를 행한 사람들이었다. 경원에서 기장으로 이배된 뒤인 1621년 윤선도
는 김응하金應河를 추모하는 글을 지었다. 김응하는 1619년 명나라가
후금을 치기 위해 조선에 원병을 청하자, 강홍립·김경서 등과 함께 출
정하여, 심하전투에서 유정劉綎이 이끄는 명군이 대패하고 조선군도 항
복했을 때, 홀로 휘하의 군대를 이끌고 후금의 군대와 싸우다 장렬히
전사한 인물이다. 죽을 당시 버드나무에 의지해 적을 무수히 죽이고 죽
었다고 해서 '유하 장군柳下將軍'이라 불렀다 한다. 명明은 그에게 요동
백遼東伯을 추증하고 백금白金을 하사하였다.[85]

〈《김장군전金將軍傳》의 뒤에 제題하다〉[86]

유하 장군을 그대여 이야기하지 마오

나의 슬픔 또다시 북받쳐 오르니까

사당에 올릴 한잔 술이 없진 않소만

오랑캐 머리 찍어 술잔 만들지 못하였소

…

내가 전에 추성楸城에서 귀양살이 할 때

금성錦城의 정공鄭公이 부사로 있었는데

높은 의기義氣 발휘하여 나를 후하게 대우하며

연석宴席에 팔을 잡고 술단지 기울였지

술이 얼큰해지면 왕왕 나라를 걱정하며

인재를 언급하고 문무文武를 두루 논했는데

공이 말하기를 "나의 벗 응하應河는

충지忠智와 의용義勇이 고금에 으뜸이라

노부老父가 감복하는 일이 별로 없는데

우리 김후金侯를 볼 때마다 망연자실한다"고

…

사람들은 그대가 죽을 곳 얻었다며 영예로 알지마는

나는 공이 때를 만나지 못한 것을 애통해하노라

…

나는 공이 죽기로 나무에 기대어 적을 사살한 것을 기리지 않고

나는 공이 죽어서도 손에서 칼을 놓지 않은 것을 기리지 않으며

나는 공이 귀한 집 딸을 취하지 않은 것을 기리고

나는 공이 황문黃門의 사자使者에게 아첨하지 않은 것을 기린다오

평생 이해를 따지는 마음이 없었으니

환난患難에 임하여 의열義烈의 일이 어찌 어려우랴
공과 같은 분에게 곤외閫外의 일을 위임하고
십만의 용사를 내주어 지휘하게 하였다면
이목李牧이 흉노를 격퇴한 일은 말할 것도 없고
이정李靖이 힐리頡利를 사로잡은 일도 기대할 만한데
....
하늘이 왜 인재人才는 안 아끼면서 인명人命에는 인색한지
생각하는 중에 온갖 감회와 한스러움이 몰려오네
오호
후세에 어찌 또 김응하가 없겠으며
후세에 어찌 또 강홍립이 없겠는가
오호
나는 분간해 뽑는 법을 알고 있나니
대궐 문 두드려 내 말을 매고 싶구나

　윤선도는 이 글에서 김응하가 용감하게 싸우다 죽은 것보다 귀한 집 딸을 취하지 않은 일과 대전大殿의 환관에게 아첨하지 않은 것을 더 높이 기렸다. 이처럼 평생에 이해를 따지는 마음이 없었으니 환난에 임해 의열의 일을 행하는 것이 어찌 어려웠겠냐는 것이다. 결국 이런 인재를 조정에서 제대로 기용하지 못해, 그가 때를 제대로 만나지 못해 죽은 것이 안타깝다는 지적이다.
　또한 이 글에는 김응하의 친구인 정여린鄭如麟이 나온다. 정여린은 윤선도가 경원에 귀양 갔을 때 그곳의 수령이었다. 윤선도는 그때 나주

출신인 정여린을 처음 알게 되는데 1640년 그가 죽자 만사를 지어 기렸다.

〈동지同知 정여린에 대한 만사〉[87]

나는 공이 살아 있을 때에는
북두 이남에 인물이 적다 말하지 않았고
나는 공이 세상을 떠난 뒤에는
인간 세상에 의사義士가 적음을 홀연히 깨달았네
....
내가 추성楸城에 귀양 갔을 때 공이 수령이었나니
그대를 알기 시작한 것은 용사년龍蛇年 어간으로부터
이때에 머리에 뿔난 말이 암탉에 달라붙고
이슬이 서리로 변했으니 하늘도 믿을 수 없네
백로도 갑을甲乙을 추구함을 두려워하는 때에
공은 한번 죽음을 추호秋毫처럼 작게 여겼나니
비로소 알았네 공의 기호가 세상과 달라서
의義는 단 냉이처럼 불의不義는 쓴 여뀌처럼 여김을
....
손으로는 권귀의 편지에 답하지 않았고[88]
머리는 끝내 후문侯門을 돌아보지 않았으며
발언은 때로 악인을 미워하는 실수가 있었고[89]
재정은 빈민을 구휼함에 과한 점이 혹 있었네

홀로 우뚝 선 일흔 일곱 해의 생애

위속소증爲俗所憎은 관 뚜껑 덮은 뒤에야 아는 법

지금 무표武飆의 이 세상을 누가 감당하리오

그대와 같은 이는 책 속에서나 찾아보리

세상길 전도되어 우리 쉬지 못하는데

광복匡復의 조짐을 보여줄 겨를도 없었어라

....

공이 검을 쥐고 왕명을 받들게 했더라면

요기妖氣가 어떻게 하늘을 범할 수 있었으리오

공이 대궐 뜰에 서서 간쟁하게 했더라면

면류冕旒 걷지 않고도 사목四目이 트이게 했으리라

재질은 많이 내려주고 명命은 인색하였으니

아 하늘의 뜻을 참으로 알기 어렵도다

아 아직 죽지 않았을 한 조각 그 마음은

육신 따라 고리蒿里의 땅에 묻히지 않았으리

김응하와 마찬가지로 윤선도는 정여린이 권귀의 편지에 답하지 않고 권세가에 아첨하지 않고 악인을 싫어하고 직언을 하는 점을 높이 평가하였다. 그에게 있어 의義는 군신 간의 의리뿐만 아니라 권세가에 아첨하지 않고 권귀의 잘못에 대해 직언하는 등 사리에 맞게 행동하는 모두가 의였던 것이다.

윤선도는 임경업에 대해서도 애도시를 지었다. 그러나 김응하나 정여린처럼 높이 평가하지는 않았다. 어쩔 수 없는 상황이었다 하더라도 임경업이 청의 압력으로 가도椵島의 명군을 공격한 것 등으로 인해 두 나라의 신하가 되고 만 것은 의리의 관점에서 볼 때 문제가 있다는 것이다.

〈임경업을 애도한 시에 화운하다〉[90]

권모權謀의 작은 용기를 그대 어찌 취하여
천추에 두 나라 신하가 되고 말았는가
총재冢宰가 얼옥讞獄한 탓이라 사람들은 말하지만
하늘이 죽이려 의논했는지 어찌 알리오
골대骨大가 공갈을 치며 을러댔다고 하더라도
피영皮甖의 무기고 불태운 건 용서받기 어렵도다
두우杜郵에서 칼을 든 일과 비슷한 점이 있지만
하늘이 우러러 괜찮을지 그것은 모르겠네

윤선도는 스스로 항상 동중서董仲舒의 "그 의리만 바르게 하고 이익은 꾀하지 말 것이요, 그 도만 밝히고 공은 헤아리지 말 것이다"라는[91] 말을 되뇌이면서 "평생토록 의를 지키면서 이 의를 버리고서는 행동하지 않았으며 세상길에서 일곱 번 넘어지고 여덟 번 엎어지면서도 다시 인내하며 의를 저버리지 않았다"고[92] 밝히고 있다. 이러한 그의 생각은 다음 시에서도 잘 나타나 있다.

〈앞의 운을 써서 회포를 읊다〉[93]

누가 옷 입은 말과 소처럼 칠척七尺을 다루는가
조화옹은 태초太初에서 노닐 줄을 알아야지
의義는 인간 세상 남자가 걸을 길이요
인仁은 하늘 아래 장부가 살 집이로다
사상四象 양의兩儀의 이치 속에 마음을 침잠하고
삼황오제三皇五帝의 서책을 주의 깊게 살피노라
큰 솥의 진귀한 요리 부러울 것 있으리오
고미菰米에 농어회 곁들이면 흥치가 그만인걸

의는 인간 세상에서 남자가 걸을 길이요, 인은 하늘 아래 장부가 살
집으로 사내장부는 이 인의仁義의 도를 실천해야 한다는 것이다. 시의
이 구절은 《맹자》에 나오는 말이다. 맹자는 인은 인간의 편안한 집이
요, 의는 인간의 바른 길인데도, 사람들이 편안한 집을 비워두고 살지
않고 바른 길을 놔두고 가지 않는 것을 불쌍하다고 여겼다.[94]

만년에 광양에서 유배생활을 할 때 윤선도는 앞에서 언급한 이성윤
의 묘갈명 외에 여러 편의 비명을 지었는데, 정뇌경鄭雷卿의 신도비명
과 조실구趙實久·이이원李而遠·백홍제白弘悌의 묘갈명이 그것이다. 그런
데 이들은 모두 권세가에 아부하지 않고 권귀를 꺼리지 않고 직언하고
의를 위해 행동한 인물들이라는 공통점을 지니고 있다.

정뇌경[95]은 병자호란 직후 소현세자를 수행해 청나라에 갔다. 그곳에
서 청 황실의 총애를 받고 조선에 행패를 부리던 정명수鄭命壽와 김돌金

쑞이 조선에서 청으로 보낸 세폐歲幣를 훔치는 것을 보고, 이들을 고발하고 처벌할 것을 강력히 주장했다가 상황이 거꾸로 정뇌경에게 불리하게 돌아가면서 억울하게 죽임을 당하였다. 그의 부음이 조선에 이르자 잘난 사람 못난 사람, 아는 사람 모르는 사람을 막론하고 오열하지 않은 이가 없었다고 한다.[96]

조실구는 유희분의 사위였지만 진사에 뽑혀 관직에 임명된 지 얼마 되지 않아 폐모론이 일어나자 그만두고 20여 년 동안 교유를 끊어버리고 안동 풍산에 은거하였다. 만년에 전성현감 등 관직에 임명되었으나 이것도 그가 의도하지 않은 것이었다. 윤선도는 조실구가 마음만 먹으면 출세할 수 있었음에도 불구하고 의에 따라 그렇게 하지 않은 것을 높이 평가하였다. 다음은 그에 관한 서술이다.

나는 공과 늦게 사귀었지만 공을 자세히 알고 공을 드물게 만났지만 공을 깊이 사모하는 사람이다. 혼조昏朝 때에 이이첨이 광창부원군이고 유희분이 문창부원군이고 박승종이 밀창부원군이었다. 당시에 이이첨이 국권을 쥐고 전횡을 해서 유희분과 박승종의 권세가 이이첨과는 같지 않았다고 하더라도 거의 그다음 자리는 차지하였기 때문에 세상에서 그들을 삼창三昌이라고 불렀다. 그리하여 삼창의 자제와 친척들 치고 과거에 좋은 성적으로 급제하여 높은 관직을 차지하지 않은 자가 없었는데, 공은 유희분의 사위로서 끝내 과거를 통과하지 못했고 벼슬길에도 진출하지 못하였으니 공의 사람됨을 여기에서 알 수가 있다. 자사자子思子는 작위와 봉록을 사양하는 어려움을, 흰 칼날을 밟고 죽는 것과 나란히 열거하였다. 옛날에도 그러하였는데 하물며 말세의 길에서야 더 말할 나위가 있겠는가. 사람들은 과거 급제와 작록이 있는 것만 알 뿐 인의가 있는 줄은 더 이상 알지 못해서 명리名利의 소굴 속으로 치달리며 날아가지 않는 자가 없다. 그리하여 아비는 자식을 그렇게 가르치고 형은 아우를 그렇게 권면하며 붕우는 서로 부르면서 자기 힘으로는 어림도 없는 일을 생각하며 위험을 무릅쓰고 요행을 바라는 자들이 온 세상을 가득 메우고 있다. 자기 힘으로도 가능하고 형세상으로도 쉽게 할 수 있는데도 스스로 하지 않았던 자를 찾아본다면 우리 공을 제외하고 또 어떤 사람이 있겠는가. 가슴 속에 터득한 것이 있지 않다면 어찌 그렇게 할 수가 있겠는가. 내가 공에게 취하는 것 가운데서 이것이 그 첫 번째의 일이다.[97]

이이원은 이준경李浚慶의 증손으로, 벼슬길에 올라서는 하나같이 염근廉謹한 마음가짐을 지니고 출입을 드물게 하고 교유를 끊었으며, 입으로는 명리의 말을 내놓지 않고 발은 권세의 문을 밟지 않아 마침내 세상의 꺼림을 받아 환로宦路가 험난하였으나, 이를 개의치 않았을 뿐만 아니라 본래 벼슬로 출세할 생각도 가지고 있지 않았다. 그런 까닭에 내외의 관직 가운데 오래도록 그 자리에 있은 적이 없었으며 병자호란 이후로는 여러 차례 불렀어도 응하지 않다가 삶을 마감하였다. 따라서 윤선도는 "계축년(1613) 이후로 벼슬하지 않은 자는 오직 김령金坽이 있을 뿐이요, 병자년(1636) 이후로 벼슬하지 않은 자는 오직 우리 이공李公이 있을 뿐이다"라고 하였고, 또한 "학식은 공이 외람되게도 나에게 양보하였고 덕행은 내가 실로 공을 경외하였다"라고 평하였다.[98]

백홍제는 용맹하고 지략이 많았으며 협기를 좋아하여 의를 들으면 죽음을 마다하지 않았고 시비를 가릴 때는 권귀를 꺼리지 않고 악을 보면 반드시 응징하였다고 한다. 임진왜란 때 일본군과 싸우다가 포로가 되었으나 배에 있는 일본군을 모두 죽이고 탈출하여 배에 함께 탔던 70여 명과 함께 돌아오기도 하였다. 그러나 이후 조정에 기용되지 못하고 살다가 죽었다. 윤선도는 이런 사람이 재능을 발휘하지 못하고 세상에서 잊힌 것을 매우 안타깝게 여겼다. 윤선도는 그를 위해 다음과 같이 명銘을 지었다.

> 그 기운이 지극히 강한 것은
> 집의集義에서 생겨난 것으로서
> 선조로부터 이어받고
> 천명天明으로 품부받았다오
> 바로 이 같은 사람이 나라의 인걸이니
> 대궐 뜰에 세우면 아첨꾼 매섭게 지적하고
> 사방을 지키게 하면 요기妖氣가 없어졌으련만
> 재능을 발휘하지 못한 채
> 운명이 궁박하기만 하였나니
> 사람이 쓰지 못함이여
> 시대에 수치스럽도다[99]

　몇 개 안되는 비명이지만 이를 통해서도 윤선도의 마음과 바람을 절절히 읽을 수가 있다.
　윤선도가 처음 경원으로 귀양 갈 때 홍원의 기녀인 조생趙生을 만나 시를[100] 지어준 적이 있다. 관북 지역에 귀양 온 많은 사람들 중에 그녀가 특별히 후대하여 전송한 사람은 오직 이항복과 윤선도뿐이었다고 한다. 윤선도는 45년 뒤 삼수로 귀양을 갈 때 조생의 두 딸을 만나 다시 시 한 수를 지어준다.[101] 조생은 이미 죽은 뒤였다.

이 시를 써 주면서 윤선도는 "기녀와 같은 부류에 대해서는 누군들 낮추어 보지 않으련만 그들도 여전히 변하지 않을 수 있는 것이 산수山水와 같은 점이 있기에 성인聖人의 병이불추秉彝不墜의 가르침을 비로소 확인할 수 있었다"고[102] 덧붙이고 있다. 병이불추는 인간 본연의 도리를 지키면 잘못되는 일이 없다는 의미로 세상은 다 변했지만 오히려 이 기녀들의 의리는 변하지 않았다는 뜻이다.

조생과 그 딸들에게 준 윤선도의 시를 보고 조경은 시와 함께 다음과 같은 글을 지었다.

윤적객尹謫客은 남쪽 지방의 선비요, 홍헌洪獻의 기녀는 북쪽 지방 출신이다. 지역적으로 서로 떨어진 것이 풍마우風馬牛가 서로 미치지 못할 정도일 뿐만이 아니니 영향이 미미했을 것임을 알 수가 있다. 그러니 사우士友의 의기義氣가 서로 감응하는 것처럼 밤마다 꿈속에서 정신적으로 교유하는 그런 일이 또 어찌 있겠는가. 그러고 보면 이는 단지 사람의 궁액窮厄을 구하러 달려가는 옛날 절협節俠의 풍도風度 정도에 그치는 것이 아니요, 덕을 좋아하고 의를 사모하는 것이 천성에 뿌리를 두어서 남녀의 풍색豊嗇의 차이를 뛰어넘었다고 할 것이니, 표모漂母와 정의녀貞義女 같은 경우는 "거만해서 여기에 끼워줄 만한 자격이 없다" 하겠다. 그리고 듣건대 이 기녀가 관북 지방의 교통의 요충인

이 고을에서 나서 자라고 늙었다 하니 북쪽으로 귀양 오는 사람들을 눈으로 본 것이 얼마나 많았겠는가. 하지만 직접 빚은 술을 가지고 와서 반형班荊을 하며 전송한 경우는 오직 백사 이항복과 고산 윤 참의밖에 없었다고 하니 이 기녀 역시 이두李杜와 이름을 나란히한다는 것을 알고 있었던 것이다. 사람들이 조생은 여사女史가 아니라고 말을 해도 나는 믿지 않을 것이다.[103]

조경은 조생을 의기義妓, 여사女史라 칭하고, 그녀와 윤선도의 만남을 사우의 의기가 서로 감응하는 것처럼 밤마다 꿈속에서 정신적으로 교유하는 관계로 보고, 덕을 좋아하고 의를 사모하는 것이 천성에 뿌리를 두어서 남녀의 풍색의 차이를 뛰어넘었다고 평하였다. 평생 의를 따라 살았으니 기생도 의기義妓를 만나는 것일까.

비판적 지식인으로서의 삶

벼슬에 연연하거나 권귀에 아부하지 않고 의리에 따라 직언하고 감언할 수 있는 비판적 지식인의 모습, 이는 윤선도가 평생 행동으로 추구했던, 그리고 자신의 글에 담아내고자 했던 것이기도 하였다.

실제 그의 시문 대부분은 비판적 지식인으로서의 자신의 각오를 담아내고 비판적 지식인의 모습을 보였던 인물들과 서로 위로하고, 그러다가 삶을 마친 그들을 추모하고, 그들이 자신처럼 경륜을 다 펼치지 못한 것을 안타깝게 여기는 내용들이라고 해도 과언이 아니다. 그래서 그의 사상의 제일 핵심이 인재 등용의 중요성을 강조한 득인론得人論이 었는지도 모른다.

그러나 그는 비판적 지식인의 역할을 죽을 때까지 포기하지 않았다. 74세에 삼수로 세 번째 귀양을 갈 때 제자 안서익安瑞翼이 스승이 명철

보신明哲保身을 하지 않는 것에 대해 아쉬움을 토로하자 오히려 그것을 서운하게 생각하며 다시 한번 자신의 의지를 밝히고 있다.

그대가 명철明哲을 가지고 나를 책責하였는데 이 의義를 나는 알지 못하겠네. 아 말세에 이욕利欲이 기승을 부려서 의를 물고기로 여기고 이욕을 곰 발바닥으로 여기는 자들이 온통 세상에 횡행하고 있으니 어쩌면 이렇게도 명철이 많단 말인가. "뜻있는 선비는 자기의 시신이 도랑에 버려지는 한이 있어도 후회하지 않으리라고 항상 생각한다"는 말, "죽음으로 지키면서 도道를 잘 행할 줄 알아야 한다"라는 말, "죽도록 변치 않는다"는 말이 바로 성인의 가르침이 아니던가. 그렇다면 성인이 《춘추》를 지은 것도 명철의 도리에 위배된다는 말인가. 그대의 소견이 세속을 따라 퇴락하는 것 같아서 사람으로 하여금 개연慨然한 느낌을 갖게 한다네. 참으로 이 말을 위주로 한다면 "한마디 말로 몸을 망치고 나라를 망친다"라고 하는 것이 바로 이런 말이 아니겠는가. 군자는 한마디 말로 지혜롭게 되기도 하고 지혜롭지 못하게 되기도 하니 말은 신중하게 하지 않으면 안 되는 것이라네.[104]

제자에게 하는 충고 치고는 비장한 내용이라고 할 수 있다. 재상이 될 수 있는 기회도 윤선도는 의리에 맞지 않으면 단호히 거절하였다. 그가 자신의 호를 '고산孤山'이라고[105] 붙인 것도 우연이라고 하기에는 너무나 그의 삶을 잘 상징한다고 할 수 있다.

공은 고산孤山에 있을 때 임금의 명이 있지 않으면 도성으로 들어간 적이 없었다. 누군가가 풍간諷諫하기를 "직도直道는 용납받기 어려우니 그 뜻을 약간 굽힌다면 반드시 경재卿宰가 될 것이다. 그때 그 도를 행함이 어찌 쉽지 않겠는가"라고 했다. 공이 말하기를 "이것은 이른바 왕척직심枉尺直心이란 것인데 나는 자신을 굽혀서 남을 바르게 한 것을 보지 못했다"라고 했다. 스스로의 처신의 무거움이 이와 같았다. 고산孤山이란 호는 대개 또한 자신에 비긴 것이다.[106]

윤선도의 대표작으로 〈오우가五友歌〉가 있다. 〈산중신곡〉에 들어있는 시조로 자연물인 수水, 석石, 송松, 죽竹, 월月을 벗으로 삼아 각각의 특징을 읊은 것이다. 윤선도는 물의 특징으로 깨끗함과 그치지 않음을, 돌의 특징으로 변치 않음을, 소나무의 특징으로 뿌리 깊음을, 대나무의 특징으로 사시사철 푸르름을, 달의 특징으로 말을 하지 않음을 들었는데 이들의 공통점은 크게 보면 불변성과 지속성이라고 할 수 있다.

〈오우가〉[107]

내 벗이 몇이냐 하니 수석水石과 송죽松竹이라
동산에 달 오르니 그 더욱 반갑구나
두어라 이 다섯밖에 또 더하야 무엇하리

구름 빛이 좋다 하나 검기를 자로 한다
바람 소리 맑다 하나 그칠 적이 하노매라
좋고도 그칠 뉘 없기는 물뿐인가 하노라

꽃은 무슨 일로 피면서 쉬이 지고
풀은 어이하야 푸르는 듯 누르나니
아마도 변치 아닐손 바위뿐인가 하노라

더우면 꽃 피고 추우면 잎지거늘
솔아 너는 어찌 눈서리를 모르는다
구천九泉에 뿌리 곧은 줄을 글로 하여 아노라

나무도 아닌 것이 풀도 아닌 것이
곧기는 뉘 시켰으며 속은 어이 비었는다
저렇게 사시四時에 푸르니 그를 좋아하노라

작은 것이 높이 떠서 만물을 다 비추니
밤중의 광명이 너만한 이 또 있느냐
보고도 말 아니하니 내 벗인가 하노라

이 다섯 자연물의 특징은 사실 윤선도 자신의 모습이기도 하다. 그
런데 이 중에서도 특히 윤선도의 모습에 가깝고 그가 애정을 가진 것은
돌이라고 할 수 있다. 실제로 윤선도의 평소 생활을 보면 바위와 관련
된 것이 적지 않으며 바위를 주제로 삼은 문학작품도 적지 않다.[108] 이
는 바위의 특성인 불변성이 그가 살아온 삶, 추구하고자 하는 삶과 같
았기 때문이다. 보길도에서의 그의 삶의 중요한 부분을 차지하는 동천
석실洞天石室도 부용동을 한눈으로 볼 수 있는 안봉案峯 중턱의 바위 절

벽 위에 위치하고 있다.

　칠십이 넘어 45년 만에 또다시 가게 된 북쪽 지방으로의 유배는 윤선도에게 육체적으로나 정신적으로나 매우 힘든 일이었다. 삼수로 가는 길에 만난 기녀 조생의 두 딸에게 준 글에서, 윤선도는 첫 번째 귀양 갈 때와는 다르게 변화한 점 여섯 가지를 들면서 자신의 소회를 토로하고 있다.

이이첨이 세도를 부릴 때 내가 상소하여 그의 죄를 논하자 승정원과 삼사와 관학이 한목소리로 터무니없는 말을 꾸며내 나를 무함하였으나 모두 멀리 유배 보내는 것으로 그쳤는데 지금은 승정원과 삼사와 관학이 기필코 나를 죽이려고 하니 이것이 첫 번째 변화이다. 그 때는 내 나이가 30세였는데 지금은 74세이니 이것이 두 번째 변화이다. 그 때는 홍헌洪獻(홍원)에 도착하니 조랑趙娘(조생)이 하룻저녁에 세 번이나 문안을 와 나를 위로해주었는데 지금은 이미 황천객이 되었으니 이것이 세 번째 변화이다. 그때는 내가 빡빡한 일정을 생각하여 밤낮을 가리지 않고 갔지만 지금은 기력이 쇠약하고 피곤해 마음 같지 않아 겨우 일정을 맞춰가니 이것이 네 번째 변화이다. 그때는 금오랑金吾郎(의금부 도사)과 이졸들이 내 몸이 약해질까 걱정하여 매번 천천히 가기를 권하였으나 지금은 의금부의 이졸들이 매양 앞에서 구박하니 이것이 다섯 번째 변화이다. 그때는 지방의 지주들이 멀리 귀양 온 나를 궁휼히 여기지 않은 이가 없었는데 지금은 두세 사람 외에는 접해보지 못했으니 이것이 여섯 번째 변화이다. 그러고 보니 예전과 비교해 하나의 물건도 변하지 않은 것이 없고 산과 바다만 의구할 뿐이어서 사

람을 탄식하게 한다.[109]

자신을 죽이려고까지 하는 정적들, 고희를 훌쩍 넘어버린 나이, 이미 저세상 사람이 되어버린 조생, 기력이 쇠약해져 자신의 마음 같지 않은 몸, 구박하며 갈 길을 재촉하는 의금부의 이졸들, 찾아오는 사람 없는 각박한 세상 인심 등, 변화된 현실과 쇠락한 자신의 처지는 유배길의 윤선도로 하여금 탄식만 자아내게 했다.

다른 것도 그러했지만 특히 유배생활에서 윤선도를 힘들게 한 것은 그곳의 혹독한 기후였다. 유배지에 도착하자마자 쓴 〈예설〉로 인해 위리안치가 부가된 그에게 용광로처럼 더운 여름과 얼음창고처럼 추운 겨울의 기후는 '지옥'이라 표현할 정도로 견디기가 매우 힘들었다.

〈우연히 읊다〉[110]

귀문관鬼門關 밖의 작은 시냇가
좁디좁게 겹으로 둘러친 두 길 가시울타리
팔십 노인의 변방 유배는 일찍이 듣지 못한 일
삼천리 고향길은 아득히 기약 없네
오두막은 겨울 얼음창고처럼 춥고
높은 산은 여름에 시루처럼 푹푹 찌네
다행히 성은으로 실날같은 목숨 이어가니
아침 시장기도 잊고 화축華祝을 길게 읊조리네.

[자주自註: 고향까지는 3천 리 길이다. 이 고을은 땅이 비좁고 산이 높은데 겨울은 얼음창

고처럼 춥고 겨울은 용광로처럼 덥다.]

윤선도는 유배지의 혹독한 날씨와 힘든 생활에 대해 여러 편의 시를 지었다. 가시울타리로 겹겹이 둘러싸인 오두막집에서 날씨가 너무 추워 창과 벽에는 성에가 잔뜩 끼고 옷과 이불의 접힌 부분은 딱딱하게 각이 져서 칼날처럼 예리하게 되고 수염에 흘린 술이 곧바로 얼어붙는 상황을 윤선도는 다음과 같이 표현하기도 했다.

〈삼강三江의 일을 기록하다〉[111]

산에 갇혔으면 됐지 위리안치를 말할 것까지야
세 계절은 얼음창고와 같고 여름은 시루에 찌는 듯
지옥은 정말 없다고 누가 말했던가
사마온 공은 와보지도 않고 잘도 알았네

백두산의 운기가 진흙 처마에 잇닿고
풍설은 체질하듯 밤낮으로 더해지네
창과 벽에 성애가 끼어 달빛처럼 환하고
옷과 이불은 각이 져서 칼날처럼 예리하네

얼음 녹여 쌀을 이니 쌀알에 구슬이 둥둥
술을 데워 입술 적시니 수염에 옥이 주렁주렁
은해銀海와 황정黃庭이 모두 얼어붙는 판에

영대靈臺 홀로 편안한 것은 무슨 일인가

삼강三江은 삼수三水의 옛 이름이다. 목숨 부지하기도 힘든 유배생활이었지만 윤선도는 굴하지 않고 견뎌나갔다.

이러한 그의 삶을 상징하는 것이 또 하나 있다. 바로 소빙화消氷花이다. 삼수에 귀양 가 있던 어느 늦은 봄날 윤선도는, 어떤 객이 산에서 나무하다가 빙설氷雪 속에서 발견한 황금빛의 풀꽃을 통에 옮겨 가져온 것을 보고 〈소빙화〉라는 시를 지었다.

〈소빙화〉[112]

삼월 초이튿날 해는 서쪽으로 지는데
홀로 좁은 방에 앉아 고향집 생각하네
나무꾼이 홀연히 황옥黃玉빛 나는 꽃을 만나
통에 담아 와서 못난 사람에게 자랑하네

소빙화는 압록강 물가에서 자라는 꽃
짧디짧은 홑 줄기는 바늘처럼 가늘어라
일천 자 깊은 눈 속에서 살기殺氣를 물리치고
한 떨기 꽃잎 안에 천심天心을 보듬었네
단아하여 옥황상제 뜰 앞에 심어야 제격인데
못가에서 읊조리는 시인과 어이 짝했는가
봄소식을 관북 요새 밖에 부쳐주어 알리려는

동군東君의 마음 씀이 깊은 줄을 비로소 알겠네

변방의 봄 저물어가도 봄 경치 없는데
도리어 소빙화 한 가지가 피었구나
음이 성하면 절로 옮겨가는 복괘復卦의 이치 진실되고
양이 성하면 생장하는 희역羲易의 말씀 신실해라
어두운 세상에 빛나는 공자의 일월이라면
살벌한 시절에 불어오는 정명도의 춘풍일세
이 꽃으로 천지의 큰 덕을 짐작할 수 있으니
몇 번이고 향내 맡으며 거듭 감탄하네

일천 숲 죽어 서 있고 일만 뿌리 숨어 있는데
여리디 여린 옥 꽃술 혼자서 향기를 풍기네
호걸은 문왕文王을 굳이 기다리지 않는 법
닭소리 그치지 않아도 어찌 마음을 상하리오

　이 시의 서序에서 윤선도는 "상설霜雪에 굴하지 않고서 홀로 꽃을 피운 것이 섣달의 매화나 가을 국화 같을 뿐만 아니라 음기가 쌓인 밑바닥에서 남몰래 양기를 기르는 것이 복괘復卦의 일획一畫과 같은 점이 있어서 사람을 깊이 성찰케 한다"고[113] 하였다.
　복괘는 주역 64괘 중 24번째 괘명으로 "초구初九는 멀지 않아 회복하여 후회에 이르름이 없으니 크게 길하다. 《상전象傳》에 말하기를, 멀지 않아 회복함은 그로써 자신을 닦음이다[初九 不遠復, 无祗悔, 元吉 象曰 不

遠之復 以修身也]"라는 구절이 나오는데 윤선도가 말하는 복괘의 일획은 이를 지칭한다고 할 수 있다. 윤선도는 소빙화를 보고 다시 한번 꿋꿋하게 자신의 길을 걸어가겠다고 스스로 다짐하고 있는 것이다.

그리고 1669년, 죽기 2년 전인 83세 때 윤선도는 〈동하각소何閣〉이라는 마지막 시를 남겼다. 동하각은 보길도의 세연정을 지칭하는 말로 '동하'는 《맹자》의 "사람의 마음에 있어서 같은 바[同]는 무엇인가[何], 이는 곧 리理요 의義다"라는 구절에서 따온 것이다.[114]

《맹자》에는 이 구절 뒤로 "성인은 우리의 마음이 같다는 것을 먼저 깨달은 것뿐이다. 그러므로 리와 의가 우리의 마음을 즐겁게 해주는 것은 소·돼지로 잘 차려진 음식이 우리의 입을 즐겁게 해주는 것과 같다"는 내용이 이어진다.[115] 리와 의가 인간의 마음을 즐겁게 해준다는 것은 모든 이에게 공통되며 성인은 이를 먼저 알았을 뿐이라는 것이다.

〈동하각〉[116]

내가 어찌 세상을 떠날 수 있으리오
세상이 지금 나하고 맞지 않아서지
내 칭호가 중서中書의 지위는 아니지만
거처는 녹야綠野의 법도와 비슷하다오

죽음에 가까워져서도 비판적 지식인으로서의 끈을 놓지 않으려는 윤선도의 마음을 느낄 수가 있다.

그런데 평생을 이렇게 치열하게 산 그의 행동과 글들을 단순히 당파적 견지에서 비롯되었다고, 그의 성격적 문제에서 비롯되었다고 보는 것이 과연 타당한 것일까. 한번 곱씹어볼 일이다.

II

학문과 사상적 특징

실천 중시의 학문

17세기 대표적인 호남사림이었던 윤선도는 이 시기 문학가로서 또한 정치가와 사상가로서 굵직한 발자취를 남겼던 인물이다. 그러나 문학가로서의 그의 모습은 그동안 많은 조명을 받아왔으나 정치가와 사상가로서의 그의 모습은 별로 주목받지 못하였다.

이는 〈어부사시사〉 등 그의 문학작품이 빼어났기 때문에 연구자들의 관심이 상대적으로 그쪽에 많이 쏠린 데도 기인하지만 그의 학문과 사상을 살펴볼 수 있는 독립적이고 전문적인 글이 적어 연구자들의 관심을 끌지 못한 것도 한 이유가 아니었나 생각된다.

그러나 그는 조정에 나아가든 아니면 귀양을 가거나 향촌에 물러나 있든 상소와 책문, 서신과 문학작품 등 다양한 형태의 글들을 통해 자신의 생각과 사상을 표출하였다. 따라서 충분하다고 할 수는 없지만

《고산유고孤山遺稿》등 현재 남아있는 자료들을 통해서 사상가로서의 그의 모습을 복원해내는 것이 어렵다고만 할 수는 없을 것이다.

그동안 윤선도의 학문과 사상에 대한 연구는, 그의 문학에 대한 사상적 배경을 살펴보는 연구를[1] 시작으로 예론[2]과 철학사상,[3] 가학家學과 학문,[4] 출처관出處觀과 정론政論,[5] 사회경제정책[6] 등을 살펴보는 연구가 이어졌으며 최근에는 정치활동과 경세론,[7] 예학사상,[8] 풍수사상,[9] 의약론[10] 등에 대한 연구가 이루어지면서 연구 주제가 세분화되어가는 경향이다. 또한 그의 학문과 사상을 직접 다루지는 않았지만 이해의 폭을 넓혀주는 연구 성과들도[11] 계속 나오고 있다.

이를 통해 정치가 또는 사상가로서의 윤선도의 모습이 상당 부분 복원되었지만 만족스럽다고 하기에는 부족한 감이 없지 않다. 특히 그의 정치적 활동과 사상을 유기적으로 연관시켜 살펴본 연구는 그리 많지 않고 나아가 그의 사상이 전체 유학사상사의 흐름에서, 아울러 호남유학사상사에서 어떤 위치를 차지하고 있는가에 대해서도 아직 거의 연구가 없는 상태이다.[12] 이 장에서는 이러한 문제의식 위에서 윤선도의 학문과 사상을 살펴보려고 한다.

윤선도의 학문·사상적 특징으로는 우선 실천 중시의 학문을 들 수 있다. 특히 그는 《소학》을 매우 중요시하였다. 윤선도가 《소학》을 접하게 되는 것은 20세 즈음이었는데 다음 기록은 당시 상황을 잘 보여준다.

기묘사화 이후로 《소학》의 책이 세상에 크게 금해져서 부형父兄들이 자제에게 읽지 말라고 경계하기까지 했으므로 사람들이 이 책을 보관하고 있는 것도 흔치 않았다. 그런데 공이 옛날 서책들을 점검하다가

이 책을 찾아내어 읽어보고 나서 기뻐하며 말하기를 "사람을 만들어내는 틀이 모두 여기에 있구나"라고 하고는 마침내 이 책을 전공專攻하였다. 자기에게 절실하고 내면으로 접근하는 학문에 종사하며 한마음으로 정밀하게 연구하고 깊이 탐색하면서 몇 년 동안 반복하여 수백 번을 읽었다. 이로부터 공부가 순일하게 무르익고 의리가 관통하였으며 문장 실력도 크게 진보하였다. 이에 다시 예전에 읽던 성현의 경전으로 나아가 되풀이해서 공부를 하니 어디를 대하든 그 이치가 훤히 뚫리면서 과거에 심오해서 풀리지 않던 것들이 모두 얼음 풀리듯 시원하게 이해되었으며 나아가 의약醫藥과 복서卜筮, 음양陰陽, 지리地理 등의 글에 대해서도 모두 능통하여 막힘이 없게 되었다.[13]

《소학》 공부를 계기로 학문의 이치를 깨우치고 이를 바탕으로 경학뿐만 아니라 의약과 음양 등 다양한 분야에 능통하게 되었다는 것이다. 이는 《소학》이 윤선도의 학문 공부의 전환점이 되었으며 그의 학문·사상적 뿌리가 기묘사림에 맞닿아 있음을 보여준다.[14]

이후 노년에 이르기까지 윤선도가 시종일관 마음에 새겨 잊지 않은 것은 오직 《소학》 한 책이었다. 자제나 문인들을 가르칠 때도 항상 《소학》을 기본으로 하였으며 비록 연장자라 하더라도 반드시 먼저 《소학》을 수업한 뒤에야 비로소 《대학》, 《논어》, 《맹자》, 《중용》을 수업하고 그러고 나서 시서詩書와 육경六經을 수업하였다.[15]

1628년 봉림대군과 인평대군의 사부로 임명되었을 때는 인조에게 아뢰어 《소학》을 먼저 가르치게 해달라고 청하고 교육과정을 엄격하게 수립하였다.[16] 또한 1652년 효종에게 올린 《진시무팔조소》에서는, "몸을 닦는 큰 법도는 《소학》 한 책에 거의 모두 담겨 있고 나라를 다스리는 큰 도리는 《중용》과 《대학》 두 책으로 충분하다"며[17] 수신의 대법大法으로서 《소학》을 강조하였다.

1660년 삼수에 귀양 가 있을 때 윤선도는 장자인 윤인미에게 가훈의 성격을 띤 서신을 보내는데 그 안에서도 수신근행修身謹行과 적선행인積善行仁을 강조하며 《소학》을 일생 동안 실천할 것을 간곡히 당부하였다.

여덟째, 성현의 경훈經訓은 너희들이 말을 알아들을 때부터 내가 귀를 붙잡고 가르쳤던 바이다. 그리고 《소학》은 사람을 만드는 틀로서 학자라면 응당 이것을 위주로 해야 할 것인데 이에 대해서도 일생 동안 언어와 문자 사이에서 너희들에게 반복해서 간절히 일러주었다. 따라서 지금 번거롭게 고해줄 것은 없지만 때때로 조용히 앉아서 뜻을 모아 한가히 《소학》을 보면 반드시 새로 얻는 것이 있을 것이요. 경전을 가지고 되풀이해서 자세히 완미하면서 몸과 마음을 다스리는 데에 도움이 되지 않음이 없을 것이다. 이는 모두 일생토록 힘써야 할 일이니 죽을 때까지 변해서는 안 될 것이다.[18]

이 서신의 내용은 뒤에 〈충헌공가훈忠憲公家訓〉이란 이름으로 성책成冊되어 현재까지 윤선도집안에 전해져 내려오고 있다.[19] 《소학》의 실천과 강조가 윤선도 당대에 그치지 않고 후대까지 계속 이어졌던 것이다. 《소학》을 중시하고 철저히 실천하려는 이러한 가학의 전통은[20] 증손인 윤두서尹斗緒에게서도 잘 나타난다.[21]

공(윤두서)은 여러 아들을 이서李潊 선생의 문하에 보내 배우게 했다. 반드시 《소학》을 먼저 배워 많이 읽어 외운 다음 다른 경서를 배우게 했다. 공부하는 동안 걸음걸이, 대답하는 법, 기거하는 법, 절하는 법 등을 아침저녁으로 배워 익히게 했다. 부형을 모시고 있을 때는 의관을 단정하게 하도록 하고 무릎을 꿇고 앉아 있으며 떠들거나 장난을 못하게 했다. 새벽에 일어나면 세수하고 나서 부모님께 문안을 드리게 했고 저녁에 잘 때도 이와 같이 하게 했다. 내기하는 도구는 감히 모으지 못하게 했고 시정배가 하는 상스러운 말을 못하게 했다. 과거를 공부하고 싶어 하지 않으면 억지로 시키지 않았다. 그러므로 공의 자제들은 말씨와 행동을 보면 누구인가를 묻지 않아도 뉘 집의 자제인지 알 수 있었다.[22]

《소학》은 1187년 주자가 아동들의 교육을 위해 문인인 유청지劉清之와 함께 편찬한 책이다. 주자는 40대 말인 1177년 《논어집주》와 《대학혹문大學或問》, 《중용장구》 등을 저술하여 사서학四書學의 체계를 완성하는데, 이를 보완하기 위해 《소학》을 편찬하였다. 그리고 이를 바탕으로 《소학》과 《대학》을 연계한 학문론을 제시하였다.

즉 모든 사람을 신분에 상관없이 8세가 되면 《소학》에 입문시켜 쇄소灑掃·응대應對·진퇴進退의 예절과 예禮·악樂·사射·어御·서書·수數의 글, 애친愛親·경장敬長·융사隆師·친우親友의 도리 등을 가르치고, 15세가 되면 대학에 입문시켜 궁리窮理·정심正心하고 수기修己·치인治人하는 방도를 가르치게 한다는 것이다.[23]

그런데 주자는 《소학》과 《대학》을 별개의 과정으로 보지 않았다. "배움[學]의 대소大小는 확실히 같지 않으나 도를 실천하는 것은 하나일 뿐이며 이러한 까닭에 어렸을 때 《소학》에서 익히지 않으면 흐트러진 마음을 수렴하고 그 덕성을 함양하여 《대학》의 기초와 근본을 이룰 수가 없고, 성장해서 《대학》에 나아가지 않으면 의리를 살피고 그것을 여러 가지 일에 실천하여 《소학》의 완성을 이룰 수가 없다"고[24] 하였다.

또한 "옛사람들은 《소학》에서 존양存養함이 무르익어서 근본 토대가 이미 두터워졌으니 《대학》에 이르러서는 다만 그 위에 나아가 약간의 정채精彩를 낼 뿐이다"고[25] 하여 《소학》이 결여된 《대학》 공부는 사상누각에 불과하며 반대로 《소학》 공부가 충실히 이루어지면 《대학》 공부는 쉽게 자연스럽게 이루어진다고 보았다.[26] 따라서 주자는 《대학》을 배우기 전에 반드시 《소학》을 거쳐야 한다고 강조하였다. 이황도 《소학》과 《대학》은 서로 의지하며 이루어진 것으로 하나이며 둘이고 둘이면서 하나라고 하였다.[27]

《소학》이 행行(실천)을 통해 지知(앎)에 다가가는 행行→지知 과정이라면 《대학》은 지를 통해 행을 실현하려는 지→행 과정이라고 볼 수 있으며 따라서 《소학》에서 《대학》에 이르는 과정은 행行(실천)→지知(앎)→행行(실천) 과정이라고 할 수 있다. 주자가 "옛사람의 학문이 진실로 치지致知와 격물格物을 우선으로 삼았으나 그 처음에는 반드시 《소학》에서 길렀다"고[28] 한 것도 이 때문이었다. 그리고 윤선도가 《소학》을 중시하고 성리학 이론 중에 특히 《대학》의 격물치지론에 상대적으로 많은 관심을 가진 것도 이 때문이 아니었을까.

윤선도는 그의 나이 70대인 1658년에서 1662년까지 자신의 제자인 정유악鄭維岳과 성리학 이론에 대한 서신을 집중적으로 주고받는데 여기서 자신의 격물물격설格物物格說을 밝히고 있다.[29] 그는 '격格'을 '이르다'는 의미의 '지至' 또는 '도到'로 해석하고 《대학장구》에 나오는 격물과 물격에 대한 주자의 주석에 대해 다음과 같이 설명하였다.

격물의 장구章句에서 "궁구하여 사물의 이치에 이른다[窮至事物之理]"라고 한 것은 격물을 해석한 것이고 "그 극처가 이르지 않음이 없게 하려 한다[欲其極處無不到也]"라고 한 것은 물격의 효과를 얻으려 함을 말한 것입니다. 하문下文의 물격의 장구에서 "물격이라는 것은 물리의 극처가 이르지 않음이 없는 것이다[物格者 物理之極處無不到也]라고 한 것은 물리의 극처가 모두 나의 마음 위에 이름을 말한 것입니다. 가령 당나라 사람이 시에서 "한밤중 등잔 앞에 10년의 일들이 한꺼번에 비에 섞여 마음속에 떠오르네"라고 한 것이 이것과 같습니다. 그리고 보망장補亡章에서 "힘쓰기를 오래 해서 하루아침에 활연히 관통함에 이르면 모든 사물의 표리表裏와 정조精粗가 이르지 않음이 없을 것이다"라고 말한 것이 이것입니다.[30]

윤선도는 격물을 내가 추구하여 사물의 이치의 극처에 이르는 것으로, 물격은 물리의 극처가 나의 마음속에 이른 것이라고 해석하였다. 즉 "궁구하여 사물의 이치에 이른다"라고 한 것은 내가 물리에 이르는 것을 의미하고, "사물의 이치의 극처가 이르지 않음이 없다"고 한 것은 물리가 나에게 이른 것을 의미한다는 것이다. 그리고 이 대목에서 '지至'자를 쓰지 않고 '도到'자를 쓴 것은 만약 '지'자를 쓰면 사람들이 혹시 지극함을 의미한다고 생각하고 물리가 나에게 이르는 것은 알지 못할까 걱정해서 그런 것이라고 하였다.[31] 이어 그는 격물·물격의 결과에 대해 설명하였다.

크게는 군신君臣과 부자父子로부터 작게는 초목과 금수에 이르기까지, 가까이는 이목耳目과 구비口鼻로부터 멀리는 산악山岳과 하해河海에 이르기까지, 우주 사이에 빽빽이 들어찬 만물과 만사에 각각 당연한 준칙準則과 지선至善의 극처極處가 있지 않은 데가 없다. 따라서 학자는 응당 모든 천하의 물物에 나아가 추구하고 체인體認하며 그 정미한 도리를 살펴야 한다. 그리하여 그 준칙과 극처에 나의 진지眞知와 실견實見이 이르지 않은 곳이 없게 해야 하니 이것이 격물이라고 하는 것이다. 대저 그렇게 되면 천하의 물의 준칙과 극처가 모두 빠짐없이 드러나면서 적로賊虜가 눈 안에 들어있는 듯하고 강호江湖가 눈에 선한 듯하고 충신이 앞에 참여하고 멍에에 걸려 있는 듯하고 선왕의 효심에 드러나 존재하는 듯하고 요임금이 국그릇과 담벼락에 나타나듯 하여 자연히 그렇게 되기를 기대하지 않아도 그렇게 될 것이니 이것이 물격이라고 하는 것이다. 이와 같이 되면 만 가지 이치가 모두 밝아져서 하나의 일도 의심이 없게 된 가운데 이 마음이 환히 밝아져서 마치 명경지수明鏡止水처럼 아름답고 추함이 모두 비칠 것이요. 하늘이 부여한 허령虛靈한 원래 상태를 바로 회복할 것이니 공자가 말한 일관지도一貫之道와 주자가 말한 활연관통豁然貫通이 모두 이것을 가리키는 것이다.[32]

격물을 통해 천하의 물의 준칙과 극처가 빠짐없이 드러나 물격이 이루어지면 모든 이치가 밝혀져 의심이 사라지고 마음이 명경지수처럼 되는데 공자의 일이관지—以貫之의 도道와 주자의 활연관통의 경지도 모두 이와 같다는 것이다. 따라서 《대학》의 가르침에서 격물을 입도入道의 출발점으로 삼는 것도 이 때문이라고 하였다.[33]

그런데 "물리의 극처가 나에게 이른다"는 물격에 대한 윤선도의 해석은 이황의 해석과 같다. 그리고 이것은 리의 능동성을 긍정하는 것이기도 하다. 이황은 처음에는 물격에 대해 "물리의 극처에 내가 이르지 않는 것이 없다"고 해석하였으나 자신의 생애 마지막 해인 1570년 기대승과의 편지에서 자신의 설을 바꿔 "물리의 극처가 내가 궁구함에 따라 이르지 않음이 없다"라는[34] 의미로 해석해야 한다고 하며 이도理到說을 주장하였다.[35] 이후 이이 학파는 물격에 대한 이황이 해석이 주자의 학설과는 달리 리理를 활물活物로 여겨 스스로 움직이는 것으로 본다며 비판하였다.[36]

윤선도의 격물물격설은 물리物理와 나를 구분하지 않고, 인식의 성립과정을 사물에 대한 인간의 일방적인 과정이 아닌 사물과 인간의 상호적인 과정, 즉 물아일체物我一體의 과정으로 보는 것이며 이는 실천성을 강조하는 것이라고 할 수 있다. 이황이 "인간의 추구가 부족한 경우가 있을지언정 리理의 응답이 실패하는 경우는 없다"고[37] 한 것도 같은 의미이다.

한편 윤선도는 "마음은 이 만화萬化의 근본이 되는 것이다. 근본이 수립된 뒤 도가 나오는 법이니 어찌 마음을 바르게 하지 않고서 천하와 국가를 다스릴 수 있겠는가. 옛사람이 국가를 다스리려면 마음을 바르게 해야 한다고 말한 것은 대개 이와 같이 하지 않으면 국가를 다스릴 수가 없기 때문이었다"며[38] 마음이 일신一身의 주재主宰임을 강조하였다.[39] 학문의 요체도 경經을 가지고 경經의 뜻을 구하는 것이 아니라 심心을 가지고 경의 뜻을 구하는 것이라고 보았다.[40]

　그런데 주자는《소학》에서《대학》에 이르는 일련의 지행知行 공부가 경敬을 기반으로 이루어져야 한다고 주장하였다.[41] 이는 경이 한 마음의 주재主宰요 만사의 근본으로서 성학聖學의 시작과 끝을 이룬다고 보았기 때문이다.[42] 이러한 인식은 윤선도도 마찬가지였는데 그는 여기에서 더 나아가 의義를 강조하였다. 군자의 동정動靜의 도道가 무엇이냐는 정유악의 질문에 윤선도는 "경이직내敬以直內와 의이방외義以方外일 뿐이다"고 대답하며 재차 설명하였다.

　　이른바 경이직내라는 것은 경을 가지고 안을 곧게 한다는 말이 아니라 대개 경을 주로 하면 안이 자연히 곧게 된다는 말이다. 이른바 의이방외라는 것은 의를 가지고 밖을 바르게 한다는 말이 아니라 의를 행하면 자연히 바르게 된다는 말이다. 그러나 만약 격물치지의 공부가 없다면 의가 어디에 있는지 어떻게 알겠는가. 의는 곧 중中이다. 그 상황에 맞게 할 줄을 알지 못한다면 무적무막無適無莫하여 오직 의에 입각해서 행하는 것이 어떻게 가능하겠는가. 그러므로 옛사람이 "함양涵養에는 반드시 경敬의 방법을 써야 하고 진학進學은 치지致知하는 데에 달려 있다"라고 말한 것이니 그 말이 참으로 음미할 만하다.[43]

　경이직내와 의이방외를 "경을 주로 하면 안이 자연히 곧게 된다"와 "의를 행하면 밖이 자연히 바르게 된다"로 해석하는 방식은 격물·물격을 "궁구하여 사물의 이치에 이르면 물리의 극처가 나에게 이른다"고 해석하는 방식과 유사하다. 이 주경主敬과 격물치지를 통해 의義의 소재를 알고 시의時宜에 맞게 행할 수 있다는 것이다.[44]

윤선도는 제자에게 "도道를 배워 권權의 경지에 이르지 못한 상태에서는 모든 일을 처리할 적에 오직 도만 밝히고 공은 생각하지 말 것이요, 그 의리만 바르게 하고 이익은 꾀하지 말 것을 요체로 삼아야 한다"는[45] 말로 글을 마무리하였다.

윤선도의 삶은 만년에 제자에게 했던 이 말을 그대로 실천한 삶이었다. 사람들로부터 오해와 비난을 받을 때마다, 그는 "평생토록 의를 지키면서 이 의를 버리고서는 행동하지 않았으며 세상길에서 일곱 번 넘어지고 여덟 번 엎어지면서도 다시 인내하며 의를 저버리지 않았다"고[46] 항변하였다.

또한 당시의 병통은 "알지 못하는 데에 있지 않고 알면서도 행하지 않는 것과 행하더라도 참되게 하지 않고 힘껏 하지 않는 데에 있다"고[47] 강조하였다. 이 말들이 빈말이 아니라는 것은 홍우원이 지은 〈시장謚狀〉에도 잘 나와 있다.

어려서부터 노년에 이르기까지 시종일관 마음에 새겨 잊지 않은 것은 오직 《소학》 한 책이었으며 항상 동강도董江都(동중서)의 "그 의리만 바르게 하고 이익은 꾀하지 말 것이요. 그 도만 밝히고 공은 생각하지 말 것이다"라는 말을 외우면서 이것이야말로 군자의 마음가짐과 일처리의 요체라고 하였다. …… 자제에게 잘못이 있어도 일찍이 목소리나 안색을 달리한 적이 없으며 반드시 의리를 설명하여 스스로 깨닫고서 고치도록 하였다. 사람을 상대할 때에는 진지하게 성의를 다하였으나 시비를 가릴 때에는 명백하여 분변하여 결단하면서 오직 의義만을 살폈으므로 정확鼎鑊도 그 뜻을 바꾸지 못하고 관육賁育도 그 뜻을 뺏을 수 없었다.[48]

내적 수양의 기준으로서의 경과 외적 행위의 기준으로서의 의를 중시한 데 이어 윤선도가 또 강조한 것은 예禮였다. 윤선도는 기해예송에 참여하여 예에 대한 자신의 생각을 적극 개진하였다. 그는 삼대三代에 행한 길흉의 예는 모두 천리天理에 근원하여 성인이 만들어낸 것으로 따라서 천리를 모른다면 성인이 만든 예경禮經의 심오한 뜻을 어떻게 알겠냐며 후세에 예가禮家의 논의가 송사訟事를 벌이는 것과 같은 것도 대개 천리를 모르는 데서 기인한다고 하였다.[49] 예의 중요성에 대한 강조는 다른 글에서도 계속 이어진다.

《예기》에 이르기를 "예禮가 일어난 뒤에야 만물이 안정된다"라고 하였다. 예가 아니면 미소微小한 사물도 모두 안정을 얻을 수가 없는 법인데 하물며 천하·국가처럼 크고 중대한 것이야 더 말할 나위가 있겠는가. 사소한 절문節文도 신중히 하지 않으면 안 되는데 하물며 부자父子의 윤서倫序와 군신君臣의 등위等威를 그대로 문란하게 뇌두고서 안정을 얻을 수 있겠는가. 이 때문에 《예기》에 이르기를 "대저 예라고 하는 것은 친소親疎를 정하고 혐의嫌疑를 판단하고 동이同異를 구별하고 시비是非를 밝히기 위한 것이다"라고 하고 또 이르기를 "군신·상하·부자·형제도 예가 아니면 안정되지 못한다"라고 한 것이다.[50]

잘 알다시피 이황은 학문의 수양과 실천과정에서 경을 중시하였으며 조식은 경과 의를 함께 강조하였다.[51] 한편 정개청은 도학道學의 요체로 경과 의·예 모두를 강조하였다.[52] 그러면 《소학》과 《대학》의 격물치지, 그리고 경과 의·예, 그중에서도 특히 의를 강조했던 윤선도는 어디에 가까울까. 좀 더 검토가 필요하겠지만 수양과 실천의 측면에서 보았을 때는 이황보다는 조식, 조식보다는 정개청에 더 가깝다고 볼 수 있지 않을까.

그랬을 때 그가 정개청을 동방의 진유眞儒로 이황에 버금간다고 높이 평가하고 그의 문집인 《우득록》의 간행을 요청하고 자산서원 철폐과정에서 적극 옹호한 것도 이러한 사상적 친연성에서 비롯되었을 수도 있다는 생각이 든다.

득인론: 인재 등용의 중요성

윤선도의 학문과 사상의 두 번째 특징으로는 득인론得人論을 들 수 있다. 이 득인론은 윤선도 사상의 핵심이라고 할 수 있는데, 첫 번째로 올린 〈병진소〉를 비롯해 거의 생애 전 시기에 걸쳐 윤선도는 상소와 책문 등을 통해 인재 등용의 중요성을 강조하였다.

윤선도는 "임금은 백성의 주인이고 백성은 임금의 신하이며 백성의 생사와 안위와 고락이 모두 임금의 통제를 받으므로 백성은 임금에 대해서 그 존비尊卑와 강약强弱이 하늘과 땅으로도 비유할 수 없고 그 대소大小와 경중輕重이 태산泰山과 추호秋毫로도 비유할 수 없다"[53]고 하였다.

동시에 임금은 하늘의 부림을 받은 존재이니 하늘에 순종하지 않을 수 없는 존재로 보았다. 그렇다면 하늘은 말이 없으니 그 뜻을 어떻게 알아 따를 것인가. 윤선도는 천天은 바로 리理이니 리에 순응하면 하늘

의 뜻에 순응하는 것이라고 하였다.[54]

또한 윤선도는 "하늘이 나라를 세우고 임금을 세운 것은 한 사람을 후하게 하고자 함이 아니요 만민萬民을 위한 것이며, 임금이 관직을 설치한 것도 백관을 후하게 하고자 함이 아니요 만민을 위한 것이다"고 보았다.[55] 따라서 임금은 백성을 친근히 해야지 낮게 보아서는 안 되며 두려워해야 한다고 하였다. 하늘의 부림을 받은 자가 민심을 잃으면 천명天命도 끊어지기 때문이다.[56]

1616년 〈병진소〉에서 "임금은 현신賢臣이 아니면 나라를 다스릴 수 없다"고 강조했던 윤선도는 1649년 효종이 즉위하자 올린 〈기축소〉에서 본격적으로 득인론을 전개하였다. 그는 정치의 요체가 인재를 얻는 데에 있으며 좋은 인재를 얻으려면 임금이 먼저 도道로써 몸을 닦아야 하며 도는 인仁으로써 닦아야 함을 강조하였다.

《서경》에 이르기를 "임금은 훌륭한 신하가 아니면 나라를 다스릴 수가 없다"라고 하였고 "팔다리가 있어야 사람이 되고 훌륭한 신하가 있어야 성군이 된다"라고 하였으며, 또한 "스스로 스승을 얻으려고 노력하면 왕도정치를 이룰 수 있지만 나보다 나은 사람이 없다고 여기면 망하게 되는 법이다"라고 하였고 "이 신하들이 여기에서 열심히 노력하며 떳떳한 가르침으로 백성들을 이끌지 않았다면 문왕文王도 그 덕이 나라 사람들에게 내려갈 수 없었을 것이다"라고 하였습니다. 고금 천하에 인군人君이 된 자가 어떻게 훌륭한 인재를 얻지 않고서 좋은 정치를 이룰 수 있겠습니까. 비록 그렇긴 하지만 인재를 얻으려면 내 몸을 먼저 닦아야 하는 법입니다. 따라서 오직 성군聖君이라야 성신聖臣을

얻고 오직 현군賢君이라야 현신을 얻고 오직 호걸의 임금이라야 호걸의 신하를 얻는 것입니다.[57]

또한 세상사람들이 좋은 사람이 없다고 말하기 좋아하고 혹은 말세의 풍속이 타락하여 인재를 볼 수 없게 되었다고 말하는데 이런 것이 바로 '나라를 망치는 한 마디 말'이라고 비판하고, 망하는 나라에는 인재가 없었고 흥하는 나라에는 인재가 많았는데 흥하는 나라의 인재는 망하는 나라에서도 쓸 만한 인재가 아니었겠냐며 결국은 군주가 식견이 어두워서 현우賢愚를 변별할 수 없었기 때문이라고 반박하였다.[58]

이어 1652년에 올린 〈진시무팔조소〉에서도 윤선도는 "나라를 다스리는 큰 도리는 《중용》과 《대학》 두 책으로 충분하며 《중용》 안에서도 구경장九經章이 가장 절실하고 구경장 안에서도 '정치는 사람에게 달려 있다'라는 한 조목이 더욱 절실하다"고[59] 강조하고, 그렇기 때문에 임금은 인재를 분별하는 것을[辨人才] 급선무로 삼아야 한다며 인재에 대해 상세히 설명하였다.

써주면 나의 도道를 행하고 써주지 않으면 숨으며 나아가기는 어렵게 하고 물러나기는 쉽게 하며 몸으로써 도를 따르고 인재로써 임금을 섬기며 건곤乾坤을 정돈하고 음양을 섭리하여 만민을 다스리고 사방의 이민족을 어루만지는 자가 첫째 가는 인재이니 이런 인물이 바로 《서경》에서 말한 현신이요 양신良臣이라고 할 것입니다. 그리고 집안에서 효도하고 우애하며 염치를 알고 예의를 지켜 사양하며 학업에 밝게 통하고 치도治道를 훤히 아는 자가 그다음 인재라고 할 것이요,

적교迪敎하고 소부疏附하고 선후先後하고 분주奔走하고 어모禦侮하는[60] 일에도 각자 적임자가 있을 것이니 이들이 또 그다음 가는 인재라고 할 것입니다.[61]

인재를 세 등급으로 나누어 정의한 것이 특징적이다.[62] 인재에 대한 서술은 계속되는데 이번에는 관직·직무별로 설명하고 있는 것이 눈에 띈다.

또한 경에 통달하여 도를 알고 간언을 하여 임금의 잘못을 바로잡는 자는 경악經幄에 놔둘 만하며 왕명의 출납을 미덥게 하면서 임금의 부족한 점을 보완하는 자는 상서尙書를 맡길 만하며, 사람을 잘 알아보고 지극히 공정한 자는 전형銓衡을 맡길 만하며, 글을 잘하고 지극히 공정한 자는 국가의 시험을 맡길 만하며, 학문이 밝고 덕이 높아 잘 가르치는 자는 교육을 맡길 만하며 견문이 많고 학식이 넓어서 사리에 통달한 자는 예에 관한 일을 맡길 만하며 임금의 뜻을 받들어 혜정惠政을 행하고 출척黜陟을 분명히 하는 자는 방면方面(방백)에 임명할 만하며, 요역을 고르게 하고 부세를 가볍게 하여 백성을 잘 어루만지는 자는 목민牧民에 임명할 만하며, 의리와 용맹, 기정奇正을 겸비하고서 일에 임하여 조심하고 좋은 계책으로 성공하는 자는 병사兵事를 맡길 만하며, 관반내화官反內貨를 엄금하고 밝게 살펴 신중히 하며, 공경하고 두려워하면서 천위天威를 엄히 하는 자는 형정刑政을 맡길 만하며, 물기勿欺의 곧은 자세를 지니고서 잘못을 규찰할 수 있는 자는 대각大閣에 거할 만하며 부세를 고르게 하는 도리를 알고서 함부로 거둬들이지 않

는 자는 재용財用을 다스릴 만합니다.[63]

경연관부터 시작하여 호조에 이르기까지 조정의 각 부서에 필요한 인재상을 거의 망라하고 있다고 해도 과언이 아니다.

한편 윤선도에게 득인론은 정치뿐만 아니라 민생과 국방, 향촌 등 국가의 모든 분야의 문제를 해결하는 근본 방책이기도 하였다. 1656년 효종의 구언求言에 응하여 올린 〈응지소應旨疏〉에서 그는 "하늘의 뜻을 돌릴 방도는 오직 민생의 안정, 즉 안민安民에 있고 민생을 안정시킬 방도는 오직 인재를 얻는 것, 즉 득인得人에 있다"며[64] 안민으로 재이災異를 막는 요체로 삼고 득인으로 안민의 근본을 삼을 것을 주장하였다.

또한 1635년 계묘양전의 문제점을 지적하는 〈을해소〉에서는 균전均田이 되지 못하는 제일 큰 이유로 감관監官에 적임자를 임명하지 못한 것을 지적하고,[65] 전남감사에게 보낸 서신에서는 향촌사회에서 친민親民의 책임 있는 기구로 향소鄕所의 중요성을 언급하고 과거 이원익의 예를 들며 향소에 적임자를 임명하는 것이 매우 중요함을 강조하였다.[66]

윤선도는 국방에서도 다른 무엇보다 득인을 중요시하였다. 이미 정묘호란 때 병량소모사兵糧召募使에 임명된 박동량에게 보낸 편지에서, "부족한 것은 인재이지 양식이 아니며 장수이지 군대가 아니다"고[67] 강조했던 윤선도는 자신이 본 과거의 책문에서, 제승制勝의 요체는 병기兵器에 있지 않고 장수에 있음을 다시 한번 강조하고 임진왜란과 정묘호란 때 패한 것도 모두 임명한 장수가 적임자가 아니었기 때문이라고 단언하였다.

병기兵器는 저절로 쓰일 수가 없고 그것을 쓰는 자는 장수이며 병법兵法은 저절로 행해질 수 없고 그것을 행하는 자는 장수이니, 장수가 제대로 쓰지 않는다면 병기가 아무리 예리한들 무슨 유익함이 있겠으며 장수가 제대로 행하지 않는다면 병법이 아무리 훌륭한들 무슨 보탬이 되겠는가. 그렇다면 병가兵家의 제승制勝은 본디 자기의 장점을 활용하여 상대방의 단점을 공격하는 방법에 있는 것이요, 자기의 장점을 활용하여 상대방의 단점을 공격하는 방법을 제대로 쓰는 것은 실로 장수에게 달려있는 것이다. 그러므로 국가가 적을 막는 방도는 제승의 기예만 강구하면 안 되고 제승의 기예를 제대로 쓰는 장수를 구해야 할 것이요, 제승의 방법만 강구하면 안 되고, 제승의 방법을 제대로 쓰는 장수를 임용해야 할 것이다. 참으로 제대로 된 장수를 얻어서 임용하지 못하면 우리의 장기長技를 모두 활용할 수 없어서 싸워도 패하지 않음이 없고 지켜도 잃지 않음이 없겠지만, 참으로 제대로 된 장수를 얻어서 임용한다면 상대방의 장기를 모두 두려워할 것이 없어서 싸우면 이기지 않음이 없고 지키면 견고하지 않음 없게 될 것이다.[68]

〈진시무팔조소〉에서도 윤선도는, "국가를 소유한 자가 백성에게 인정仁政을 베풀고 장인丈人, 즉 재능과 덕행을 함께 갖춘 사람을 써서 장수를 삼을 수만 있다면 국세國勢가 반석처럼 안정되고 열화烈火처럼 치성하여 부딪히는 자는 부서지고 범하는 자는 불살라질 것이니 비록 강적이 사방에 줄지었더라도 두려울 것이 없다"며[69] 임금은 군사 늘리기에 힘쓰지 말고 장인 얻기에 힘쓸 것을 주장하였다.

그러면 신하는 어떻게 해야 하는가. 윤선도는 군신 간의 의를 논하면서 다음과 같이 말하였다.

신하가 임금을 섬기는 도에 있어서도 재능과 덕행이 있어서 그 직책을
거행할 수 있으면 벼슬하는 것이 의요, 재능과 덕행이 없어서 그 직책
을 거행할 수 없으면 그만두는 것이 의일 것입니다. 그리고 진실로 남
을 능히 포용하며 동인협공同寅協恭하면 벼슬하는 것이 의요, 남이 나
를 알아주지 않고 세상이 나와 어긋나면 그만두는 것이 의일 것입니
다. 그리고 도를 행하여 세상을 건질 수 있으면 국궁진췌鞠躬盡瘁하여
죽은 뒤에야 그만두는 것이 의요, 일이 제대로 되지 않고 세상길이 기
구崎嶇하면 해가 지기를 기다릴 것 없이 물에 담가둔 쌀을 건져 가지고
떠나는 것이 의일 것입니다. 그리고 나이가 젊고 기력이 왕성하여 민
첩하게 직무를 행할 수 있으면 벼슬하는 것이 의요, 치사할 나이가 되
고 정력이 미치지 못하면 떠나는 것이 의일 것입니다.[70]

따라서 군신의 분의分義를 알지 못하고 천리天理의 정도正道를 알지
못한 채 한갓 고관의 복장만을 영광으로 알고 녹봉만을 이익으로 알면
서 털끝만큼도 국가를 도와주는 일이 없이 벼슬에서 물러날 나이가 넘
었는데도 계속 벼슬을 차지하는 것을 스스로 달갑게 여기는 것은 의가
아니라는 것이다.[71]

윤선도는 하늘이 인재를 낼 적에 상품上品, 중품中品, 하품下品이 있게
하였으며 본래 중품이 많고 상지上智와 하우下愚는 적은 법인데 당시 임
용되는 사람을 보면 모두 하품 일색이라며 꼭 하품을 가려뽑아도 이렇
게 많이 얻을 수 없는데 어떻게 모두 하품이냐며 당시의 인사 상황을

통렬하게 비판하였다.[72]

　이렇게 된 이유에 대해 그는, 상품의 사람은 원래 흠을 잡을 수가 없고 중품의 사람이라 할지라도 염치는 있는 법인데 오직 하품의 사람만이 노비의 안색으로 비굴하게 무릎을 꿇고 밤늦도록 애걸을 하니 임용되는 경우가 대부분 이런 자들이기 때문이라며 언제나 사람을 위해서 관직을 가리지 않고 관직을 위해서 사람을 가리는 날을 보게 될지 참으로 길게 한숨이 나오고 탄식할 일이라고 하였다.[73]

　특히 윤선도는 당시 조정에서 적임자를 얻지 못하는 이유로 붕당의 폐해를 들었다. 우리나라는 붕당으로 사분오열 되어 있는데 하나의 당파가 뜻을 얻으면 다른 당파는 모조리 배척해버려, 가뜩이나 외지고 조그마한 나라에 인재가 많지도 않은 터에 단지 3분의 1 또는 5분의 1의 인재만을 가지고 그중에서 쓰려고 하니 어찌 적임자를 얻을 것이며, 더욱이 지극히 편파적인 자가 지극히 편파적으로 의망擬望하여 요직에 있는 자가 지극히 편파적이지 않은 자가 없다는 것이다.[74]

　붕당의 폐해, 편당偏黨에 대해서 윤선도는 〈병진소〉에서부터 계속 지적해왔는데 특히 〈진시무팔조소〉에서는, 나라를 망치는 길이 하나는 아니지만 붕당이 있는 나라는 반드시 멸망한다며 파붕당론破朋黨論을 주장하였다.

　붕당이 이렇게까지 나라에 해를 끼치는 것은 무엇 때문이겠습니까. 대개 붕당이 생기고 나면 시비가 뒤바뀌고 현사賢邪가 뒤섞이기 때문입니다. 그리하여 군자는 모두 물러나고 소인은 모두 진출하여 임금이 임금답게 되지 못하고 신하는 신하답게 되지 못하니 이러고서도 어떻게 국가를 보유할 수 있겠습니까. 아조我朝는 붕당의 역사가 오래되었습니다. 그런데 오늘날에 와서는 날로 심해지고 달로 성해져서 두 개가 서너 개로 늘어나고 서너 개가 대여섯 개로 늘어났는데 자기에게 빌붙는 자는 어떤 하자도 숨겨주며 설령雪嶺에 떠밀어 올려주고 자기를 반대하는 자는 없는 흠집도 들춰내어 묵지墨池로 붙잡아 집어넣습니다. 조그마한 나라에 인재가 많지도 않은데 그중에서도 단지 5분의 1 또는 6분의 1만 쓴다면 어느 겨를에 제대로 가려내어 관직에 적임자를 얻겠습니까. 나라를 위해 생각하노라면 참으로 한심하기만 합니다. 이러한 폐단을 없애지 않는다면 멸망하는 것 이외에 또 무엇을 기다리겠습니까. 만약 약을 쓰려고 한다면 그 병을 진단해야 할 것인데 그 근본 원인을 따진다면 이욕에 지나지 않는다고 하겠습니다.[75]

윤선도는 붕당의 측면에서 보면 피차에 본디 선악의 구별이 없지만 사람의 시각에서 관찰하면 피차에 모두 현우賢愚가 섞여 있으니 선인善人이 있지 않은 붕당도 없고 우인愚人이 있지 않은 붕당도 없지만, 국가가 현량한 인재를 임용하여 공도公道를 확장하면서 관직에는 오직 재능 있는 자를 택하고 선을 행한 자는 그를 배격하는 자가 아무리 많아도 반드시 등용하여 오랜 시간 이와 같이 지속한다면, 붕당을 세워도 이로운 것이 없으니 비록 상을 준다고 해도 붕당을 하지 않을 것이라고 하였다.[76]

또한 윤선도는, 〈홍범洪範〉의 "무릇 일반 백성들이 사적으로 붕당을 짓는 일이 없고 지위에 있는 사람들이 아부하는 마음을 갖지 않는 것은 오직 임금이 그들을 위해 표준을 세워주었기 때문이다"는 말을 인용하며 황구작극皇苟作極, 즉 임금이 진실로 표준을 세워주기만 한다면 사적

으로 붕당을 짓는 일과 아부하는 마음이 저절로 사라질 것이라고 강조하였다.[77]

이러한 윤선도의 주장에 대해 기존의 연구들은, "붕당은 궁극적으로 없애야 하지만 각 붕당을 선악을 기준으로 판단할 수 없기 때문에 우선 각 붕당 내에서 선한 자만을 가려뽑아 임용해야 한다는 것이 윤선도 붕당론의 요지이다"고[78] 하며 조선 붕당론의 흐름 속에서 "붕당을 궁극적으로 소멸되어야 할 폐습으로 간주하면서도 현실적으로는 그 존재를 인정하고 그 위에서 집권당의 정치 명분을 부정하지 않는 한 상대당의 인물을 조용調用함"을 특징으로 하는 조제론調劑論의 하나로 위치시켰다.[79]

그러나 윤선도의 붕당론은 조제론보다는 오히려 파붕당론에 가깝지 않나 생각된다. 지금까지 보아왔듯이 윤선도에게 득인론은 국가의 모든 문제를 해결할 수 있는 근본 방책이었다. 그런데 그 득인의 가장 큰 걸림돌이 붕당, 즉 편당偏黨이었다. 따라서 그는 붕당이 존재하는 한 제대로 된 인재를 뽑는 것은 불가능하며 그러면 나라는 망한다고 보았던 것이다. 윤선도는 붕당의 환란은 반드시 쇠한 말세에나 있고 융성한 세상에는 없는 것이라고 하며, 당唐 문종 대의 예를 들어 조정의 붕당을 없애지 못하면 어떻게 하북河北의 적을 물리칠 수 있겠냐고 반문하였다.[80]

또한 만년에 이준경과 이이의 문집을 보고 느낀 점을 쓴 글에서,[81] 이준경을 높이 평가하고 그의 파붕당론을 당시 사람들이 비판했지만 결국 10년 뒤에 붕당의 화가 일어나 나라의 큰 병통이 되었음을 지적하면서 이이가 이준경의 붕당소를 비판한 것을 애석하게 여긴 반면 이준경의 주장은 기미를 깊이 살펴 미리 대처한 것이었다고 옹호하였다.[82]

윤선도의 파붕당론은 광해군 대에는 북인과, 인조반정 이후 특히 효종 대 이후 서인의 전횡에 대한 강한 비판의식에서 나온 것이라고 할 수 있다. 그러나 현실적으로 서인으로의 권력 집중은 점점 더 심해져 갔다. 따라서 윤선도가 기댈 수 있는 방법은 임금이 표준을 세워 인재를 등용하고 붕당을 억제하는 것이었다. 윤선도의 이러한 주장은 뒤에 박세채가 주장하는 황극탕평론皇極蕩平論과도 일맥상통한다고 볼 수 있다.[83]

안민론: 백성을 편안하게 함

윤선도의 학문·사상의 세 번째 특징으로는 안민론安民論을 들 수 있다. 그의 안민론은 철저한 위민의식에서 나왔다. 그리고 그의 위민의식은 재이론災異論에 의해 뒷받침되었다.

윤선도는 하늘이 임금을 세우는 것은 임금 한 사람을 편애해서가 아니라 만민을 위해서이니 사방을 살펴서 그 재질과 덕성이 백성을 편안하게 해줄 자가 있으면 그를 임금으로 삼는 것이며, 임금을 세우고 난 뒤에 백성을 편안하게 해주지 못하고 도리어 해칠 경우에는 하늘이 곧바로 바꾸려 할 것이라고 하였다.[84]

또한 그는 하늘이 일단 억조億兆의 백성을 인주人主에게 대신 맡겼는데 하늘이 인주에게 책망을 가하는 것은 민생을 안정시키는 일에 잘못이 있기 때문이며 그 때문에 백성이 아래에서 원망하면 하늘이 위에서 노여워하는 것이니 이것이 바로 재이災異가 일어나는 이유라고 여겼다. 따라서 하늘의 뜻을 돌릴 방도는 오직 안민, 즉 민생의 안정에 있음을 강하게 주장하였다.[85]

> 화禍는 모두 민심을 잃는 데서 나오는 것이니 백성을 두려워해야 한다는 것이 어찌 근거 없는 말이겠습니까. 대저 그렇기 때문에 《서경》에서 "하늘은 우리 백성들이 보는 것을 통해서 보고 하늘은 우리 백성들이 듣는 것을 통해서 듣는다"라고 하고, 또 "하늘의 듣고 봄이 우리 백성의 듣고 봄으로 인한 것이며 하늘의 밝고 무서움이 우리 백성의 밝고 무서움으로 인한 것이다"라고 하고, 또 "백성이 바로 나라의 근본이니 근본이 굳건해야 나라가 안정된다"라고 한 것이며, 전傳에 이르기를 "천명天命은 일정하지 않다고 하였는데 이는 선하면 얻고 선하지 않으면 잃음을 말한 것이다"라고 하고 또 "민중의 마음을 얻으면 나라를 얻고 민중의 마음을 잃으면 나라를 잃는다"라고 한 것입니다. 이는 모두 옛 성인이 깊이 경계하신 말씀이니 사람의 군상君上이 된 자가 어떻게 공경하지 않을 수 있겠습니까.[86]

윤선도가 안민론을 본격적으로 주장한 것은 1635년 그가 성산현감으로 있을 때 올린 〈을해소〉부터였다. 이 상소는 1634년부터 삼남 지방에 시행되고 있던 갑술양전을 실민失民, 즉 백성의 마음을 잃는 정책으로 규정하고 그 문제점을 지적한 것이다. 상소의 앞부분은 다음과 같이 시작한다.

신이 삼가 생각건대 전제田制가 고르지 않으면 바람직한 정치를 행할 수 없기 때문에 옛날에 나라를 잘 다스리려 할 때는 균전均田을 급무로 하지 않은 경우가 없었습니다. 이번에 양전을 행한 것도 균전을 하기 위해서이니 균전은 부세를 고르게 하기 위해서요, 균부均賦는 백성을 이롭게 하기 위해서인 것입니다. 그렇다면 조정의 본의는 백성을 해치는 데 있지 않고 실로 백성을 이롭게 함에 있다고 할 것인데 결과적으로는 백성들이 자기들을 이롭게 한다고 생각하지 않고 모두 자기들을 해친다고 여기고 있습니다. 그리하여 식자는 근심하고 탄식하는 마음을 어쩔 수 없이 지니게 되고 서민은 모두 걱정하고 원망하는 소리를 내고 있으니 그 까닭이 무엇이겠습니까.[87]

양전의 목적은 균전均田이며 균전은 균부均賦를 위해서이고 균부는 이민利民하기 위한 것인데 갑술양전의 결과를 보면 고르게 하려고 힘쓰지는 않고 오직 많이 늘리려고 힘쓴 까닭에 백성들이 자기들을 이롭게 한다고 생각하지 않고 모두 자기들을 해친다고 생각한다는 것이다.

그러면 전제가 균등하지 못하고 과중하게만 된 이유는 무엇일까. 윤선도는 감관에 적임자를 임명하지 못했기 때문이고 감관에 적임자를 임명하기 못한 것은 한 고을 간격으로 서로 바꾸고 기한을 너무 급박하게 정해놓았기 때문이라고 보았다.[88]

실제로 갑술양전 결과 윤선도가 현감으로 있던 성산을 비롯해 경상우도 지역이 전결수가 가장 많이 늘어나고 토지 등급이 과도하게 오른 경우가 많아 농민들의 부세 부담이 급증하였다.[89] 이에 대해 윤선도는 갑술양전으로 전결수가 1년 전에 비해 갑절이나 증가했다면서 양전한

결수를 모두 감해서 시행하되 평시(임란 이전)의 2분의 1을 정식定式으로 삼거나 1633년에 비해 10분의 2~10분의 3을 더 늘린 것을 정식으로 삼을 것을 청하였다.[90]

그는 임금에게는 백성이 하늘이요, 백성에게는 먹을 것이 하늘이므로 백성의 먹을 것을 넉넉하게 하고 백성의 재물을 풍부하게 하는 것이 바로 국가의 운세가 영원하도록 하늘에 기원하는 방법임을 강조하였다. 또한 하늘은 보고 듣는 것을 백성들이 보고 듣는 것을 통해서 하니 하늘이 재앙을 내리고 상서祥瑞를 내리는 것도 그 때문이라며 국가가 보존되고 멸망하는 것이 민심을 얻느냐 잃느냐에 달려 있다고 보았다.[91]

따라서 윤선도는 갑술양전으로 인해 백성들의 조세 부담이 급격히 늘어나는 일이 국가의 위망과 직결되는 일이라고 판단하고 양전 결수를 줄일 것을 강력히 주장하였다. 외구外寇가 일어나는 것도 반드시 내치의 부족에서 기인하는 것이며 임진왜란도 전제田制가 과중하여 많은 백성이 살 곳을 잃어버렸기 때문에 초래되었다는 것이다.[92]

즉 백성이 먹을 것을 넉넉히 하고 백성의 마음을 단결시켜 국가의 근본을 공고히 하고 천명을 안정시키는 것으로 종사의 대계를 삼도록 하라는 것이 윤선도 주장의 핵심이라고 할 수 있다.

1655년 효종에게 올린 〈시폐사조소〉에서 그는 자신의 안민론을 좀 더 상세히 개진하고 있다. 당시는 효종이 원두표를 중심으로 북벌정책을 본격적으로 추진하면서 군사력을 강화하기 위한 여러 정책을 시행하던 상황이었다.[93] 윤선도가 상소에서 거론한 각사各司 노비의 추쇄推刷, 해도海島 거민의 축출, 어부의 강화도 이주, 산성 수축 등도 그러한 정책 중의 하나였다.

윤선도는 이전부터 목민관의 직임에 부적합한 자가 많아서 요역과 부세가 번거롭고 과중하여 백성이 살아갈 수 없는 것을 항상 괴이하게 여겼는데, 갈수록 민생을 해치는 정책이 많아져서 호소하며 울부짖는 소리가 길에 가득하여 기상氣象이 참담해지면서 위망危亡이 장차 닥치려 하고 있으니 밤낮으로 불안해하고 있다고 하였다. 그러나 국가의 위망과 직결되는 일에 대해서는 포의布衣의 신분이라도 말하지 않으면 안 되겠기에 상소를 올린다며 자신이 상소를 올리는 이유를 설명하였다.[94]

그러면서 민생을 해치는 정책이 많은데, 그중에서도 민심이 반드시 떠나가고 천의天意가 반드시 끊어질 것으로 네 가지를 들 수 있다고 했다. 그 첫 번째가 각사의 노비를 추쇄하는 일이었다. 윤선도는 노비 추쇄가 비록 법으로 정한 것이지만 갑자기 한꺼번에 일률적으로 처리하여 마치려 한다면 인심이 흩어지고 나라가 시끄러워져 걱정이라고 하였다. 오랫동안 폐지된 일을 바로잡는 조치를 행할 적에는 때에 따라 느리게 하고 빠르게 하는 것을 조절하고 자세히 하고 간략히 하는 것을 편의에 맞게 해야만 사리에 합당하다는 것이다. 그리고 노비를 얻고서 민심을 잃기보다는 노비를 잃고서 민심을 얻는 것이 더 낫지 않겠느냐며 60년, 더 나아가 30년 동안 녹안錄案된 것이 없는 자는 추쇄하지 말 것을 주장하였다. 그러면서 다음과 같은 말을 덧붙였다.

귀천貴賤에는 정해진 분수가 있어서 끝내 바뀔 수 없다고 한다면 옛날의 이른바 "공경公卿의 자식이 서인庶人이 되고 서인의 자식이 공경이 된다"라고 하는 것도 모두 헛말이 되고 말 것입니다. 천지 사이의 어떤 물건도 하나로 정해져서 바뀌지 않는 이치는 없습니다. 그래서 성인이 《역易》을 만들어 이 이치를 밝힌 것이니 어찌 유독 노예만 만대토록 노예가 되어야 하는 이치가 있겠습니까. 사부士夫와 혼인을 하여 자손을 낳은 자들은 연기年紀가 아득히 멀고 오래되어 세계世系를 전혀 알지 못하는 자들이 아니겠습니까. 세월이 워낙 멀리 흐른 탓으로 사람들이 보고 듣지 못하는 사이에 마침내 양반이 될 수 있었다면 이것도 어찌 하늘의 뜻이 아니겠습니까. 나라의 법률이야 변통할 수 없다고 하더라도 하늘의 뜻이야 어떻게 거역할 수가 있겠습니까.[95]

이미 양반이 되어버린 사족의 입장을 반영하면서 나온 말이기는 하나 윤선도가 신분제에 대해 대단히 유연한 생각을 가졌음을 보여주는 대목이다.

두 번째는 해도의 거민을 축출하는 일이었다. 윤선도는 백성들이 해도에 사는 이유는 사람은 많고 땅은 비좁아서 육지에서는 살아갈 길이 없기 때문이라며 법령을 엄하고 각박하게 하여 수만 명이나 되는 해도민을 쫓아낸다면 그것은 그들의 목숨을 끊는 행위라고 비판하였다. 특히 선박의 재료인 소나무를 보호할 목적으로 이런 명령을 내렸다고 하는데 오히려 사람이 거주하지 않으면 소나무를 보호할 수 없다고 반박하였다.[96]

그리고 국가에서 사랑하고 보살펴야 할 것은 응당 백성이지 소나무가 아닐텐데 지금 소나무만을 위하고 백성은 돌아보지 않아서 수만 적자赤子가 살 곳을 잃고 허둥지둥하게 한다면 이것이 과연 선후를 아는 일이냐며, 오히려 송금松禁을 엄하게 행하되 주민을 쫓아내지 말고 세금을 거두도록 하면서 개간한 땅을 버리지 말게 하는 것이 좋은 방책이라고 주장하였다.

윤선도가 세 번째로 든 것은 어부를 강화도로 이주시키는 일이었다. 당시 조정은 1천여 가家의 어부를 강화도로 이주시키고 어선을 옮기려고 하였다. 이에 대해 윤선도는 어선은 전선戰船으로는 사용할 수 없는데 굳이 가져가려고 하는 것은 강화도 관리들이 이익을 도모하려는 것에 불과할 따름이며 어부들의 이주 역시 말이 모집이지 실제로는 강제 이주로 전가사변全家徙邊에 가깝다며 강하게 비판하였다.[97]

네 번째는 여러 곳에 산성을 쌓는 일이었다. 윤선도는 성이라는 것이 백성을 보호하고 나라를 방위하는 것이 목적인데 당시 성은 대부분 산성으로 깊은 산속에 있어 백성을 보호하고 나라를 방위할 수 없다고 보았다. 적이 산속에 있는 성을 그냥 지나치고 평탄한 길로 공격해오면 산성은 아무 쓸모가 없으며 실제로 병자호란 때 청병이 산성을 거들떠보지도 않고 곧바로 서울로 침입해 산성은 국가를 방위하는 데 아무 효과가 없었다는 것이다.[98]

따라서 윤선도는 산성을 쌓는 것은 효과도 없이 헛고생만 하는 것이며 이익도 없이 낭비만 하는 것이라고 보았다. 백 개의 성을 쌓는 것이 한 명의 현재賢才를 쓰는 것만 못하니 산성은 본래 있던 것도 줄이고 더 이상 설치해서는 안 된다는 것이다.

이 네 가지 정책에 덧붙여 윤선도는 당시 조정에서 계획하고 있던 양전과 호패법에 대해서도 강하게 반대하였다. 양전의 경우 이전의 〈을해소〉와 같은 이유를 들었으며 호패법에 대해서는 백성들을 속박한다는 점을 들어 반대하였다. 그런데 속박을 반대하는 이유가 재미있다.

사람 중에 속박을 당하고도 싫어할 줄 모르는 자가 있겠습니까. 사람이 싫어하는데도 사람에게 강요한다면 이는 사람의 본성을 어기는 것이 아니겠습니까. 전傳에 이르기를 "사람의 본성을 어기면 재앙이 반드시 그 몸에 미친다"라고 하였는데 이 만대의 밝은 교훈이 어찌 괜히 나온 말이겠습니까. 삼가 원하옵건대 성명聖明께서는 이를 생각하고 경계하여 이 법에 다시는 뜻을 두지 마소서. 맹자가 이르기를 "걸桀·주紂가 천하를 잃게 된 것은 그 백성을 잃었기 때문이요, 그 백성을 잃게 된 것은 그들의 마음을 잃었기 때문이다. 천하를 얻는 방도가 있으니 그 백성을 얻으면 곧 천하를 얻을 것이다. 그 백성을 얻는 방도가 있으니 그 마음을 얻으면 곧 백성을 얻을 것이다. 그 마음을 얻는 방도가 있으니 백성을 원하는 것은 그들에게 모아주고 싫어하는 것은 베풀지 말아야 할 것이다"라고 하였습니다. ……그런데 백성의 마음을 얻고 잃는 기틀이 모두 원하는 것은 모아주고 싫어하는 것은 베풀지 않는 것에 있고 보면 이것이야말로 임금이 되어 국가의 계책을 세움에 있어 첫 번째의 일로 삼아야 하지 않겠습니까. 성상께서 지금 단단히 마음에 두고 계시는 것 가운데 어리석은 신이 깊이 우려하여 여섯 가지 조목으로 말씀드렸는데 이는 모두 백성이 원하는 것이 아니고 바로 백성이 싫어하는 것들입니다.[99]

호패법으로 백성을 속박하는 것이 인간 본성에 어긋난다는 것이다. 윤선도는 당시 효종이 추진하던 군사력 강화정책을 왕안석의 신법에까지 비유하며 비판하였다. 윤선도의 이러한 주장은 철저히 안민에 기반한 것이었다.

그 자신도 다음 해에 올린 〈응지소〉에서, 〈시폐사조소〉가 안민에 중점을 두고 살핀 것이라며 민생을 안정시키는 것이야말로 재이를 막는 도리이며 하늘과 인간이 감응하는 이치[天人感應之理]임을 강조하였다.[100] 또한 효종의 정책이 자강하려는 계책에서 나온 것을 잘 알고 있지만 자강책은 무력에 있는 것이 아니라 단지 인의仁義에 있음을 강조하며 무를 숭상하지 말고 문을 숭상할 것을 청하였다. 인정仁政이야말로 강국强國의 근본이요 군기軍器는 말단이라는 것이다.[101]

자신의 과거 책문과 논문에서, "법이란 정치를 보조하는 것이고 마음은 법을 만드는 것이니 법이 아니면 정치를 행할 수가 없고 마음이 아니면 법을 만들 수가 없다"고[102] 대답한 것도, 항상 공리功利 위주의 말을 하며 정치의 도구에 집착한 가의賈誼보다는 정심正心을 주장하며 정치의 근본에 관심을 기울인 동중서를 더 높이 평가한 것도[103] 같은 맥락에서 나온 것이라고 할 수 있다.

윤선도는 오랫동안 폐지된 일을 바로잡을 경우에는 때에 따라 느리게 하고 빠르게 하는 것을 조절하고 자세히 하고 간략히 하는 것이 마땅함을 얻어야 사리에 합당한 것인데, 만약 점진적으로 하지 않고 갑자기 한꺼번에 처리하여 마치려 한다면 인심이 흩어지고 나라가 시끄러워질 것이라고 하였다.[104]

결국 어민을 강화도로 이주시키는 일과 산성을 쌓은 일은 중지되고 해도민을 축출하는 일은 철회되었다.[105] 또한 각사 노비를 추쇄하는 일도 사실상 실패로 돌아갔다.[106] 그의 지적과 비판이 상당히 정확하고 합리적이었음을 보여준다.

1656년 윤선도는 효종뿐만 아니라 전남감사에게도 서신을 보내 자신의 안민론을 피력하였다. 특히 그는 친민親民의 책임이 물론 수령에게 있지만 그중에서도 특히 향소鄕所에 있다며 그 중요성을 강조하였다.

향촌사회에서 향소는 풍속을 바르게 하고 부역을 고르게 하며 관정官政을 보좌하고 민생을 안정시키는 일을 담당하고 있었다. 그리고 읍마다 육군에 관한 일은 수장관首將官이, 전선戰船에 관한 일은 대장代將이, 군기軍器에 관한 일은 군기감관軍器監官이 책임지게 되어 있었다. 그런데 당시 상황은 이들이 담당해야 할 군사 관련 일들을 모두 향소에 책임지우고 제대로 수행하지 못하면 곤장을 치는 처벌을 가하곤 하였다.[107]

윤선도는 이처럼 향소를 노예와 같이 취급하니 누가 맡으려 하겠냐며 선왕의 법을 준수하여 잘못된 규정을 통렬히 개혁하고 바르게 고쳐서 향소로 하여금 본연의 임무만 수행하도록 하고 각 영營으로 하여금 군무軍務 등의 일은 향소에게 책임 지우지 못하도록 할 것을 주장하였다. 그리고 향소의 좌수에 적임자를 임명해 지방을 잘 다스린 예로 관서감사인 이원익과 진도군수 박안도 등을 들며 백성들에게 해로운 점이 있으면 작은 것은 곧장 바꾸고 큰 것은 조정에 보고하는 것이 바로 방백의 책임임을 강조하였다.[108]

전남감사에게 서신·단자 등을 보낸 그해 윤선도는 〈향사당조약鄕社堂條約〉을 지었다. 그는 평생 향론鄕論에 참여하지 않았는데 근래 향리의 풍속이 문란해지고 백성의 부역이 너무 번다해진 탓으로 사람들 중에 책망하는 이가 많아지면서 신명神明이 반드시 그 허물을 물어 꾸짖기에 부득이 간략하게나마 자신의 의견을 표명하게 되었으며, 문제의 책임이 모두 향소에 있기 때문에 이 조약을 짓게 되었다고 제정 이유를 밝히고 있다.[109]

〈향사당조약〉은 모두 6개조로 되어 있는데 첫째 풍속을 바르게 할 것[正風俗], 둘째 염치를 장려할 것[勵廉恥], 셋째 관사官司의 정사를 보좌할 것[輔官政], 넷째 부역을 균등히 할 것[均賦役], 다섯째 하리下吏를 제어할 것[御下吏], 여섯째 민생을 안정시킬 것[安民生] 등이다. 윤선도는 앞의 다섯 가지를 도리에 맞게 하면 민생이 불안할 것이 무엇이 있겠냐고 반문하면서도 그래도 항상 눈여겨보고 하늘의 위엄을 질병 보듯 두려워하면 민생이 그런대로 안정될 것으로 보았다.[110]

이 조약에서 눈에 띄는 것은 넷째 '균부역' 항목에서 대소의 부역을 모두 대동법에 따라 배정할 것을 주장한 점이다. 1608년(광해군 즉위년) 경기도에서 시행된 대동법은 1623년(인조 1) 강원·충청·전라도로 확대되었으나 지방 호강豪强(토호)들과 방납업자 등의 격렬한 반대로 1625년 충청·전라도는 폐지되었다. 그러다가 효종이 즉위하면서 다시 1651년(효종 2) 충청도에서 시행되었으며 1658년 전라도 연해 지역에서 실시되고 1666년(현종 7) 전라도 산군山郡 지역으로 확대되었다.[111]

당시 호남 지역은 토호와 감색監色들의[112] 반대로 시행에 진통을 많이 겪고 있었는데 윤선도는 대동법 시행을 균부均賦의 관점에서 찬성했던 것이다. 균부와 안민은 대동법 시행의 가장 중요한 목적이기도 하였다. 1658년 자신이 올린 공조참판 사직 상소가 승정원에 의해 계속 기각당하자 올린 상소에서도,[113] 윤선도는 호남에서 대동법을 찬성하는 유생들의 상소가 승정원에 의해 기각당한 일을 자신의 경우와 함께 비판하기도 하였다.[114]

17세기 사회경제정책 논의를 다룬 한 연구는 17세기 사회경제정책론의 흐름을 크게 부국론, 관료적 안민론, 산림적 안민론 등 셋으로 나누고 윤선도를 산림적 안민론에 위치시켰다.[115] 그러나 지금까지 살펴보았듯이 윤선도는 덕치德治와 인정仁政만 강조한 것이 아니라 대동법의 시행 등 제도적인 개혁을 통한 안민에도 찬성하였다. 따라서 그의 안민론은 송시열 등 일부 서인 산림과 마찬가지로 산림적 안민론과 관료적 안민론에 사이에 위치하지 않나 생각된다.

그리고 이러한 위치 매김은 그의 안민론이 철저히 민본民本과 균부均賦에 기반했기 때문이다. 수사적으로 말로만 하는 민본이 아니라 실천적인 민본, 위민의식이 그의 삶 전체를 관통하고 있다. 그가 노비 추쇄에 반대하면서 "유독 노비만 만대토록 노비가 되어야만 하는 이치가 있느냐"고 항변한 것도, 자손들에게 남긴 〈충헌공가훈〉 전체 9개조 가운데 5개조에서 노비를 후하게 대해줄 것을 당부한 것도, 재이론에서 "하늘의 듣고 봄이 백성의 듣고 봄으로 인한 것이다"라고 강조한 것도 그의 철저한 위민의식에서 나왔다고 할 수 있다.[116]

백성들을 생각하는 윤선도의 마음은 그가 지은 시에서도 느낄 수가 있다. 20대인 1611년에 지은 〈남부기행南歸記行〉에서 "장부가 뜻을 얻는 일이 어찌 쉬우리오. 모쪼록 벼랑 끝 창생蒼生들을 살려주시기를" 기원하고, 40대인 1633년에 지은 〈차환희완벽상운次歡喜院壁上韻〉에서는 "경륜 펴지 못한 채 여기서 병들다니 억만창생은 어느 날에나 소생할꼬" 걱정하며, 60대인 1652년에 지은 〈이계하차증심희성운이기부용기운부삼수이사李季夏次贈沈希聖韻以寄復用其韻賦三首以謝〉에서는 "오직 소원은 세상에 왕화王化가 회복되는 것, 항상 근심은 천하의 백성이 살기 힘든 것"이라고 읊었다.[117]

예론: 왕실과 사가의 예는 다름

윤선도의 학문과 사상의 네 번째 특징으로는 예론禮論을 들 수 있다. 윤선도의 예론에 관한 자료는 적은 편이나 40대 때 이필성·백상빈 등과 주고받은 서신을 통해 예에 관한 그의 초기 인식을 살펴볼 수 있다.

1632년(인조 10) 인목대비의 상喪 때 윤선도는 이필성에게, 세간에 국상國喪이 있는 경우 국릉에 제사 지내는 일을 폐하기 때문에 사가私家에서 추석에 지내는 제사도 행하면 안 된다거나 또는 국상의 졸곡卒哭이 끝나기 전에 사가에서 제사 지낼 때 고기를 쓰지 않고 단헌單獻만 해야 한다는 등의 주장이 있다면서 다음과 같이 대답하고 있다.

비록 "죽은 자를 살아있을 때처럼 섬겨야 한다"라고 말을 합니다만, "죽은 자에 대해서 완전히 산 자의 예를 적용하는 것"은 본시 예가 아닙니다. 비록 "임금과 어버이는 한 몸이다[君父一體]"라고 말을 합니다만, 거기에는 군신지의君臣之義가 있고 부자지친父子之親이 있는 만큼 예에도 반드시 구별이 있어야 할 것입니다. 그렇다면 공적인 일이나 사적인 일에 있어서 어찌하여 제사만 유독 달리하지 못한단 말입니까. 지금 세상에 예를 모르는 사람은 차치하고라도 연로하거나 신병 때문에 졸곡이 끝날 때까지 행소行素하지 못하는 경우가 거의 대부분입니다. 자기는 술을 마시고 고기를 먹으면서 선조를 제사 지낼 때에는 소찬素饌만 올리고 단헌만 한다면 이것이 어찌 될 일이겠습니까. 예의 본뜻이 어찌 이와 같겠습니까. 천박한 소견으로 요량해보건대 시제時祭는 제상除喪 할 때까지 행하지 말되 기제忌祭와 절사節祀는 감성減省할 것 없이 소립素笠과 소복素服으로 행한다 해서 안 될 것이 없을 듯 싶습니다. 다만 조정의 관직에 매여 있는 자는 국장을 치르기 전에 사가의 일을 돌볼 수 없는 것이니 묘제는 자제들에게 대신 행하게 하는 것이 또한 좋지 않겠습니까.[118]

죽은 자에 대해 완전히 산 자의 예를 적용하는 것은 본디 예가 아니며, 군신지의와 부자지친이 있는 만큼 예에도 반드시 구별이 있으므로 국가의 예와 사가의 예는 다르다, 따라서 사가의 경우 기제사와 명절·절기에 지내는 제사는 제사 음식을 줄이지 않고 소립과 소복으로 행하고 묘제는 자제에게 대신 행하게 하면 불가할 것도 없다는 말이다.

1635년 인열왕후의 상 때에도 윤선도는, 국휼國恤의 졸곡 이전에 사대부 집에서 제사를 행해야 하는지 묻는 백상빈의 질문에 대해서 똑같이 답하고 있다.[119] 또한 이황의 설에 따라 묘제는 묘소 아래나 재실에서 행하고, 가묘의 제사도 고기를 쓰지 말고 단헌만 해야 한다는 주장에 대해서도 "선현先賢의 설이라도 미진한 뜻이 있는 듯하다"며 동의하지 않았다.[120]

이미 이때부터 윤선도는 국가의 예와 사가의 예는 다르게 적용해야 한다는 왕사부동례王士不同禮의 예 인식을 가졌음을 알 수 있다.[121] 아울러 선현의 예설이라고 해서 무비판적으로 따르지 않는 모습, 예의 형식과 자구에 얽매이지 않고 예의 본뜻에 충실하려고 하는 경향도 보여주고 있다.

한편 사가의 예의 경우 윤선도는《주자가례》와 종법의 철저한 시행을 강조하였다. 〈병진소〉로 인해 기장에 유배 가 있던 1620년(광해군 12) 7촌 재당숙 윤유익이 3대까지만 제사를 지내고 고조부와 고조모의 신주를 최장방最長房[122]으로 옮겨 모시려고 하자 윤선도는 서신을 보내, 당시 사대부들이 상제喪祭의 예로 모두 4대 봉사를 규정한《주자가례》를 따르고 있는데 자신의 가문에서 3대 봉사를 행하면 사림의 비웃음을 받고 예가禮家에 죄를 얻을 것이라며 강하게 반대하였다.[123]

또한 예송으로 삼수에 귀양 가 있을 때 사돈 간인 이만봉이 조부의 명을 이유로 적자가 없이 죽은 맏형의 후사로 서자를 삼으려 하자 윤선도는 여러 번 그에게 서신을 보내 그러한 행위는 적통을 빼앗는 것으로 사림의 공론도 허락하지 않을 것이니 이만봉의 외아들을 형의 양자로 들여보내 뒤를 잇게 해야 한다고 강력히 주장하여 관철시키기도 하였다.[124]

제사를 주관하는 일은 어찌하여 그토록 소견이 잘못되었습니까. 대개 국가는 오직 종사와 생령生靈을 중하게 여기는 만큼 현자賢者를 가려서 후계자를 세우는 때가 있기 때문에 옛날에 혹 적자가 아닌데도 부왕의 명령을 받고서 적자로 삼은 경우가 있었습니다만 이것은 바로 관천하 官天下 하는 의리에 입각한 것이었습니다. 그러나 사가私家의 예는 성인의 경훈經訓에 분명히 정해진 것이 있습니다. 이는 천지天地의 상경 常經이요 고금의 통의通義로 절대로 바꿀 수가 없는 것이니 비록 왕부王父의 명이 있었다고 하더라도 어떻게 감히 탈적奪嫡을 하겠습니까. 천리天理를 위배하고 성경聖經을 어기고서 굳이 왕부의 명에 부응하려 한다면 어떻게 사람이 사는 세상에 설 수 있겠습니까.[125]

국가의 경우는 천하를 공적인 존재로 보고 운영하는 관천하의 의리에 입각해 현자를 후계자로 세우는 때가 있으므로 적자가 아니라도 부왕의 명을 받아 적자로 삼는 경우가 있지만 사가의 경우는 적자로 후사를 잇는 것은 천지의 상경이요 고금의 통의로 절대 바꿀 수가 없으므로 탈적, 즉 적자가 아닌 서자로 후사를 삼는 것은 천리를 위배하고 성경을 어기는 일이라는 것이다. 다른 서신에서도 윤선도는 적통의 중함을 계속 강조하였다.[126]

이러한 윤선도의 예 인식은 예송에서도 그대로 이어졌다. 제1차 예송이 진행 중이던 1660년(현종 1) 그는 〈논예소論禮疏〉를 올려 한 달 전에 상소를 올린 허목의 자최삼년설에 동조하고 송시열의 기년설을 비판하며 자신의 예론을 개진하였다. 또한 삼수로 귀양 간 그해 겨울 〈예설禮說 상·하上·下〉를 지어 자신의 견해를 보완하였다.

〈논예소〉에서 윤선도는, 삼대에 행한 길흉의 예는 모두 천리에 근원하여 성인이 만들어낸 것이기 때문에 천리를 모르면 성인이 만든 예경의 심오한 뜻도 알 수 없으며, 후대에 예가禮家의 논의가 송사訟事를 벌이는 것과 같은 것은 대개 천리를 모르는 데서 기인한다고 보았다.[127] 이는 "예는 천리가 절도에 맞게 드러난 것이요, 인간사에 본받아야 할 규범[禮者 天理之節文 人事之儀則]"이라[128] 하여 예를 성리학의 이상인 천리가 현실사회에 구현된 형태로 이해한, 주자를 비롯한 송대 성리학자들의 예 인식을 그대로 계승한 것이라고 볼 수 있다.

또한 윤선도는, 성인이 오복제五服制를 제정한 것은 친소親疏와 후박厚薄을 분별할 수 있고 경중輕重과 대소大小를 정할 수 있기 때문으로 이것을 가정에 적용하면 부자의 인륜이 밝아지고 나라에 적용하면 군신의 구분이 엄해지니 천지의 존비尊卑와 종사의 존망이 여기에 매이지 않은 것이 없으므로, 이 제도보다 더 중대한 것이 없는 만큼 털끝만큼이라도 어긋나게 해서는 안 될 것이라고 강조하였다.[129] 예를 제대로 행했는지의 여부가 국가의 안위와 밀접한 관계가 있다는 것이다.

이어 윤선도는 "차장자를 세워도 그를 위해 3년복을 입는다[立次長亦爲三年]"는 가공언의 소 등에 입각해 자최삼년설을 주장한 허목의 예설을 지지하였다. 그리고 다음과 같은 글을 시작으로 송시열의 예설을 조목조목 비판하였다.

신이 비록 배운 것이 적고 식견이 얕아서 본래 예경禮經에 어둡다고 하더라도 천리의 소재와 성인의 예를 제정한 취지에 대해서는 또한 일찍이 깨달은 바도 있고 그 대의를 터득하기도 하였으니, 송시열이 잘못 인용한 설에 대해서 신이 그 대요大要를 뽑아내어 조목별로 논변해볼까 합니다.[130]

예학에 대해서는 조금 공부가 미진한 점이 없지 않지만 예의 본질과 목적에 대해서는 잘 인식하고 있다는 말이다. 따라서 예경의 주석과 자구에 얽매이지 말고 그것이 예의 본뜻을 제대로 반영하고 있는가를 잘 따져봐야 한다는 것이 윤선도의 생각이었다.

대개 소설疏說을 지은 자가 성인이 아니고 보면 어떻게 한 마디라도 성경에 맞지 않는 말이 없을 수 있겠습니까. 만약 천리에 미루어볼 때 부적합하고 성경에 견주어볼 때 부적합하다면 따르지 않아야 하겠지만 만약 천리에 미루어볼 때 적합하고 성경에 견주어볼 때 적합하다면 어찌 쓰지 않아서야 되겠습니까.[131]

제1차 예송의 핵심 쟁점은 죽은 효종을 장자로 대우할 것이냐 아니면 차자로 대우할 것이냐 하는 문제였으며 예학적으로는《의례주소儀禮注疏》상복편喪服篇 참최장斬衰章 부위장자조父爲長子條의 정현鄭玄의 주注와 가공언賈公彦의 소疏 등을 어떻게 해석하느냐 하는 것이었다. 특히 가공언의 소에 서로 모순되는 듯한 "제1자가 죽으면 적처 소생의 제2장자를 후사로 세우고 또한 장자라고 한다"는[132] 내용[次長子說]과 승중承重을 했더라도 3년복을 입을 수 없는 네 가지 예외 규정 곧 사종설四種說을[133] 둘러싸고 해석이 분분하였다.

사종설의 첫 번째 규정은 정체부득전중正體不得傳重으로 적자가 폐질이 있어서 종묘를 주관하지 못하는 경우이고, 두 번째는 전중비정체傳重非正體로 서손이 후사를 이은 경우이며, 세 번째는 체이부정體而不正으로 서자가 후사를 이은 경우이고, 네 번째는 정이불체正而不體로 적손이 뒤를 이었을 경우이다. 이 네 가지 경우에는 비록 대통을 이었어도 아버지가 아들을 위해 3년복을 입지 않는다는 것이다.

여기서 허목은 앞의 "제1자가 죽으면 적처 소생의 제2장자를 후사로 세우고 또한 장자라 한다"는 가공언 소의 내용을 근거로 효종이 차자이지만 장자인 소현세자가 죽어 대통을 계승해 종묘의 주인이 되었으므로 장자가 되어 적통을 차지한 것이라 볼 수 있기 때문에 인조는 효종을 위해 참최삼년복을, 자의대비는 자최삼년복을 입어야 한다고 주장하였다. 그리고 사종설의 세 번째 규정인 "서자가 승중하면 3년복을 입지 않는다"에서 서자는 첩의 자식인 첩자로 해석해 효종은 여기에 해당되지 않는다고 보았다.[134]

반면 송시열은 서자가 첩자뿐만 아니라 적처의 차자 이하의 자식인 중자衆子의 의미도 포함하고 있으며 따라서 차자로 왕위를 계승한 효종은 사종설의 체이부정의 경우에 해당되므로 자의대비는 3년복이 아니라 기년복을 입어야 한다는 것이었다. 그런데 이러한 경우 앞의 차장자설과 모순되는 점이 없지 않았다. 이에 대해 송시열은 가공언의 소의 "제1자가 죽으면"을 "첫째 아들이 성년이 되기 이전에 죽으면"으로 해석해야 서로 모순되지 않는다고 보았다. 그렇지 않고 장자가 성인이 되어서 죽었는데도 차장자를 모두 장자라 명명하고 참최복을 입는다면 적통은 둘이 없고 참최는 두 번 입지 않는다[無二統 不二斬]는 의리에도 어긋나 적통이 엄하지 않게 된다고 주장하였다.[135]

또한 송시열은 대부나 사士의 아들이 가문을 계승하여 제사를 받드는 것과 천자나 제후가 대통을 이어 국가를 전수하는 것은 다르지 않다며 오히려 "가家와 국가는 같지 않지 않다"는 허목의 주장을 비판하였다.[136] 나아가 그는 복제문제를 종통문제와 결부시키는 것도 반대하였다. 복제와 종통은 별개의 일로서 따라서 효종을 인조의 서자라고 해도 문제가 없다는 것이다.

대개 나의 설說은 효종대왕이 이미 대통을 이어받았으니 복服은 비록 강등이 되더라도 대통의 높음은 조금도 손실이 없다고 보는 것이다. 복과 통統은 본래 두 가지 일인데 복을 강등하는 것은 적適을 밝히는 뜻이요, 통을 (효종에게) 옮기는 것은 임금을 높이는 도이다. 지금 윤휴·허목의 무리가 복이 강등되면 통이 거기에 있지 않다고 하여 이것으로 화를 만드는 장본張本으로 삼으니 또한 근심스럽다.[137]

윤선도는 "장자가 비록 성인이 되어 죽었는데도 차장자를 모두 장자라고 이름 붙여 참최복을 입는다면 적통이 엄하지 않게[嫡統不嚴] 될 것이다"는 송시열의 주장에 대해, 장유의 질서만 엄하게 하고 군신의 분의分義는 엄하게 하지 않는 것으로 고금 천하에 이런 의리는 없다고 반박하였다. 또한 차장자가 부친의 명을 받들고 하늘의 명을 받아 왕위를 계승한 뒤에도 적통이 될 수 없고 오히려 적통이 타인에게 있다면 그 사람은 가짜 세자[假世子]나 대리 황제[攝皇帝]란 말이며 죽은 장자의 자손에게는 임금 노릇도 할 수 없다는 것이냐며 강하게 비판하였다.

윤선도는 송시열의 예설이 종통은 종묘와 사직을 주관하는 임금에게 돌리고 적통은 이미 죽은 장자에게 돌림으로써 적통과 종통을 두 개로 갈라놓아 결국 효종의 적통을 인정하지 않게 되고 그 결과 임금이 존귀하지 않게 되고 국가도 안정되지 못할 것이라고 보았다.

대저 적嫡이라는 것은 형제 중에 상대하여 겨룰 자가 없다는 호칭이고 통統이라는 것은 조상의 유업을 잘 꾸려가고 만물의 우두머리가 되어 위를 계승하고 아래로 전해준다는 호칭입니다. 그런데 차장자를 세워 후사를 삼았으면 적통이 다른 데에 또 있을 수 있단 말입니까. 차장자가 부왕의 명을 받들고 하늘의 명을 받아 선조와 한몸이 되어 종사를 주관하게 된 뒤에도 적통이 될 수 없고 오히려 적통이 타인에게 있다고 한다면 이는 가세자假世子란 말입니까. 섭황제攝皇帝란 말입니까. 또한 차장자로서 즉위한 자는 이미 죽은 장자의 자손에게는 감히 임금 노릇을 할 수 없고 이미 죽은 장자의 자손들 역시 차장자로 즉위한 자에게는 신하가 되지 않는다는 말입니까. ……더욱이 장유의 질서만 엄하게 하고 군신의 분의는 엄하게 하지 않아도 된단 말입니까. 고금 천하에 어찌 이런 의리가 있겠습니까. 하늘의 이치와 성인의 경륜이 과연 이러하겠습니까. ……송시열은 종통은 묘사廟社를 주관하는 임금에게 돌리면서 적통은 이미 죽은 장자에게 돌린다는 말입니까. 그렇다면 적통과 종통을 두 개로 갈라 놓은 것이니 또 어찌 이런 이치가 있겠습니까.[138]

윤선도는 복제와 종통, 즉 적통과 종통은 분리시켜 볼 수 없다는 종통적통설宗統嫡統說을 주장하였다. 또한 송시열이 자신의 입론의 주된 근거로 삼고 있는 불이참설不貳斬說에 대해서도, 동시에 두 사람을 똑같이 높일 수 없다는 뜻에 지나지 않는 것을 효종에게 잘못 적용하고 있다고 비판하였다. 그는 태자의 태太자와 세자의 세世자는 글자 속에 바로 적嫡과 장長의 글자 뜻이 들어있으므로 차장자라 하더라도 일단 세자로 책봉되면 그때부터 장자, 적자라고 칭하고 대우도 그렇게 해야 하

며, 대통을 계승하여 임금이 된 경우에는 더 말할 필요도 없다고 주장하였다.[139]

윤선도의 송시열 비판은 예론에만 그치지 않았다. 그는 송시열이 송준길과 함께 효종으로부터 깊은 신임을 받고 유현儒賢으로 대접받았음에도 불구하고 제대로 효종을 보도輔導하지 못해 함궐衛橛(뜻밖에 닥친 위험)의 걱정이 있기까지 하고 장사를 치를 때 관이 작아 판자를 덧대어 붙여서 입관入棺하는 일이 벌어지고 장지는 지극히 길한 곳을 버리고 흠결이 있는 곳으로 택하였다고 비판하였다. 결과적으로 자신들은 편안해지고 풍부해지고 존귀해지고 영화롭게 된 것이 극에 달한 반면 효종은 편안해지고 풍부해지고 존귀해지고 영화롭게 되지 못했다는 것이다. 윤선도의 예론이 존군론尊君論에 기반하고 있음을 알 수 있다.[140]

효종의 정통성을 직접 거론하고 당시 양송兩宋을 본격적으로 비판한 윤선도의 상소는 서인들의 강력한 반발을 불러일으켰으며 결국 윤선도는 삼수로 유배되고 그의 상소는 불태워졌다. 그러나 윤선도는 귀양 가서도 자신의 예설의 미진한 점을 보완한 〈예설〉을 저술하였다. 그런데 이 글의 대부분은 자신의 핵심 주장인 종통적통설과 관련한 내용으로 이루어져 있다고 해도 과언이 아니다.

혹자와의 문답 형식으로 이루어진 이 글에서 윤선도는 천하와 국가는 개인의 천하·국가가 아니라 백성의 천하·국가이며, 관천하官天下의 전통이 후대에 들어와, 일가의 사유물로 여겨 후손에게 물려주는 가천하家天下로 변한 뒤에도 관천하의 의리에 입각해 현자에게 물려주는 경우가 있는 등 사가와는 다르다고 보았다. 따라서 차장자는 말할 것도 없고 막내 자식이나 제일 천한 첩의 자식이라 할지라도 일단 태자나 세자가 되면 당연히 적적嫡이 되고 장長이 되고 선조에게 정체正體가 되는 만큼 장유나 적서는 따질 것이 없다는 것이다. 그리고 이러한 자신의 주장을 뒷받침하기 위해 다음과 같은 전거들을 들기도 하였다.

일단 세워서 태자나 세자가 되면 비록 제일 막내인 중자衆子이거나 제일 미천한 얼자孼子라도 도리상 당연히 적적이 되고 장長이 되어 선조에게 정체가 되는 만큼 장유長幼나 적서嫡庶는 따질 것이 없는 것이다. 한나라 사람이 "제후는 종통을 빼앗고 성서는 적통을 빼앗는다[諸侯奪宗 聖庶奪嫡]"라고 한 것이 이것이요, 정자가 "종법은 천리에 입각한 것으로 나무의 줄기와 같다. 그러나 곁가지가 뻗어서 줄기가 되는 경우도 있는 것이다"라고 한 것이 이것이요,《의례》소설疏說에서 "둘째 아들을 세웠을 때도 그를 위해 3년복을 입는다"라고 한 것과《의례》소석疏釋에서 "적처 소생의 제2 장자를 세워도 장자라고 칭한다"라고 한 것이 이것이요, 주자가 "제후는 두 개의 종통이 있을 수 없다"고 한 것이 이것이다.[141]

또한 그는 가공언의 소에서 "차장자를 세웠을 때에도 그를 위해 3년복을 입는다[立次長亦爲三年]"는 내용과 "서자가 승중하면 3년복을 입지 않는다[庶子承重 不爲三年]"는 내용이 서로 모순되는데, 그중에서 전자는 천리에 들어 맞지만 후자는 천리에 맞지 않아 주공周公과 자하子夏가 경문經文을 짓고 전문傳文을 지은 뜻을 크게 어겼다고 보았다. 경전의 주석도 다 믿을 수는 없다는 것이다. 따라서 "서자가 승중하면 3년복을 입지 않는다"는 문구에서 '불不'자는 '역亦'자의 오기가 아닌가 판단하였다. '불'자 대신 '역'자로 보아 "사자가 승중하여도 역시 3년복을 입는다"로 이해하는 것이 타당하다는 것이다.[142]

복제문제가 국가의 안위와 조금도 상관이 없다는 서인들의 주장에 대해서도 윤선도는, 《예기》에 나오는 "예가 일어난 뒤에야 만물이 안정된다", "대저 예라고 하는 것은 친소를 정하고[定親疏], 혐의를 판단하고[決嫌疑], 동이를 구별하고[別同異], 시비를 밝히기[明是非] 위한 것이다", "군신, 상하, 부자, 형제도 예가 아니면 안정되지 못한다"는 내용들을 근거로 대며 반박하였다.[143]

인조의 명을 받들어 세자가 되고 하늘의 명을 받아 종사를 지켰고 지존의 자리에 올라 10년 동안 나라를 다스리며 신민을 통치했던 효종에게 적도 아니고 장도 아니라면서 끝까지 서자의 예로 대우한다면 이는 존귀함을 무너뜨리고 임금을 비하하고 깎아내리는 일로서 그로 인해 대통이 분명해지지 않으면 백성의 뜻이 정해질 수 없고 종사도 굳건해질 수 없다는 것이다.[144]

송시열에게 나쁜 감정을 가지고 그를 함정에 빠뜨리려고 상소를 올린 것 아니냐는 의혹에 대해서도 윤선도는, 자신이 만약 그럴 생각이 있었다면 송시열이 제기한 단궁檀弓 문免과 자유子游 최衰의 설을 거론했을 텐데 그렇게 하지 않았다며 부인하였다.

단궁 문의 고사는 《예기》〈단궁편〉에 나오는 것으로 노나라 대부인 공의중자公儀仲子가 장남이 죽었을 때 장남의 자식인 적손이 있음에도 불구하고 자신의 다른 아들을 후계자로 세우자 단궁이 일부러 타국에서 죽은 친구를 조상할 때 입는 상복인 문을 입고 조문하여 희롱했다는 이야기이다. 자유 최의 고사 역시 〈단궁편〉에 들어있는 내용으로, 위나라 사구司寇 혜자惠子의 상喪에 적자가 아닌 서자를 상주로 세우자 자유가 최복을 입고, 빈객의 위치가 아닌 신하의 위치에 가서 조문하여 기롱했다는 이야기이다.[145]

윤선도는 이 고사들이 모두 적손을 세워야 한다는 취지의 설이라는 사실을 지적하고, 송시열이 소현세자가 죽고 인조가 세자를 세울 당시에 이런 주장을 했다면 정상을 참작해줄 수 있으나 효종이 즉위한 지 10년이 지난 지금에 와서 하는 것은 문제가 심각하지만 그럼에도 불구하고 자신은 상소에서 언급하지 않았다는 것이다.

마지막으로 윤선도는 "천지가 제자리를 잡고 만물이 길러진다"는 《중용》의 내용을 인용하며 한 집안의 하늘이 제자리를 잡지 못하면 한 집안의 만물이 제대로 길러지지 않고 한 나라의 하늘, 즉 임금이 제자리를 잡지 못하면 한 나라의 만물이 제대로 길러지지 않는다고 보았다.

따라서 효종이 10년 동안 임금 자리에 있었는데 적과 장이 되지 못한다면 한 나라의 하늘이 제자리를 잡았다고 말할 수 없으며 당시 흉년이 계속 들어 팔도가 기아에 허덕이고 민생이 불안하고 만물이 제대로 길러지지 않은 것도 효종의 영령이 편안치 못하기 때문에 하늘과 조종祖宗이 위엄을 내려 경동시키며 우리의 안일한 행태를 꾸짖는 것이라고 주장하였다.[146] 자신의 종통적통설을 재이론과 결합시켜 강조한 것이라고 할 수 있다.[147]

단궁 문과 자유 최의 설에 대해 송시열은, 단지 장자가 장자로서 구실하는 것은 살았을 때나 죽었을 때나 차이가 없다는 뜻을 밝히려고 한 것뿐인데 윤선도가 손자를 세워야 한다는 말[立孫說]로 자신의 죄목을 삼고 있다고 해명하였다.[148] 그러나 당시 소현세자의 아들이 살아있는 상황에서 송시열이 인용한 이 설은 효종의 정통성과 관련하여 매우 민감한 문제였다. 그를 비롯한 서인들이 복제와 종통은 별개의 문제로, 복服은 비록 강등되더라도 대통의 높은 것에는 조금도 손상될 것이 없다고 아무리 주장한다 하더라도 그것을 별개로 보는 것 자체가 국왕의 권위와 밀접한 연관이 있었기 때문에 정치문제화 될 소지가 많았던 것이다.

학계에서는 윤선도의 상소 등을 계기로 예송이 단순한 전례논쟁에서 정치문제화 되었다는 지적이 적지 않았다.[149] 그러나 신권이 강화되는 흐름 속에서 예송은 처음부터 학술적·정치적 성격을 같이 가질 수밖에 없었으며 윤선도가 아니었더라도 언젠가는 터질 문제였다. 윤선도의 상소로 예송의 흐름이 본질적으로 바뀐 것은 아니라는 의미이다.

예송은 표면적으로는 복제의 문제였지만 근본적으로는 17세기 사회에서 각 학파 내지 붕당들이 나름대로의 학문적 기반 위에서 자신들의 노선의 정당성을 주장한 전형적인 '정치 형태로서의 전례논쟁'이라고 할 수 있다. 즉 성리학과 예학의 심화, 친가·장자 중심의 가족제도로의 변화, 학파·붕당 간의 긴밀성, 신권의 성장, 양란 이후 국가 재건의 방법 등 당시 정치·사상적인 면뿐만 아니라 사회 모든 분야의 요인들이 종합적으로 결합되어 왕실의 전례문제를 매개로 표출된 것이라고 할 수 있다.[150]

종통적통설 등 윤선도의 예론은 이후 남인들의 예설에 큰 영향을 미쳤으며 15년 뒤 다시 일어나는 갑인예송甲寅禮訟(제2차 예송)에서 남인이 승리하는 데 결정적인 기여를 하였다. 1661년(현종 2) 조경은 귀양 간 윤선도를 옹호하는 상소를 올리면서, 윤선도는 종통·적통을 가지고 효종을 위해 편든 죄밖에 없으니 윤선도는 물리치더라도 그의 종통적통설은 단연코 도외시하면 안 되며 그 귀추를 분명하게 밝혀 《실록》에 기재하여 후세 사람들이 감히 다른 말을 하지 못하게 해야 한다고 주장하였다.[151]

1663년 홍우원 역시 윤선도의 석방을 청하는 상소를 올리면서, 윤선도의 상소가 평정심을 잃은 바가 없지 않으나 그의 종통적통설만은 명백하고 정확하여 뒤바꿀 수 없는 의론으로, 송시열이 아무리 산림으로 당대의 중망을 얻고 있다 하더라도 예를 잘못 논한 것은 숨길 수 없는 사실이라며 윤선도를 옹호하였다.[152]

또한 유세철 등 영남유생 1천여 명이 1666년 3년복을 주장하며 연명으로 올린 상소에서도 윤선도의 종통적통설의 논리가 적지 않은 영향을 미쳤다. 이는 서인들이 유세철 등의 상소를 강하게 비판하면서 이 상소가 윤선도의 예론을 조술祖述하여 사림에게 화를 전가하려는 것이다,[153] 또는 종통이니 적통이니 하는 것도 윤선도가 유신儒臣을 궁지로 몰아넣으려고 했던 것이 효시로 유세철 등이 조술하여 답습한 것이다[154]라고 지적하고 있는 데서도 잘 드러난다.

이 때문에 기존의 많은 연구들이 예송에서의 윤선도의 행위를 서인과 남인의 대립이라는 붕당적 시각에서 바라본다. 그러나 이는 결과론적 해석이고, 그 당시 윤선도는 당파적 입장에서 〈논예소〉를 올린 것은 아니라고 보는 것이 더 사실에 가깝지 않을까 생각된다. 왜냐하면 윤선도 스스로가 평생 붕당에 대해 부정적인 입장을 견지했으며 또한 허목·윤휴 등과 직접 만나거나 서신을 통해 예를 논의한 적도 없기 때문이다.

또한 한 연구는 윤선도의 예론이 시기에 따라 변화된 모습을 보였다고 보았다. 즉 〈논예소〉는 허목의 차장자설을 토대로 구성된 반면 〈예설〉은 윤휴의 천왕개참설天王皆斬說을 논거로 하고 있다는 것이다.[155] 천왕개참설은 "천왕의 복을 입는 사람은 모두 참최복을 입는다"는 내용으로, 윤휴는 이 설과 신모설臣母說을 바탕으로 자의대비가 참최삼년복을 입어야 한다고 주장하였다.[156] 그러나 〈논예소〉나 〈예설〉 모두 허목의 차장자설이나 윤휴의 천왕개참설을 참고하고는 있지만 이를 토대로 구성되어 있지는 않다고 보이며 오히려 이 글들의 근간을 이루는 것은 윤선도의 독창적 예설인 종통적통론이 아닌가 여겨진다.

실용성과 박학성

윤선도의 학문과 사상의 다섯 번째 특징으로는 박학성과 실용성을 들 수 있다. 허목은 〈신도비명〉에서 윤선도의 학문에 대해, "경사經史와 백가百家를 널리 읽었으며 의약·복서·음양·지리 등 연구하지 않은 바가 없었다"고[157] 평하였다. 실제로 그는 많은 책을 소장하고 있었으며[158] 성리학뿐만 아니라 문학·예학·의약·풍수지리·음악 등 다양한 분야에 조예가 깊었다.

윤선도는 유학자였지만 불교나 도교에 대해서도 배타적이지 않았다. 그는 11세 때인 1597년 산사에 들어가 공부하면서 불교와 관계를 맺었다. 당시 승려들이 산사에서 수륙회를 크게 열어 유자와 불자들이 구름처럼 모여들어 구경하였으나 윤선도만 홀로 단정히 앉아 꼼짝하지 않고 독서하며 태연자약했다고 한다.[159] 마치 윤선도가 불교에 전혀 관심이 없었던 것처럼 보이지만 이후의 기록들은 보면 그렇지 않다.

15세 때 공부하기 위해 서울에 올라간 윤선도는 21세 때인 1603년 (선조 36) 삼각산 절에 올라 시를 지었으며[160] 1607년에는 춘추사春秋寺 에 머물며 고향 친구인 장자호張子浩에게 시를 보내기도 하였다.[161] 또 한 1611년 서울에서 해남으로 돌아갈 때 지은 기행시인 〈남귀기행〉에 는 월남사月南寺에 들른 기록이 보이며[162] 1612년(광해군 4)에는 부친이 병이 나자 여산 미륵당의 부처 앞에 나아가 부친의 병환이 치유되기를 간절히 바라는 시를 읊기도 하였다.[163] 젊었을 때부터 산사를 방문하고 머무는 것에 익숙함을 알 수 있다.

이후에도 윤선도는 집과 가까운 대흥사에 자주 들러 여러 수의 시를 지었는데,[164] 이 시들은《고산유고》와《대둔사지大屯寺誌》에 실려있다.[165] 또한《대둔사지》에는 윤선도가 항상 대흥사 남쪽 기슭에 있는 샘물을 길어다 녹차와 한약을 달여서 '고산천孤山泉'이라 부르게 되었다는 기 록도 있다.[166]

산사를 방문하고 머문 것뿐만 아니라 승려들과 교류하는 모습도 보 인다. 1643년(인조 21) 문소동에서 산중생활을 할 때 이웃의 승려들이 찾아와 황무지 개간을 도와주자 윤선도는 감사하는 마음으로 다음과 같은 시를 지었다.

〈이웃의 승려들이 와서 황무지 개간을 도와준 것을 사례하다〉[167]

나라의 세금 징수에 부응함은 물론
종사宗社의 제물도 바로 여기에서

세간을 떠났어도 백성의 일이 급함을 아는지라
서로 불러 동네에 나와 농사일 돕네

이웃 스님이 농사의 괴로움 애달피 여겨
와서 개간하는 일 도우니 감회가 깊어라
승부와 선두 다투는 일은 논하지 마오
똑같이 자비와 사물을 이롭게 하는 마음인걸요

승려가 종교를 초월해 유자인 자신의 일을 도와준 것과 세상사에서
승부를 다투지 않는 것을 모두 불교의 자비이물慈悲利物의 마음으로 설
명하고 있다. 시 안에서 불교와 유교가 서로 이해의 폭을 넓히고 만남
의 광장을 마련해가는 모습을 보여주고 있는 것이다.[168] 불교에 대한 긍
정적인 태도는 윤선도가 예송으로 귀양 간 삼수에서 지은 다음 시에서
도 잘 나타난다.

〈정심암淨深菴〉[169]

삼강三江 한 고을은 백두산 남쪽 압록강 상류의 외진 곳이다. 여기에는
오래도록 사찰이 없었는데 소문에 의하면 법호法號를 정함淨涵이라고
하는 한 승려가 멀리 들어가서 높은 곳에다 암자를 지었다고 한다. 내
가 구름 속으로 구불구불 말을 타고 와서 앉아 있노라니 가슴속 번뇌
가 모두 씻겨 나갔다. 이에 느껴지는 점이 있기에 절구絶句 한 수를 읊
었다.

연화봉 아래 정심암

단청이 휘황하게 불감佛龕을 비추네

고생스럽게 스님이 구도하는 뜻을

우리 유자도 이를 보고 부끄러움 느껴야

(자주自註 : 고을 안의 성묘聖廟가 형편없기 때문에 이렇게 말한 것이다).

승려가 구도에 정진하는 모습을 높이 평가하며 유자들도 부끄러움을 느껴야 한다고 하고 있다. 정심암이라는 암자의 이름도 그 절의 승려가 부탁해서 윤선도가 지어준 것이다. 또한 집고集古해서 지은 한 시에서는 그가 허백당虛白堂과 교류했음을 보여주기도 한다.[170] 이처럼 윤선도의 불교에 대한 인식은 단순한 이해 수준을 넘어 포용적인 입장을 가졌음을 알 수 있다.[171] 이는 도교에 대해서도 마찬가지였다. 홍우원은 〈시장〉에서 윤선도가 "노자와 장자의 글을 일체 배격하였다"고 지적했지만 실제는 그렇지 않았다.

윤선도는 1631년(인조 9) 지리산 청학동을 유람하며 시를 지었으며[172] 1635년에는 가야산을 찾아 최치원의 발자취를 따라가며 다음과 같은 시를 읊었다.

〈가야산을 노닐며〉[173]

가야산 신선이 간 지 이미 천 년인데

이 신선을 가야산에서 찾으려 한다면 우스운 일

차필암泚筆巖과 유상대流觴臺도 명승고적 아니요

세상사람 피하려 한 것임을 또한 알겠구나

좋은 시절 지난 뒤에 승경을 찾다보니
단풍도 없고 꽃도 없어서 유감이었는데
일천 산을 하룻밤에 흰 구슬로 꾸몄으니
신선들이 나를 후대함을 비로소 알겠도다

당시 윤선도는 성산현감으로 좌천되고 곧바로 파직된 것에 실망하여
점차 세상과 등지려 하였으니 아마도 자신의 처지가 최치원과 비슷하
다고 생각했을 것이다. 시를 짓게 된 계기야 어쨌든 이 시에는 도교·신
선사상이 짙게 묻어 있다.[174] 몇 년 뒤인 1638년에 쓴 다음 시를 보자.

〈앞의 운을 써서 유선사遊仙辭를 우스개로 지어 답을 구하다〉[175]

띳집은 물과 구름이 둘러싸게 하고
거친 밥도 하늘과 땅이 은혜 베푸는 대로
낮에는 현주玄酒 기울이며 기조箕操를 연주하고
밤에는 관솔불에 《주역》을 보네
몸이 살찌며 공자가 훌륭함을 점차 느끼나니
손을 데는데 승상의 권세에 감히 접근할까
소동파처럼 자취紫翠의 거처를 이미 마련하였고
두보처럼 밝은 해 가리는 것에 대한 탄식을 멈췄다네
남전산藍田山의 옥을 먹을 필요 있으리오

연단錬丹 하는데《참동계參同契》를 배울까 하네

월굴月窟과 천근天根의 선후를 깨달으면

금정金鼎에 불을 때는 차례가 어찌 어려우랴

낭풍閬風과 현포玄圃는 높아서 끝이 없고

봉래蓬萊와 영주瀛洲는 아득하여 끝이 없네

……

구원九原에 있는 해골에게 이야기하게 한다면

천년토록 구복口腹의 부림을 당함이 부끄러우리

나 이제 훨훨 날아 상제上帝를 뵈려 하노니

우스워라 난거鸞車 타고 봉예鳳翳 모는 이들이여

　　도교의 용어로 점철되어 있는 이 시에서 윤선도는 도교의 불로장생
술인 연단을 하기 위해《참동계》를 배우겠다고까지 하고 있다. 또한 다
른 시에서는 친구에게 단경丹經, 즉 도교의 경전을 공부할 것을 권하고[176]
또 다른 시에서는 자신이 거처하는 부용동을 선경으로 묘사하며 도교
의 여덟 선인 중의 한 사람인 한종리漢鍾離·여동빈呂洞賓과 금단金丹을
언급하고 있다.[177] 유배와 은둔을 반복했던 파란만장한 삶이 그로 하여
금 도교와 신선사상에 더욱 관심을 갖게 하였을지도 모르겠다.

　　윤선도는 불교·도교뿐만 아니라 의약·풍수지리·음악에도 조예가
깊었다. 윤선도는 1632년 예조판서 최명길이 자신을 약청의 의관醫官
에 천거하자 정중히 거절하는 편지에서, 자신이 소싯적에 부모의 병을
치료하기 위해 의원이 와서 처방하는 것을 곁에서 보고 배운 것을 계기
로 의학을 익히게 되었다고 밝히고 있다.[178]

본인은 의학 실력이 별 볼 일 없다고 겸손해했지만 오랫동안 의약동 참醫藥同參으로 활동하고 수시로 왕을 비롯해 왕실 구성원들의 병에 자문하는 것을 볼 때 상당한 수준이었음을 알 수 있다.[179] 1657년(효종 8) 효종비가 병이 나 불려 올라갔을 때에는 윤선도의 처방이 효험이 있자 왕이 칭찬하였으며, 어의 유후성과 조징규가 그에게 와서 중전의 처방전에 대해 자문을 구할 정도였다.[180] 심지어 효종의 산릉 택지문제로 윤선도가 추고를 받은 상황에서도 현종의 몸이 편치 않자 그를 조정에 불러 약 처방을 의논하기까지 하였다.[181]

그러나 윤선도에게 의학은 단순히 약 처방에 그치는 것이 아니라 의도醫道였다. 그는 효종에게 의도의 유래에 대한 자신의 생각을 피력하기도 하였다.

신이 삼가 살피건대 의도가 전해진 것은 그 유래가 오래되었습니다. 각 시대마다 성군과 철보哲輔(현신賢臣)가 여기에 유념하지 않음이 없었고 예로부터 인인仁人과 효자가 모두 여기에 주의할 줄을 알았습니다. 신농이 온갖 약초를 맛보았고 황제黃帝가 침구법을 창안하였는데 이 두 임금이 모두 성군이 아니었다면 그렇게 하였겠습니까. 이윤伊尹은 탕액湯液의 시조가 되고 적량공狄梁公은 침술鍼術에 신묘하였으며 범중엄范仲淹은 명의가 되기를 소원하였는데 이 세 신하가 모두 현신이 아니었다면 그렇게 하였겠습니까. 이천伊川 선생이 "병들어 침상에 누워 있을 적에 용렬한 의원에게 내맡기는 것은, 자식을 사랑하지 않고 어버이에게 효도하지 않음에 비견되나니 어버이를 섬기는 자는 또한 의술을 알지 않으면 안 된다"라고 하였는데 주부자朱夫子가 또 그 말을

《소학》이라는 책에 드러내었으니 이 두 사람이 모두 도를 알지 못하면서 그 교훈을 이와 같이 만세토록 드리울 수 있었겠습니까.[182]

윤선도는 이처럼 의도가 매우 중요함에도 불구하고 당시 세상은 사족이나 문인·사대부라 할지라도 일단 의도를 알기만 하면 곧장 단점으로 여기고 비천하게 여기고 비루하게 여긴다며 강하게 비판하였다.[183] 한 연구는 그의 이러한 생각을 '의유동도醫儒同道'의 입장으로 보기도 한다.[184] 따라서 윤선도는 말단이 아닌 근본적인 치료를 강조하였다.

신이 성상에게 말씀드린 물약유희勿藥有喜의 처방이라는 것은 무엇이겠습니까. 옛사람이 말하기를 "그 병통을 드러내어 밝힌 뒤에 치료한다"라고 하였으니, 신이 먼저 병의 근원을 논한 다음에 치료 방법을 말씀드릴까 합니다. 마음은 일신一身을 주재主宰하는 것입니다. 그러므로 오장육부와 구규九竅, 백맥百脈과 기혈氣血, 음양의 순역順逆과 성쇠와 안위安危가 모두 하나의 마음에 매어 있습니다. 하나의 마음이 편안하면 백 가지 몸이 모두 편안하여, 풍한風寒·서습暑濕과 귀매鬼魅·백사百邪가 어떻게 들어올 수 없지만 하나의 마음이 불안하면 이와 반대가 되는 것입니다. 그래서 옛사람이 "마음이 고요하면 만병이 없어지고 마음이 동요하면 만병이 생겨난다"라고 하였으니 이는 음미할 만한 말입니다. 오늘날 나라의 일이 어렵고 힘든 것이 천고에 없던 바이니 성상의 마음속의 일이 어떠할지는 말씀하지 않아도 상상할 수 있습니다. 그렇다면 성상의 옥체가 불편하신 것은 단지 성상의 마음이 불편하기 때문이요, 성상의 마음이 불편하신 것은 단지 국가의 일이 불편

하기 때문인 것입니다.[185]

임금의 병이 약으로 치유할 수 있는 것이 아님을 알지 못하고서 그저 의약의 말단에만 기대려 한다면 날마다 귀신 같은 처방을 올린다 해도 실제로는 아무 소용이 없다는 것이다. 그러면서 그는 처방을 득인론과 연결시켜 설명하였다.

인삼은 원기를 보양하여 참찬參贊하는 공이 있으므로 삼이라는 이름을 붙인 것인데, 인재에 비유하면 대부종大夫種과 소하蕭何의 부류가 여기에 해당합니다. 대황大黃은 능히 묵은 기운을 밀어내고 새 기운을 불러와 오장을 안정시키는 것이 마치 난세를 평정하여 태평을 이루는 것과 같기 때문에 장군초將軍草라고 부르는 것인데 인재에 비유하면 범이范蠡와 한신韓信의 부류가 여기에 해당합니다. 하늘이 약물을 내는 것이 어느 세상이고 없지 않으니 어찌 인삼이나 대황이 없는 때가 있겠습니까. 오직 제대로 가려내어 잘 쓰는 것을 어떻게 하느냐에 달려있을 뿐입니다. 감초는 다른 약들을 중화시키고 백 가지 독을 없애주기 때문에 국노國老라고도 부르는데 인재에 비교하면 〈진서秦誓〉에서 말한 단단일개신斷斷一介臣이 여기에 해당하니 비록 다른 약들이 있더라도 이것이 없으면 어렵습니다. 그런데 대극大戟은 감초와 반대되는 성질을 갖고 있어서 비록 감초가 있더라도 대극을 섞으면 칼처럼 사람을 죽이니 이 또한 경계하지 않으면 안 됩니다. …… 옛사람이 약을 쓰는 것을 어렵게 여기면서도 약을 가려내는 것을 더욱 어렵게 여겼으니, 삼가 원하옵건대 전하께서는 신농씨처럼 약을 잘 가려내도록 하소서.[186]

약재로 인재를 비유하며 약을 쓰는 도리와 약을 분별하는 도리를 논하면서 결국 임금이 인재를 잘 등용해서 정사를 잘 펴면 마음이 불편한 것이 사라지고 그러면 병이 저절로 날 것이라고 하였다.

윤선도는 향촌사회에서도 병이 있는 사람을 집에 묵게 하여 치료해 주었으며 집안에 약포를 설치하여 약을 구하는 사람이 가난한 이면 반드시 약을 조제해주었다.[187] 지금도 윤선도 집안에는 대대로 내려오는 자가용 약장藥欌이 있고 집안 고문서 중에는 대략 쉰다섯 가지의 다양한 처방전을 다룬 약화제藥和劑가 전해 내려오고 있다고 한다.[188] 또한 그가 탄핵상소를 올렸던 원두표가 병이 들어 어떤 약을 써도 효력이 없었는데 윤선도에게 처방을 받아 나았다는 일화도 전해져오고 있다.[189]

윤선도는 풍수지리에도 깊은 식견을 가지고 있었다.[190] 풍수에 대한 그의 해박한 지식은 조정에도 널리 알려져서 윤선도는 1659년(현종 즉위년) 효종의 능을 간심看審하는 데 참여하였다.[191] 그는 전해에 〈국시소〉를 올려 파직당한 상태였는데도 총호사 좌의정 심지원이 부호군 이원진과 함께 풍수에 해박하고 제일 저명하다는 이유로 참여를 요청하자 상경한 것이다.[192]

다른 지사地師·지관들과 간심한 결과 윤선도는 산릉으로 제일 적합한 곳은 여주 영릉의 홍제동 터를, 그다음으로 수원 호장 집 뒷산을 추천하면서 두 곳 다 천년에 한 번 만날 수 있는 길지라고 평가하였다.[193] 이는 다른 사람도 마찬가지였다. 두 곳 중에서 효종의 능은 수원으로 결정되었다.[194] 수원에 대한 윤선도의 산론山論은 다음과 같다.

수원 호장戶長 집의 뒷산[195]

신이 삼가 이 산을 살펴보건대 용혈사수龍穴砂水가 더할 나위 없이 좋고 아름다워 조그마한 결함도 없으니, 참으로 대단한 길지로서 그야말로 천리千里 이내에서는 찾아볼 수 없는 천재일우의 땅입니다. 안팎과 주변이 모두 길격吉格인 것에 대해서는 여러 술관들이 모두 구체적으로 진달할 수 있을 것이니, 신이 꼭 중복해서 상세히 진달하지 않겠습니다마는, 대개 그 용龍의 국세局勢가 영릉英陵의 그것에 버금가는 만큼 주자가 말한 '종묘의 혈식血食이 길이 이어지게 하는 계책'이 바로 여기에 있다고 하겠습니다.

용·혈·사·수를 중심으로 한 형세풍수론形勢風水論에 입각해 최상의 길지 중의 하나로 평가하고 있음을 알 수 있다.[196] 그러나 얼마 되지 않아 송시열 등은 수원이 오환五患의 자리이고 예로부터 덕망 있고 준걸한 인물들이 나오지 않았다는 이유로 효종의 산릉을 수원으로 하는 것에 반대하고 대신 구리 건원릉 산등성이로 할 것을 주장하였다. 윤선도는 현종의 명으로 다시 간심 작업에 참여하게 되는데[197] 이때 그는 건원릉의 국세局勢가 수원만 못 하다고 보고하였다.[198] 결국 산릉은 건원릉 건좌乾坐 방향의 산등성이로 결정되었고 반면 윤선도는 병을 핑계로 간심에 참여하지 않고 종의 이름으로 소를 올렸다고 해서 파직·추고당하였다.[199]
그러나 추고당하는 과정에서도 윤선도는 효종의 산릉을 건원릉으로 정한 것이 문제가 있으며[200] 수원이 적지라는 주장을 굽히지 않았다. 다음 글을 읽어보자.

가는 곳마다 자세히 살펴보았지만 마음에 드는 곳은 한 군데도 없었습니다. 다만 수원의 산만은 놀라 넘어질 정도로 눈이 번쩍 뜨여서 자세히 점검하고 반복해서 상량해본 결과 시종 그곳이 상격룡上格龍인 대풍수大風水로 영릉에 견주어보아도 약간 미흡할 뿐이라는 것을 분명히 알 수 있었습니다. 그리고 입수入首한 용절龍節의 뒤의 퇴사退卸도 너무나 좋고 지축地軸 멀리 밖에 있는 북진北辰도 지극히 귀해서 참으로 천리 안에서 구할 수 없는 천재일우의 땅이었으니 설사 도선과 무학이 다시 나온다 해도 이 말을 바꾸지 못할 것입니다. 그런데 저의 소견만 그러했던 것이 아닙니다. 윤강, 이원진, 이최만 및 여러 지관들 또한 하자가 하나도 없다고 칭찬해 마지않은 것이 저의 말 정도일 뿐만이 아니었습니다. …… 더욱이 건원릉 서동西洞과 불암산佛巖山 아래에서는 끝내 흠결을 면하지 못하였다고 보면 제가 장보狀報에서 언급한 말이 또한 징험되지 않았습니까. 그 전에 이상진과 유계와 이광제가 추천한 산도 모두 허투루 돌아갔으니 제가 당초에 "수원보다 열 배쯤 뒤떨어진 산도 얻을 수 없을 것이다"라고 진달한 말이 또한 징험되었다고 할 만합니다. 아직 보기도 전에 말한 내용이 보고 나서 징험된 것이 두 번이나 되었다면 저의 말을 이제는 믿을 수 있을 것이고 조정의 의심도 풀어질 수 있을 것이라고 생각합니다.[201]

윤선도는 자신을 비난하는 이유가 전혀 타당하지 않고 트집을 잡는데에 불과하다고 반박하였다.[202] 15년 뒤 효종의 영릉은 붕괴 사고가 발생하여 여주 홍제동으로 옮겼다.[203] 바로 윤선도가 15년 전 산릉 논의에서 최고의 길지라고 추천했던 곳이다.

윤선도의 산론은 100여 년 뒤에 다시 주목받았다. 정조는 1789년(정조 13) 아버지 사도세자의 산릉을 수원으로 천장하는 과정에서 수원 땅이 길지임을 알아본 윤선도를 높이 평가하여 여러 번 칭찬하였을 뿐만 아니라 산릉 조성으로 새로 건설된 신수원에 집터를 사주도록 할 정도였다.[204] 윤선도의 문집인《고산유고》도 정조의 명으로 이즈음 발간되었다.[205]《홍재전서弘齋全書》에는 다음과 같은 내용들이 실려 있다.

경기 수원부의 치소는 서울과의 거리는 90리이고 치소의 북쪽 산을 화산花山이라고 한다. 화산의 왼쪽으로 뻗은 용이 을방乙方에서 엎드렸다가 건방乾方에서 봉우리가 솟고 ……이는 곧 신라 국사國師 옥룡자 도선이 이른바 '서린 용이 구슬을 희롱하는 형국'이고 참의 윤선도가 이른바 "용혈사수龍穴砂水가 모두 좋고 아름답다[盡善盡美]"는 것이니 진실로 천리 이내에서는 찾아볼 수 없는 천재일우의 길지이다.[206]

참의 윤선도는 호가 고산孤山인데 세상에서 '오늘날의 무학無學'이라고 부른다. 감여堪輿의 학문에 대하여 본래 신안神眼이 있었는데 그가 화산을 논하여 이르기를, "안팎과 주변이 길격이라는 것은 여러 술관이 모두 갖추어 진달하였기에 신은 중복하여 상세하게 진달할 필요가 없습니다."[207]

윤선도를 도선과 무학대사에 비견되는, 풍수의 최고 경지인 신안神眼에 이른 풍수가로 평가하고 있다. 이에 대해 한 연구는, 윤선도가 왕릉의 터를 예견한 신안을 가진 풍수가로 수원의 최고의 길지로 꼽았다는 것은 후대에 허목과 홍우원 등에 의해 만들어진 허구이고 신화라고 보았다.[208] 그러나 이는 나무만 보고 숲은 보지 못한다는 생각이 든다.

후대에 누구에 의해서 어떻게 이용되었든 윤선도는 효종 산릉의 후보지로 일관되게 여주 홍제동과 수원 두 곳만 길지임을 주장하였으며, 그가 주장한 두 곳에 효종의 영릉과 사도세자의 현륭원이 들어선 것만 보아도 결과적으로 그의 선택이 옳았다는 것이 증명되었다. 따라서 그가 신안의 풍수가에는 미치지 못할지언정 매우 뛰어난 풍수가임은 부정할 수 없는 것이다. 그에 대한 신화가 전혀 근거 없는 것이 아니라는 말이다.

윤선도는 잘 알다시피 〈어부사시사〉와 〈산중신곡〉 등 빼어난 가사문학 작품을 지었다. 이는 그가 음악에도 조예가 깊었음을 나타낸다. 실제로 그는 젊었을 때부터 악기를 몸소 연주하고 음악을 즐겼으며 음악이론에 대해서도 남다른 안목을 가지고 있었다.

1611년(광해군 3) 고향으로 돌아가면서 지은 〈남귀기행〉은 첫부분이 "만력 기원으로 삼십구 년 되는 해 북두칠성의 자루가 가리키는 달의 이렛날 거문고 고치고 약 파는 내 일 끝내고서 멀리 고향집 생각하며 남국(해남)으로 향했네"로 시작된다. 그가 평소에 거문고를 아끼고 즐겼음을 보여준다. 거문고 또는 가야금 등에 관한 내용은 그의 문학작품 곳곳에 실려 있다.[209] 〈산중속신곡山中續新曲〉에 있는 〈고금영古琴詠〉이라는 작품을 보자.

〈고금영〉[210]

버려졌던 가얏고를 줄 얹어 놀아보니

청아한 옛 소리 반가이 나는구나

이 곡조 알 이 없으니 집 끼워 놓아 두거라

우연히 연기에 그을리고 비에 젖은 가야伽倻의 고금古琴을 얻어 먼지를 털고서 한번 퉁겨보니 청량한 열두 줄의 음색에 최선崔仙(최치원)의 마음 자취가 완연한지라 탄식하고 감탄하는 중에 절로 한 곡조가 완성되었다. 이와 함께 생각하건대 이 가야금이 자신을 제대로 알아주는 사람을 만나지 못하고 버려진다면 먼지 쌓인 한 조각 고목이 될 것이요, 제대로 알아주는 사람을 만나 쓰인다면 오음五音과 육률六律을 이룰 수 있을 것이지만, 세상에 음률을 아는 자가 드무니 오음과 육률을 이루고 난 뒤에도 어찌 지우知遇를 받고 못 받는 일이 없겠는가. 그러한즉 이 가야금에 대한 감회가 한두 가지가 아니기에 다시 고풍古風 1편을 지어 이 가야금에 얽힌 울적한 심정을 토로한다.

윤선도가 〈산중속신곡〉을 지은 때는 1645년(인조 23)으로, 영덕으로 2차 유배를 갔다 온 뒤 벼슬길에 뜻을 두지 않고 금쇄동과 보길도를 오가며 지낼 때였다. 이 〈고금영〉은 제대로 알아주는 사람이 없이 산중에 은거하고 있는 자신의 신세를 내버려진 가야금에 빗대어서 읊은 것이라고 할 수 있다. 다음 시도 비슷한 시기의 작품이다.

〈객客의 마음을 흐르는 물에 씻다〉[211]

내가 아차산峨嵯山 밑에 묵을 적에

아미산 스님이 찾아왔는데

스님이 사람의 뜻 어떻게 알고

녹기금綠綺琴을 양손에 들고 와서는

흰 돌 위에 앉아 흐르는 물을 연주하니

마음속 환히 밝은 것이 아름다운 옥 같아라

아 나는 양포음梁甫吟을 항상 읊조리다가

집린戢麟하고 제잠蹄涔에 서린 자신이 부끄러워

표연히 멀리 노닐어 볼 흥을 홀연히 일으켰나니

....

거문고 속에 장腸 씻는 법이 원래 있으니

병든 몸에 화편華扁의 침이 필요가 있겠으며

거문고 속에 일신日新의 비결이 원래 있으니

오염 제거의 반명盤銘의 잠箴도 기다릴 것 없으리

스님이여 서해西海를 횡행하는 사람에게 이 곡조를 가르쳐주오

은하의 물 쏟아서 천산 북쪽 갑병甲兵을 깨끗이 청소하도록

스님이여 염매鹽梅로 조정하는 사람에게 이 곡조를 가르쳐주오

자장蔗漿 대신 번열煩熱을 씻어 군왕의 마음 시원하게 하도록

　승려의 거문고 소리를 들으니 위축되어 있던 자신이 다시 힘이 난다는 내용이다. 당시 윤선도는 여러 금객琴客들과 음악적 교유를 했는데 권해權海도 그 가운데 한 명이었다. 권해는 호가 반금伴琴인데 거문고를 잘 타서 그렇게 붙였다고 한다.[212] 두 사람은 사이가 백아伯牙와 종자기鍾子期와 같은 지음지우知音知友로,[213] 다음 시는 두 사람의 이러한 모습

을 잘 보여준다.

〈반금에게 주다〉[214]

소리는 혹 있은들 마음이 이러하랴
마음은 혹 있은들 소리를 누가 내랴
마음이 소리에 나니 그것을 좋아하노라

훌륭하오. 그대 마음이 은연중에 천지조화와 합치되어 거문고 일곱 줄
에서 나는 온갖 소리들이 모두 방촌方寸 사이의 일이니 내가 매양 들을
적마다 고기 맛을 잊는다오. 금쇄동 병든 몸이.

윤선도는 유배생활에서도 음악을 그치지 않아, 예송 때 그를 옹호하
는 상소를 올린 적이 있었던 조경은 현가絃歌, 즉 거문고와 노래에 빠지
지 말 것을 충고하는 서신을 보내기도 하였다.[215] 그러나 윤선도는 오히
려 자신의 음악론을 피력하는 답장을 다음과 같이 보냈다.

말세의 풍속은 음악이 마음을 다스리는 것을 알지 못하고 단지 즐거움
을 돕는 줄만 알며 음란하고 유탕流蕩하고 번거로운 소리만을 듣기 좋
아하고, 화장和莊하고 관밀寬密하고 중정中正한 뜻이 있음은 전혀 알지
못하니 이는 제가 평소에 병통으로 여기던 바입니다. 대개 시험 삼아
논해 보건대 ……《예기》에는 "13세가 되면 음악을 배운다"라고 하였
고《소학》의 제사題辭에는 "읊고 노래하고 춤추며 뛴다"라고 하였으며

이천伊川 선생은 "또한 가무를 가르치는 것도 어린아이가 배우는 학문이다"라고 하였으니 모두 옛 성인들의 음악 속의 뜻을 알았다고 할 것입니다. 사람들이 모두 성인의 경지를 이룬 뒤에야 음악을 할 수 있다면 성인이 어찌 "음악을 통해서 이루어진다[成於樂]"라고 하였겠습니까 ……희음稀音을 조용히 듣고 마음을 거두어 고요히 사색하고 즐거우면서도 넘치지 않고 슬프면서도 마음을 상하게 하지 않으며 급하게 하지도 게으르게 하지도 않는 뜻을 터득한다면 그것을 배우는 데에 유익함이 예나 지금이나 무슨 차이가 있겠습니까. 주자의 금시琴詩에 "중화中和의 기운을 고요히 기르고 분함과 욕심의 마음을 한가히 없앤다"라고 하였는데 제가 항상 이 말을 깊이 음미하면서 후학들이 음악을 통해서 진실로 중화의 기운을 기르고 분욕忿慾의 마음을 없앨 수만 있다면 이 또한 주자의 무리가 되는 것이라 여겼습니다 나의 생각은 이러한데 합하는 어떻게 생각하십니까.[216]

공자가 《논어》에서 "시를 통해 일어나고[興於詩], 예를 통해 서며[立於禮], 음악을 통해 이룬다[成於樂]"라고[217] 했듯이 윤선도는 음악을 단순히 즐기기 위해서가 아닌 중화지기中和之氣를 기르고 분욕지심忿慾之心을 없애는 수양의 방법으로 인식하고 실천했던 것이다.[218]

이상으로 윤선도 학문의 박학적 성격에 대해서 살펴보았다. 그리고 그 박학성은 실용성을 수반하는 것이었다. 윤선도는 보길도에 세연정을 지으면서 아래쪽에 판석보板石洑를 막아 계원溪苑을 만들었는데 이 판석보는 과학적 원리에 따라 평소에는 물이 서서히 흐르다가 장마철과 같은 우기에는 판석보 위를 흘러가게 하여 자연적으로 수위를 조절하고 폭포를 이루어 흘러내릴 때는 멋진 자연경관을 연출하였다. 이러한 축조기술은 윤선도 집안이 연해 지역을 간척해나가는 데 기반이 되었을 것으로 보인다.[219]

윤선도 학문의 박학적·실용적 특징은 윤선도집안에 가학으로 전해졌는데 아들 윤인미와 손자 윤이석尹爾錫을 거쳐 증손 윤두서에게서 활짝 꽃을 피웠다. 윤두서의 관심 분야는 성리학은 물론 천문·지리·수학·의학·병법·음악·회화·서예·지도·공장工匠 등에 걸쳐 있어 증조부보다도 더 넓었음을 알 수 있다. 나아가 그가 그린 〈자화상〉이나 〈동국여지도〉, 〈일본여지도〉 등에서 알 수 있듯이 윤두서의 학문은 박학에더하여 실사구시의 실학적 학풍을 보여주고 있다.

그 밖에 모든 책을 읽지 않은 것이 없었으며 백가百家와 중기衆技에 이르기까지 모두 그 지취志趣를 연구하였다. 상위象緯의 경우 각 지방을두루 답사하고 밤이면 반드시 돌아다니며 관찰하여 추보推步와 점술占術을 보았다. 등수等數의 경우 도등圖等을 관찰하여 양천척지법量天尺地法을 증험하였으며 이는 유수석劉壽析도 능히 따지지 못할 정도였다.병류兵流의 경우 세상에 전해오는 도검韜鈐 등의 병서는 보지 않은 것이 없으며 변화와 합벽闔闢의 기틀을 마음속으로 운행해보며 차갑車甲병인丙忍의 제도와 전진戰陣, 공수攻守의 도구에 대하여 모두 고증하였다. 반드시 정확히 연구 조사하여 옛사람이 입언立言한 뜻을 파악하여스스로의 몸으로 체득하고 사실에 비추어 증험하였다. 그러므로 배운바는 모두 관득實得이었다.[220]

스스로 체득하고 사실에 입각해 증명하는 것, 즉 관득이 그의 학문의 요체라는 지적이다. 윤두서의 부인은 이수광의 증손녀였다. 또한 윤두서의 교유관계도 남인실학의 자장 속에 있었다. 그는 성호 이익 형제들과 가까웠는데 특히 이익의 형인 이서李溆와 친하였다. 이서는[221] 녹우당의 당호를 지어주고 현판을 써주었다. 윤두서는 윤선도의 외증손인 심득경沈得經과도[222] 가깝게 지냈다.

그러나 셋째 형인 윤종서와 이서의 형인 이잠이 당쟁에 휘말려 죽음을 당하자 평생 관직에 나아가지 않고 학문과 예술에 전념하였다. 이는 이서와 심득경 등 절친했던 친구들도 마찬가지였다. 어쨌든 윤두서의 이러한 학문적·예술적 특성은 아들인 윤덕희와[223] 외증손인 정약용에게까지 영향을 끼쳤다.[224]

지금까지 윤선도의 학문과 사상적 특징을 살펴보았다. 기존의 연구들은 문학과는 달리 학문·사상적 측면에서는 윤선도를, 주자의 학설과 크게 다르지 않다거나, 독창성이 적다거나, 학문·사상을 다룬 글이 적다는 이유[225] 등을 들어 그리 높게 평가하지 않았다. 그러나 이는 그에 대한 편견에서 비롯된 측면이 없지 않다는 생각이 든다. 윤선도의 학문에 대한 편견은 그가 살던 당시에도 있었던 듯하다. 홍우원은 윤선도의 〈시장〉을 지으면서 그 점을 안타깝게 여겼다.

세상에서 공公을 논하는 자들은 단지 공이 정직하게 말하고 과감하게 간한 인물이라는 것만 알 뿐이요 학문의 공력功力이나 경제經濟의 재능과 같은 것에 대해서는 한세상을 통틀어 아는 자가 있지 않다. 비록 세상의 미움을 받아서 속에 쌓은 실력을 펼쳐 보일 수는 없었어도 그 지절지節志과 논의는 사설邪說을 물리치고 정도正道를 붙들어 세워 격탁양청激濁揚淸을 하고 입유염완立懦廉頑을 하기에 충분하였다.[226]

윤선도를 직언지사直言之士와 감간지사敢諫之士, 즉 비판적 지식인으로서만 바라보지 그가 학문지공學問之功과 경제지재經濟之才가 있는 것을 주목하는 이가 거의 없다는 것이다. 윤선도의 학문에 대한 홍우원의 평가는 계속 이어진다.

사우師友의 지도를 받은 적이 없어 성현聖賢의 유훈을 존신尊信하여 득력得力한 것이 적지 않았다. 글에 대해서는 두루 열람하지 않은 것이 없지만 우리 유가儒家의 글에 더욱 마음을 두어 사색하고 추구하였는데 또한 훈고에 구애받지 않고 자득自得의 묘를 얻은 바가 많다. …… 공은 평생토록 음영吟詠하고 저작著作하는 것을 좋아하지 않았으며 질문이 있으면 답하고 일이 있으면 서술할 뿐이었다. 그리고 전인前人을 답습하지 않고 새로운 뜻을 새롭게 제시하곤 하였는데 그것도 반드시 경經의 뜻에 부합되도록 하면서 리理를 위주로 하고 사辭를 중시하지 않았다.[227]

윤선도가 스승 없이 학문을 배웠지만 오히려 그렇기 때문에 기존의 학설에 구애받지 않아 자득의 묘와 신의新意, 즉 독창적인 내용이 많이 있다는 지적이다. 그러면 한국유학사상사와 호남유학사상사에서 그를 어떻게 위치시켜야 할까. 이는 다음 장에서 살펴보겠다.

III

다양한 네트워크

혈연적 네트워크

윤선도집안인 해남윤씨는 시조가 윤존부이다. 그러나 시조부터 6세손인 윤환까지는 기록이 남아 있지 않고 7세손인 윤녹화 대부터 조금씩 보이기 시작한다. 중시조로 불리는 8세손 윤광전 대에 해남윤씨는 윤광전이 함양박씨와 혼인하게 되면서 강진에 터를 잡고[1] 신흥 무관집안으로 부상하는 계기를 마련하였다. 함양박씨의 부친인 박환은 대호군大護軍을 지냈으며 조부 박지량은 고려 후기 여몽연합군의 일본 정벌에서 공을 세워 원으로부터 무덕장군武德將軍과 금패인金牌印을 하사받고 판삼사사判三司事에 올랐다고 한다.[2]

　해남윤씨가 다시 한번 중흥의 기반을 마련하는 것은 12세손 윤효정 대였다. 윤효정은 해남의 토호로 막대한 재산을 소유하고 있었던 정귀영의 사위가 되어 그의 재산을 물려받음으로써 해남에 재지사족으로서의 사회경제적 기반을 마련하였다. 또한 그는 김종직의 문인이었던 4촌 동서 최부에게[3] 학문을 배우고 생원시에 합격하면서 사림집안으로서의 틀도 갖추어나갔다. '해남'이라는 본관을 갖게 된 것도 이때였다. 이런 연유로 해남윤씨집안에서는 윤효정을 '득관조得貫祖'로 칭하기도 한다.

윤선도집안은 윤효정의 아들 중 윤구, 윤행, 윤복이 연이어 문과에 합격하고 이어 윤구의 아들인 윤홍중과 윤의중, 윤홍중의 아들인 윤유기(양자),[4] 윤유기의 아들인 윤선도(양자),[5] 윤선도의 아들인 윤인미, 윤예미(3남)의 아들인 윤이후(양자)[6] 등 6대가 내리 문과에 합격함으로써 호남의 대표적인 사족가문으로 자리 잡았다. 윤선도집안의 주요 인물들의 관직 현황을 보면 다음의 〈표 1〉과 같다.

이러한 가문의 번성을 기반으로 해남윤씨는 윤선도 대에 와서 4대 봉사를 확립하고 당내친堂內親을 넘어 문중을 형성하려는 노력이 이루어졌으며 그 결과 1702년(숙종 28) 최초로 족보가 편찬되었다. 조선시기를 보면 17세기 중엽을 분기점으로 친족체계가 성리학적 종법의 영향을 받아 친가·적자·장자 중심으로 변화하고 부계친족의 문중이 성립되기 시작하는데[8] 윤선도집안도 이러한 전환기의 모습을 잘 보여주고 있다.

7촌 재당숙인 윤유익이[9] 3대까지만 봉사하고 고조와 고조모의 신주를 체천遞遷하려고 하자 윤선도는, 당시 사대부들이 모두 《주자가례》를 따라 4대 봉사를 지내는데 3대까지만 봉사하면 필시 사림의 기롱을 받고 예가禮家에 죄를 얻을 것이라며 강력히 반대하였다.[10]

또한 손자 윤이후의 사돈인 이만봉이[11] 조부의 명을 빌미로, 적자가 없이 죽은 형 이화봉의 후계로 서자를 삼으려 하자 윤선도는, 그것이 적통을 뺏는 일이며 사림의 공론도 허락하지 않을 것이 분명하니 이만

대수	이름	관직
9대조	윤녹화尹祿和	진사
8대조	윤광전尹光琠	사옹·직장령동정司醞直長令同正
7대조	윤단학尹丹鶴	군기소윤軍器小尹
6대조	윤사보尹思甫	증좌통례贈左通禮
5대조	윤종尹種	호군護軍
5대조	윤경尹耕	증병조참의贈兵曹參議
종고조	윤효의尹孝義	장사랑將仕郎
종고조	윤효례尹孝禮	참봉參奉
종고조	윤효원尹孝元	정릉참봉定陵參奉
고조	윤효정尹孝貞	생원生員, 증호조참판贈戶曹參判
증조	윤구尹衢	문과, 부교리
종증조	윤항尹衖	생원
종증조	윤행尹行	문과, 목사
종증조	윤복尹復	문과, 감사
양조부	윤홍중尹弘中	문과, 예조정랑
친조부	윤의중尹毅中	문과, 좌참찬
양부	윤유기尹唯幾	문과, 강원감사
생부	윤유심尹唯深	음사, 예빈부정禮賓副正
숙부	윤유순尹唯順(서자)	봉사奉事
본인	**윤선도尹善道**	**문과, 예조참의**
자	윤인미尹仁美	문과, 성균관 학유
자	윤직미尹直美(서자)	학관學官
손	윤이석尹爾錫	음사, 전적典簿
손	윤이후尹爾厚	문과, 지평
증손	윤두서尹斗緖	진사

〈표 2〉 파산선조坡山先祖 묘위답墓位畓 입권立券(1649년 입의立議) 참여자 명단[14]

이름	관직	관계
윤선도 尹善道	통훈대부전세자시강원문학 通訓大夫前世子侍講院文學	본인
이성 李垶	통훈대부전행병조좌랑 通訓大夫前行兵曹正郎	윤효정尹孝貞의 사위 이학李鶴의 증손(8촌)
엄정구 嚴鼎耉	통훈대부전행이조좌랑 通訓大夫前行吏曹正郎	윤구尹衢의 사위 이발李潑의 동생 이길李洁의 외손(7촌)
윤선계 尹善繼	유학幼學	윤복尹復의 증손자(8촌)
윤선창 尹善昌	〃	윤복의 증손자(8촌)
윤선각 尹善覺	〃	윤복의 증손자(8촌)
윤준경 尹俊慶	〃	윤종尹種의 6대손(13촌)
윤동노 尹東老	〃	윤효의尹孝義의 5대손(11촌)
윤방수 尹邦壽	〃	윤효인尹孝仁의 5대손(11촌)
윤인미 尹仁美	생원生員	윤선도의 장남(1촌)
이영인 李榮仁	유학幼學	윤항尹衖의 아들 윤관중尹寬中의 사위 백진남白振南의 외손(9촌)
윤일우 尹一遇	〃	윤효원尹孝元의 5대손(11촌)
윤재우 尹再遇	〃	윤행尹行의 고손(8촌)
백명헌 白明憲	〃	윤항의 아들 윤관중의 사위 백진남의 손자(9촌)
윤회천 尹回天	〃	윤효의의 6대손(12촌)

봉의 아들을 형의 양자로 입양시켜 제사를 받들게 할 것을 주장하여 관철시켰다.[12] 윤선도 본인과 그의 양부도 큰집에 양자로 들어갔다. 한편 윤선도는 손자인 윤이구의 혼인에 친영親迎하기를 사돈집에 청하기도 하였다.[13]

1649년(인조 27) 해남윤씨가문은 윤선도의 주도 아래 6대조 윤사보와 5대조 윤경 부부에 대한 묘제를 행하는 일을 협의하여 문권文券(立議)을 만들었다. 이 문권에는 묘제식墓祭式을 만들고 묘제 비용을 조달하기 위해 내외손內外孫으로부터 자금을 갹출하여 묘위답墓位畓을 설정한 내용 등이 담겨져 있는데 이 합의에 참여한 사람들은 〈표 2〉와 같다.

이 명단을 보면 대부분 5대조 윤경의 후손들이나, 윤경의 형인 윤종의 후손인 윤준경도 들어있어 문중의 범위가 당내친(8촌)을 넘어서 12촌까지 확대되었음을 알 수 있다. 또한 친손뿐만 아니라 이성, 엄정구, 이영인, 백명헌 등 외손들도 참여하고 있어 후대의 부계 혈연 중심의 문중과는 다른 모습을 보여주고 있다.

또 하나의 특징은 해남윤씨의 문중화 작업을 윤경의 직계 종손인 윤효인집안이 아니라 막내인 윤효정의 후손인 윤선도집안에서 주도한다는 것이다. 윤선도집안은 합의에 윤선도, 윤선계, 윤선창, 윤선각, 윤인미 등 모두 5명이 참여했으며 묘위답도 제일 많이 제공하는데 특히 윤선도는 총 89.5두락 가운데 20두락을 무상으로 제공하였다.[15]

해남윤씨가문의 문중화, 성관姓貫집단으로서의 조직화 작업은 1702년 최초의 족보인 《해남윤씨족보》가 편찬되면서 일단락되었다. 이 족보 편찬 작업 역시 윤선도가 주도하다가 그의 외손인 심단이 이어받아 마무리하였다.

이 족보는 자녀를 남녀 구별 없이 나이 순으로 기재하고[16] 내외손은 물론 외손의 외손까지 수록하였다.[17] 이는 심단이 족보 서문에서, "무릇 아들의 아들은 손자가 되어 동성同姓인데 딸의 아들은 그 역시 손자가 되나 이성異姓이다. 비록 내외의 구별은 있겠지만 그 시작에서 보면 한 배에서 나오지 않음이 없어서 그 천속天屬의 은혜는 실로 양자 간에 차이가 없는 것이다. 이것이 우리 족보가 이성異姓을 동성同姓과 같이 수록하는 까닭이다"라고[18] 밝히고 있는 데서도 잘 드러난다. 실제로 《해남윤씨족보》에 수록되어 있는 인원 총 9,294명 중 해남윤씨는 1,707명(18.4퍼센트)이고 나머지 7,587명의 대다수는 타성他姓이다.[19]

또한 적서嫡庶를 구별하여 서자녀는 '첩자妾子', '첩녀妾女'로 표기하고 있으나 적자와 마찬가지로 서자녀의 자손도 끝까지 기록하였으며 기재 순서에서도 적서 차별 없이 나이 순으로 기록하고 있다.[20] 양자로 들어간 경우 친가와 양가 쪽에 모두 기재하고 양가에서는 '계자繼子'로 표시하고 친가에서는 '출계出繼'로 표시하였다.

이를 볼 때 《해남윤씨족보》는 아직까지 조선 전기 족보의 양식을 상당 부분 수용하고 있음을 알 수 있다.[21] 이는 당시 해남윤씨가문이 부계 혈연 중심의 친족집단으로 완전하게 변화하지는 않았음을 보여주고 있다.

이러한 상황은 윤선도의 혈연적 네트워크를 살펴봐도 잘 드러난다. 〈표 3〉에서와 같이 그가 일상적으로 교류했던 친족들은 주로 8촌 이내의 부계친족으로 모두 고조 윤효정의 자손들이었다. 집안과 향중鄕中의 일을 상의하고 문중 일을 주도한 것도 이들이었다. 반면 〈표 5〉와 〈표 6〉처럼 모계친족과 처족은 매우 적었다. 이는 16세기 대표적인 호남사림의 한 사람이었던 유희춘이 부계친족뿐만 아니라 모계친족, 처족과

<표 3> 윤선도가 교류한 부계친족(동성同姓)[24]

이름	관계	관계 설명	교류 내용
윤의중 尹毅中	조부(2촌)	생부 윤유심尹唯深의 아버지	관서경시관에 임명되어 은산현의 객관에서 조부의 시에 차운次韻.
윤유기 尹唯幾	부(1촌)	양부	〈병진소丙辰疏〉 올릴 때 서신, 제문.
윤유순 尹唯順	서숙庶叔(3촌)	윤의중의 서자	배를 타고 장사하는 것에 대한 서신.
윤재 尹縡	재당숙(7촌)	윤행尹行의 손자	수령에게 학교 선생으로 추천.
윤적 尹積	재당숙(7촌)	윤행의 손자	수령에게 학교 선생으로 추천.
윤유익 尹唯益	재당숙(7촌)	윤복尹復의 손자	4대 봉사에 관한 서신. 형 윤유겸尹唯謙이 이이첨의 복심으로 인조반정 때 사형 당함.
윤선양 尹善養	서제庶弟(2촌)	양부 윤유기尹唯幾의 서자 유희분柳希奮의 사위	윤선도의 속전贖錢에 관한 서신 등 여러 편을 주고 받음.
윤선하 尹善下	서제庶弟(2촌)	생부의 서자	노비 쟁송에 관한 서신.
윤선각 尹善覺	8촌 동생	윤유익의 아들	향중鄕中의 일에 대한 서신.
윤선호 尹善好	8촌	윤항尹衖의 증손자	묘제 관련 문중 일 실무.
윤선계 尹善繼	8촌	윤복의 증손자	해남현감에게 학교 선생으로 추천하는 서신.
윤기문 尹機文	8촌	윤행의 증손자 윤적의 아들	부친 죽음 위로하는 서신.
윤기장 尹機章	8촌	윤행의 증손자 윤적의 아들	부친 죽음 위로하는 서신.
도정매 都正妹	서매庶妹(2촌)	손아래 누이(양부 윤유기의 서녀). 남편이 평창도정平昌都正 이만수李萬壽	누이의 부고 소식을 듣고 가슴이 찢어진다는 내용의 편지를 윤선양에게 보냄.
윤인미 尹仁美	자(1촌)	첫째 아들	유배지에서 자신에 대한 비난 해명하는 서신. 가훈 내용의 서신.
윤의미 尹義美	자(1촌)	둘째 아들	25세에 죽어 만사輓詞.
윤예미 尹禮美	자(1촌)	셋째 아들	유배지에서 서신.
윤미아 尹尾兒	자(1촌)	첩자	8세에 죽어 애도함.
윤이석 尹爾錫	손자(2촌)	윤인미의 아들	공부 열심히 하라는 서신.
윤이구 尹爾久	손자(2촌)	윤의미의 아들	26세에 죽어 만사.
윤이후 尹爾厚	손자(2촌)	윤예미의 아들	공부 열심히 하라는 서신.

이름	관계	관계 설명	교류 내용
하랑 河娘	종증조모(5촌)	윤복의 처(측실), 진주하씨晉州河氏	만사輓詞
엄황 嚴愰의 처	대고모부 동생의 사위(6촌)	윤구의 사위 이발의 동생 이길의 사위	만사
신식 申湜	고모부(3촌)	윤의중의 둘째 사위 (서녀의 남편)	가묘를 유배지로 옮겨오는 일에 대해 서신.
윤공 尹鞏	고모부(3촌)	윤의중의 첫째 사위	가묘를 유배지로 옮겨오는 일에 대해 서신.
정뇌경 鄭雷卿	고모의 손서(5촌)	고모부 윤공의 손자인 윤척경尹滌慶의 사위. 정유악鄭維岳의 부	비명碑銘
김극성 金克惺	매부(2촌)	손위 누이(생부 윤유심尹唯深 의 딸)의 남편. 임오보壬午譜 에는 김응복金應福으로 나옴.	만사
심광면 沈光沔	사위(1촌)	첫째 사위	만사
이보만 李保晚	사위(1촌)	둘째 사위	과거 공부에 더 정진하라는 서신.
이익노 李翼老	사위(1촌)	서녀의 사위	시 차운.
심액 沈詻	사위의 당숙(6촌)	첫째 사위 심광면의 당숙	안부 서신.
정세규 鄭世規	자의 사돈(2촌)	윤의미의 장인	정치 현안 등에 대해 여러 편의 서신을 주고받음.
이원진 李元鎭	자의 사돈(2촌)	윤예미의 장인의 형	제주목사 때 서신.
이무 李袤	자의 사돈(2촌)	윤직미尹直美(서자)의 장인	혼례 등 여러 서신을 주고받음.
안서익 安瑞翼	자의 사위(2촌)	윤의미의 사위	현안에 대해 여러 편의 서신을 주고받음.
이심 李襑	손자의 장인(3촌)	윤이구의 장인	친영에 대한 서신.
이진 李袗	손자의 사돈(5촌)	윤이구 장인의 동생	전송시
이괴 李襘	손자의 사돈(5촌)	윤이구 장인의 동생	제주목사로 갈 때 서신과 전송시.
이양원 李養源	외손(2촌)	둘째 사위 이보만李保晚 (이준경의 5대손)의 아들	공부 열심히 하라는 서신.

심주 沈柱	외손(2촌)	심광면의 첫째 아들	사마시 합격을 축하하고 공부 열심히 하라는 서신.
심단 沈檀	외손(2촌)	심광면의 둘째 아들	사마시 합격을 축하하고 공부 열심히 하라는 서신.
이이원 李而遠	손부(孫婦)의 외조부 (4촌)	소싯적부터 친구. 윤이후 처의 외할아버지. 이준경의 증손	묘갈명墓碣銘
이화봉 李華封	손부(孫婦)의 오빠 (4촌)	윤이후 처의 첫째 오빠	좌천에 대한 서신.
이만봉 李萬封	손부(孫婦)의 오빠 (4촌)	윤이후 처의 둘째 오빠	입후入後, 적통嫡統에 대한 서신.

〈표 5〉 윤선도가 교류한 모계친족

이름	관계	관계 설명	교류 내용
정광적 鄭光績	이모부(3촌)	생모(순흥안씨順興安氏)의 동생의 남편	손위 누이의 죽음을 안타까워 하는 서신.
정세보 鄭世輔	이모부의 손자 (5촌)	이모부 정광적의 손자	안부 서신.
윤명보 尹明保	표제表弟(4촌)	양모(능성구씨綾城具氏)의 자매의 아들	제문祭文. 윤선도와 같이 수학.

〈표 6〉 윤선도가 교류한 처족

이름	관계	관계 설명	교류 내용
홍득일 洪得一	동서(2촌)	윤선도 처(남원윤씨南原尹氏)의 언니의 남편	시에 화운和韻.
이희안 李希顔	동서(2촌)	윤선도 처의 동생의 남편	동서 부인(처제)에 대한 만사.
윤형언 尹衡彦	장인의 조카	윤선도 장인의 형의 아들	재종再從 임정林晶의 노비 사건 부탁하는 서신.
황도명 黃道明	동서의 아들(3촌)	윤선도 처의 동생의 남편의 아들	효종 산릉에 관한 서신.
황도굉 黃道宏	동서의 아들(3촌)	함경도 도사. 윤선도 처의 동생의 남편의 아들	추쇄推刷에 관한 서신.

긴밀한 관계를 유지했던 것과는 다른 모습이라고 할 수 있다.[22]

그러나 윤선도는 앞의 〈표 4〉에서 알 수 있듯이 부계 안에서 동성친족뿐만 아니라 혼맥으로 연결된 다양한 이성친족과도 관계를 맺고 있었다. 그의 외손자였던 심주와 심단이 부친이 일찍 죽자 아예 윤선도집안에 와서 공부하고 성장하였으며 외가인 해남윤씨가문의 족보를 편찬하는 일에 적극적으로 참여한 것이 그러한 관계를 상징적으로 보여준다고 하겠다. 윤선도는 다른 외손과 사돈집에도 관심을 쏟고 교류하였다. 이는 동성친족 중심의 후대와는 다른 모습이라고 할 수 있다.

결국 윤선도의 활동과 혈연적 네트워크는 중기에서 후기로 넘어가는 조선사회의 과도기적 모습을 친족관계의 측면에서 잘 보여준다고 할 수 있다. 윤선도집안이 18세기 후반까지 봉사조奉祀條를 제외한 재산을 자손들에게 남녀 구분 없이 균분 상속하는 것도 이러한 과도기적 모습을 보여주는 또 다른 예라고 할 수 있다.[23]

지역적 네트워크

해남윤씨가 처음에 어느 지역에서 기원했는지는 기록이 없어 알 수가 없다. 지역과 관련한 구체적인 기록은 중시조인 8세손 윤광전 대부터 나온다. 이에 따르면 해남윤씨는 윤광전 대부터 강진 한천동에[25] 자리 잡게 되며 10세손 윤사보 대에는 한천동에서 그리 멀리 떨어져 있지 않은 강진 덕정동으로[26] 이주하였다. 그러다가 윤선도의 고조인 12세손 윤효정이 해남정씨 정귀영집안의 사위가 되면서 해남 백련동에 정착하여 오늘날에 이르고 있다.

　윤효정이 처가로부터 막대한 재산을 물려받은 동시에 아들 셋이 문과에 합격하면서 윤선도집안은 해남에 강력한 재지적 기반을 구축하고 호남의 대표적인 사족집안으로 부상하였다. 그리고 16세기 조부인 윤의중 대부터 18세기까지 서남해안 지역에 대규모 해언전海堰田 간척 사업을 진행해 해남, 진도, 장흥, 강진 등의 해안 지역에 전장을 소유하고 보길도, 노화도, 맹골도, 청산도 등 여러 섬을 경영하였다.[27] 윤의중은 간척 사업 등을 통한 재산 축적으로 중앙에서 문제가 되기도 하였다.[28]

윤선도집안은 윤홍중과 윤의중 대부터 서울에 집을 마련하고 경기도 광주 등지에 별서別墅를 두면서 지역적 기반도 확대해나갔다. 아울러 윤의중 대까지는 호남의 유력 사족가문과 혼인관계를 가지다가 윤의중의 아들 윤유심과 윤유기 대부터 서울 지역의 사족들과 혼인관계를 맺기 시작하였다. 이는 이들 사돈가문의 묘역이 모두 근기 지역에 있는 데서도 잘 알 수 있다.[29]

윤선도집안도 친조부인 윤의중과 친모인 순흥안씨, 친형인 윤선언이 광주 경안에 묻혔으며 생부인 윤유심은 여주 단주리에 묻혔다. 윤선도집안의 서울 거주는 18세기 윤두서 대까지도 지속되는데 이는 지방 사족인 윤선도집안이 서울 중앙과의 지역적 네트워크를 지속적으로 구축하고 있었다는 의미이다. 윤선도집안 주요 인물들의 묘소 위치를 보면 다음의 〈표 7〉과 같다.

윤선도도 서울 연화방에서 태어났으며 15세 이후 서울에서 생활하며 공부하였다.[31] 이후 과거에 합격하여 관직생활을 할 때나 낙향해 있다 잠시 서울에 올라갔을 때도 서울 집과 고산의[32] 별서에서 머물렀다. 고산은 서울 동쪽 30리 거리에 있는 동호東湖에 위치하고 있었는데 강에 임해 우뚝 솟아 한 구역을 이루어서 근기 지역의 승지였다고 한다. 지금의 남양주시 수석동 일원으로 추정된다. 윤선도는 1616년 이전부터 이 별서를 가지고 있었다.

<표 7> 윤선도집안 주요 인물의 묘소 위치[30]

대수	이름	묘소 위치
8대조	윤광전尹光琠	강진 서면 파지대 한천동
7대조	윤단학尹丹鶴	강진 서면 파지대 한천동
6대조	윤사보尹思甫	강진 파산 덕정동
5대조	윤경尹耕	강진 덕정동
4대조	윤효정尹孝貞	해남 백련동
3대조	윤구尹衢	강진 백도면 간두촌
2대조	윤홍중尹弘中	해남 남면 공손동
2대조	윤의중尹毅中	광주廣州 경안
양부	윤유기尹唯幾	해남 서 황원면 모계
친부	윤유심尹唯深	여주 단주리
친모	순흥안씨順興安氏	광주 경안
형	윤선언尹善言	광주 경안
본인	윤선도尹善道	해남 남 문소동
자	윤인미尹仁美	해남 남면 고담산
자	윤의미尹義美	강진 백도면 간두촌
자	윤예미尹禮美	해남 서면 적량원
손자	윤이석尹爾錫	과천 동천천령
손자	윤이후尹爾厚	해남 서면 적량원
손자	윤이구尹爾久	강진 백도면 간두촌

　　지역적 네트워크는 윤선도가 사귄 친구들에게서도 잘 나타난다. 〈표 8〉에서와 같이 그의 친구들은 대부분 서울에서 사귄 친구들이었으며 일부 고향 친구들이 있었다. 그러나 고향 친구인 장자호는 실질적으로는 윤선도가 서울 와서 알게 된 사이였으며[33] 홍무적·홍무업 형제도 서울에서 같이 생활하였다. 이형(이한)과 이성윤, 박홍도 등은 이웃에 살면서 골육보다 더 친하게 지냈다고 한다.[34] 이형과 홍무업은 윤선도가

〈표 8〉 윤선도가 사귄 친구[36]

이름	관계	관계 설명	교류 내용
장자호 張子浩	친구	고향 친구	15세 때 서울 와서 과거공부 할 때 만남. 삼각산, 동호東湖(고산孤山) 같이 유람하며 시.
홍무적 洪茂績	친구	고향 친구(홍무업의 형)	귀양 간 홍무적에게 준 시.
홍무업 洪茂業	친구	고향 친구	홍무업이 형 유배지 가는 것을 전송하는 시. 〈병진소丙辰疏〉 작성 때 도와줌.
이형 李泂 (개명 한澣)	친구	서울 친구(이웃에 삶). 종실 학림군鶴林君 아들	장자호와 함께 3명이 동호 유람하며 쓴 시. 〈병진소〉 작성 때 도와주고 본인도 윤선도 옹호 상소를 올림.
이수 李晬	친구	서울 친구. 종실 귀천군龜川君	안부 시. 이이첨 비판, 윤선도 옹호 상소를 올렸다가 귀양.
이성윤 李誠胤	친구	서울 친구(이웃에 삶). 금산군錦山君	묘갈명墓碣銘. 이이첨 비판, 윤선도 옹호 상소를 올렸다가 귀양.
박홍도 朴弘道	친구	서울 친구(이웃에 삶)	윤선도와 종실이 올린 상소의 배후로 지목받음.
이이원 李而遠	손부孫婦의 외조부	서울 친구. 윤이후 처의 외할아버지. 이준경의 증손	묘갈명
이정방 李庭芳	친구의 아들	이성윤의 아들	이정방 아들 만사.
이민정 李敏政	친구의 손자	이성윤의 손자	이민정이 부탁해 이성윤의 묘갈명을 지음. 권세가 경계 서신.

《병진소》를 작성할 때 도와주기도 하였다.[35]

윤선도는 모두 3번에 걸쳐 15년간의 유배생활을 하였다. 첫 번째는 1616년 함경도 경원에 귀양 가 2년 뒤에 경상도 기장으로 이배되었다가 1623년 5년 만에 풀려났다. 두 번째는 1638년 경상도 영덕으로 귀양 가 다음 해 풀려났다. 세 번째는 1660년 함경도 삼수로 귀양 가 5년

<표 9> 윤선도가 유배지에서 교류한 인물

이름	유배지	관계 설명	교류 내용
김시양 金時讓	경원	종성에 유배 중인 김시양과 교류.	귀양살이에 관한 여러 시를 주고 받음.
정여린 鄭如麟	경원	경원에 귀양 갔을 때 그곳의 수령.	만사輓詞
이해창 李海昌	영덕	영덕에 유배 중인 이해창과 교류. 임숙영 문인	귀양부터 이후 15년간 시를 주고 받음.
신퇴지 申退之	영덕	유배 중에 방문.	술자리에서 이해창의 시에 차운次韻.
신이겸 申履謙	영덕	유배 중에 방문.	술자리에서 이해창의 시에 차운.
최현崔炫	영덕	유배 중에 방문.	술자리에서 이해창의 시에 차운.
김광우 金光宇	영덕	유배 중에 방문.	술자리에서 이해창의 시에 차운.
임유후 任有後	영덕	유배 중에 방문. 임숙영 문인	이해창과 술자리에서 시.
조군헌 趙君獻	영덕	유배 중에 방문.	이해창과 술자리에서 시.
조생趙生	경원	경원으로 귀양 가는 도중에 만남.	윤선도를 특별히 후대. 시 여러 수를 지어줌.
예순禮順	경원	조생趙生의 딸. 삼수로 귀양 가는 도중에 만남.	시를 지어줌.
승례勝禮	경원	조생趙生의 딸. 삼수로 귀양 가는 도중에 만남.	시를 지어줌.
교생校生	삼수	삼수향교 교생	향교 증축을 청하는 글을 대신 써줌.

뒤 전라도 광양으로 이배되었다가 1667년 2년 만에 풀려났다.

윤선도는 오랜 기간 유배생활을 한 탓에 유배지에서 여러 인물들과 교유했는데 앞의 〈표 9〉와 같다. 경원에서는 전라도사로서 향시를 주관하다 왕의 실정을 풍자하는 시제를 출제했다고 해서 당시 종성에 유배 중이던 김시양과, 영덕에서는 김상헌을 옹호하다 그곳에 귀양 온 이해창과 많은 시를 주고받으며 서로의 처지를 위로하고 격려하였다. 또한 윤선도가 경원에 귀양 갔을 때 그곳의 수령이었던 정여린이 뒤에 죽자 만사를 지어 그의 의로운 삶을 기리기도 하였다.[37]

삼수에 있을 때는 그곳 교생들이 수령에게, 기존의 향교가 낡고 위치가 관가에 가까워 문제가 많으니 장소를 옮겨 새로 증축하기를 청하는 글을 대신 써주고[38] 삼수군 수령들의 명단과 시기 등을 기록한《삼수군선생안三水郡先生案》의 서문을 써주기도 하였다.[39]

한편 함경도 지역에 두 번이나 귀양을 가다보니, 처음 갈 때 인연을 맺어 시를 지어준 조생이라는 기생이 있었는데 45년 후 두 번째 갈 때는 그녀는 죽고 대신 그녀의 두 딸을 만나 이전 시의 운을 써서 다시 시를 지어주는 아주 드문 일을 경험하기도 하였다.[40]

이렇듯 윤선도집안은 처음 강진에 지역적 기반을 마련한 이후 해남 백련동으로 옮겨 정착하고 이어 처족으로부터의 재산 상속과 간척 사업 등을 통해 해남, 장흥, 강진과 진도, 완도 등 서남해안 지역에 강력한 재지적 기반을 구축함으로써 호남의 대표적인 사족가문으로 부상하였다.

또한 누대에 걸쳐 관직에 나아가는 것을 계기로 서울과 근기 지역에 집과 별서를 마련하고 서울 지역 사족들과 혼인관계를 맺음으로써 서울 중앙과의 지역적 관계망을 구축하고 이를 지속적으로 유지하려고 노력하였다. 유배나 학문 교류 등도 지역적 관계망을 확대하는 데 기여하였다.

그러나 18세기 후반에 가면 윤선도집안은 서울 중앙과의 지역적 관계망이 끊어지면서 양반 지배 네트워크의 주변부로 밀려나게 된다.[41] 윤선도와 그의 가문의 지역적 네트워크는 조선 중기에서 후기에 걸친 지방 재지사족들의 생존전략과 변천과정을 잘 보여준다고 할 수 있다.

학문적 네트워크

윤선도는 스승 없이 학문을 배웠지만 그 학문·사상적 뿌리가 사림, 특히 기묘사림에 닿아 있다고 할 수 있다. 그의 고조인 윤효정은 김종직의 문인이었던 최부에게서 수학하였다.[42] 최부는 윤효정의 장인인 정귀영 형 정귀감의 사위로 처향인 해남에 이주하여 윤효정과 유계린,[43] 임우리[44] 등의 제자를 길러내 호남유학의 부흥에 크게 기여한 인물이다. 윤효정과는 4촌 동서가 되는 셈이다. 또한 최부는 '소학동자'로 불리는 김굉필, 신영희 등과 정지교부계情志交孚契라는 계를 만들어 활동하기도 했다.[45]

증조인 윤구는 기묘명현으로 당시 조정에서 《성리대전》을 강의할 26인에 들 정도로 성리학에 조예가 깊었으며 경연에서 조광조와 함께 왕도정치를 역설하기도 하였다. 최산두, 유성춘과 함께 '호남삼걸'로 불렸으며 김정국, 박상, 임억령, 신잠 등과 교유하였다.[46] 윤선도는 평생 《소학》을 중시하였으며 후손들에게도 일생 동안 실천할 것을 당부하였다. 이는 집안의 가학 전통을 계승하는 것이기도 하였다.

한편 윤선도는 1657년 자산서원의 철폐에 반대하는 〈국시소國是疏〉를 올려 정개청을 옹호하였다. 정개청은 서경덕의 문인이다. 이 상소에서 그는 정개청을 "동방의 진유眞儒로 이황에 버금간다"고 높이 평가하고 오히려 그의 문집인 《우득록愚得錄》을 간행할 것을 요청하였다.[47] 당시 윤선도는 《우득록》의 교정을 보고[48] 간행 비용까지 마련하였으나 예송으로 삼수로 귀양 가게 되면서 간행은 무산되었다.[49]

윤선도는 《우득록》을 얻어 상세히 음미해보니 정개청의 학문이 "실지實地에 발을 딛었으며 연원淵源이 순수하여 다른 사람보다 훨씬 뛰어나다"고 하며 다음과 같이 평하였다.

신이 소싯적에 정개청이 선인善人이라는 말을 대략 들었고 또 정개청이 지극히 억울하게 죽었다는 말을 대략 듣기만 하였습니다. 그 뒤에 유성룡이 기축년 당시의 억울함을 신원해주기를 청하면서 "정개청이 평소에 학술과 행검行檢으로 자임自任하였습니다"라고 아뢰었다는 말을 듣고는 비로소 그가 범상한 사람이 아니라는 것을 알았습니다. 그래도 자세한 내용은 알지 못하였습니다. 그런데 그 뒤에 정개청이 저술한 《우득록》을 얻어서 상세히 음미하고나서야 정개청의 학문이 실지에 발을 딛었으며 연원이 순수하여 다른 사람보다 훨씬 뛰어나다는 사실을 비로소 알았습니다. …… 신은 이를 통해서 정개청의 학문이

가까운 데에서부터 먼 데로 나아가고 낮은 곳에서부터 높은 곳으로 올라갔으며, 상세히 말하면서 돌이켜 요약하고 하학상달下學上達 하였으며, 깊이 나아가 자득自得하고 체體를 밝혀 용用에 알맞게 하였으며, 배우고 행하는 것이 모두 흠 없이 착실히 되도록 노력하였을 뿐 결코 외면을 꾸며 남의 환심을 사거나 세상과 다르게 행동하여 기세도명欺世盜名 하는 자가 아님을 알았습니다.[50]

덧붙여 윤선도는《우득록》이 이치를 분석하고 도리를 밝히면서 내면에 온축된 식견을 남김없이 토로하여 전인前人이 미처 드러내지 못한 것을 발명한 곳이 많이 있으며 편벽근리鞭辟近裏의 교훈과 하학상달의 요체는 후학의 지남指南이 될 것이니 간행하여 널리 퍼뜨리고 가르쳐야 한다고 강조하였다.[51] 윤선도는 정개청을 '사림의 사종師宗'으로까지 지칭하였다.[52]

학술과 행검行檢, 실지實地, 하학상달, 자득自得, 비기세도명非欺世盜名…… 이러한 것들이 윤선도가 정개청의 학문적 특징으로 든 것이다. 이러한 특징들은 서인보다는 동인, 남인보다는 북인에 가까운 것으로 왜 정개청이 학문적으로 북인의 상징적인 인물이 되었는가를 잘 보여주고 있다.[53] 그리고 이는 윤선도 자신의 학문·사상적 특징이기도 하다.

윤선도집안은 윤효정과 윤구 대에는 사림집안이었다가 윤의중 대에는 동인에 가까웠으며 윤유기 대에는 오히려 북인에 가까웠다.[54] 동인의 영수였던 이발은 윤구의 손서孫壻였으며[55] 기축옥사 때 윤선도집안은 윤의중이 이발의 외삼촌이라는 이유로 삭직되는 등 타격을 받았다.

따라서 윤선도의 사상의 저변에 깔려 있는 존군尊君의식과 경敬·의

義·예禮의 강조, 하학下學의 중시와 박학적 성격 등은 그의 학문·사상이 북인과 정개청의 영향을 어느 정도 받았음을 나타낸다.[56] 이는 〈표 10〉에서 보듯이 그가 교유하고 정치적·학문적으로 연관된 인물들의 상당수가 조경과 허목, 홍우원, 정세규, 이무, 이원진, 하홍도, 나위소 등 북인에 뿌리를 둔 남인, 즉 근기남인과 호남남인이었다는 데서도 잘 드러난다. 말하자면 윤선도의 학문·사상적 맥이 북인 또는 북인계 남

〈표 10〉 윤선도가 정치적·학문적으로 교류한 인물

이름	학파·정파	관계 설명	교류 내용
조경趙絅	근기남인	예송에서 윤선도 옹호하는 상소 올림.	학문, 음악 등에 관한 여러 편의 서신을 주고받음.
정세규 鄭世規	근기남인	친구. 윤의미의 장인.	정개청 관련 여러 서신을 주고받음.
이무李袤	근기남인	윤직미(서자)의 장인.	혼례 등 여러 서신 주고받음.
이원진 李元鎭	근기남인	윤예미의 장인. 이익의 부친인 이하진과 4촌 형제.	제주목사 때 서신.
하홍도 河弘度	조식학파	친구	만사輓詞. 예설 등에 관한 서신.
이경여 李敬輿		옛날 천원관天元館에서 처음 만나 의기 투합. 30년의 세월이 흐름.	강빈옥사에 반대해 진도로 유배오자 서신을 주고받음.
이경석 李景奭		서로 만나 금새 친해짐.	여러 편의 시를 주고받음.
권시權諰	서인	예송에서 윤선도 옹호하는 상소 올림.	정개청에 관한 서신.
나위소 羅緯素	호남남인	증조가 나질羅晊, 조부가 나사침 羅士忱, 부가 나덕준羅德峻.	만사
변인길 邊麟吉			격물치지설格物致知說에 대한 서신.
이필성 李必成		국상 때 사가私家의 제사 문제.	예에 관한 서신.
백상빈 白尙賓		국상 때 사가의 제사 문제.	예에 관한 서신.

인과 연결된다고 볼 수 있는 것이다.[57]

기해예송으로 윤선도가 귀양을 가자 그를 옹호하는 상소를 올렸던 조경은 윤근수와 문위에게[58] 수학하였으며 처음에는 당색이 강하지 않았지만 이후 뛰어난 문장과 강직한 언론 활동을 바탕으로 대표적인 근기남인으로 자리 잡았다.[59] 윤선도는 귀양 가는 자신을 마중 나오기도 했던 조경과[60] 여러 편의 시와 서신을 주고받는데 학문뿐만 아니라 음악이론에 대해서까지 언급하고 있다.[61] 조경은 윤선도가 기생 조생과 그 딸들에게 써준 시를 보고 글을 지어 조생을 의기義妓로 높이 평가하기도 하였다.[62]

윤선도가 북인계 남인으로서의 학문적 정체성에 관해 많은 글을 주고받은 인물은 정세규였다. 정세규의 조부인 정언신은 선조 대 우의정으로 기축옥사에 연루되어 갑산에 귀양 가 죽었으며 부친인 정율도 조부를 따라 굶어죽었다.[63] 또한 정세규는 윤선도의 차남 윤의미의 장인이기도 하였다. 윤선도는 정세규에게 서신을 보내 정개청의 학문을 높이 평가하고 《우득록》을 교정 본 것을 보내니 이를 수정한 뒤 조경에게도 보내주기를 청하였으며[64] 안방준이 《오신전五臣傳》을 지어 정개청 등을 비판한 것을 다시 비판하였다.[65]

이무는 선조 대 북인의 영수였던 이산해의 손자로, 측실의 딸이 윤선도의 아들(서자)인 윤직미와 결혼해서 서로 사돈 간이었다. 근기남인 중 청남淸南에 속하였다. 윤선도는 아들의 혼사와 귀양살이 등에 대해 이무와 허심탄회하게 서신을 주고받았다. 윤선도가 죽고나서 이무는 자산서원을 복원하고 윤선도를 삼공三公에 증직할 것을 청하는 상소를 올리기도 하였다.[66]

이원진은 근기남인학파의 대표적인 인물인 이익의 부친인 이하진과 4촌 형제이다. 또한 동생 이숙진의 딸이 윤선도의 3남인 윤예미와 결혼하여 사돈 간이었다. 윤선도는 이원진과 서신으로 농담을 주고받는 가까운 사이였다.[67]

조식학파인 하홍도는 조식 문인인 하수일에게 수학하였으며 예학에 조예가 깊었다.[68] 삼수에서 광양으로 이배된 윤선도는 그와 예설에 관한 서신을 주고받았다. 윤선도는 하홍도를 붕우朋友라 칭하며 학문적으로 도움을 많이 받았음을 시에서 밝히고 있으며[69] 그가 죽자 만사를 짓기도 하였다.

홍우원은 서경덕의 제자인 민순閔純의 문인인 홍가신의 손자이다. 윤선도와 직접 교유한 내용은 보이지 않으나 기해예송 때 삼수에 귀향 가 있던 윤선도의 석방을 청하는 상소를 올리면서 윤선도의 예설을 옹호하였으며 뒤에 윤선도에게 충헌忠憲이라는 시호가 내려졌을 때 그의 시장諡狀을 짓기도 하였다.[70]

윤선도집안과 함께 대표적인 남인계 호남사림집안이 나사침집안인데, 윤선도가 교유했던 나위소는 나사침의 손자이다. 그의 부친 나덕준과 형제들은 정개청의 문인으로 기축옥사 때 5명이 귀양 갔다 왔으며 이후에도 스승의 신원운동에 앞장서고 자산서원 치폐과정에서 중요한 역할을 담당하였다.[71] 윤선도는 나위소가 죽자 만사를 지어 슬픔을 토로하였다.[72]

그렇다고 윤선도의 학문과 사상이 북인 또는 북인계 남인의 자장 속에 있었던 것만은 아니었다. 그의 종증조부인 윤복이 안동도호부사 재직 시 윤강중·윤흠중·윤단중 세 아들을 이황 문하에 보내어 수학하게

한 데서 알 수 있듯이 이황과도 학문적 맥이 닿아 있다.[73]

한편 윤선도는 예송 때 자신을 옹호하는 상소를 올렸던 권시와, 정개청을 옹호하며 송준길이 자산서원을 철폐한 것을 비판하는 내용의 서신을 주고받았으며[74] 이경여·이경석[75] 등과도 여러 편의 시와 서신을 주고받았다. 이들은 서인에 가까웠지만 대체로 당색이 옅은 인물들이었다.

이렇듯 윤선도의 학문적 네트워크는 서경덕·조식학파의 북인 또는 북인계 남인을 기반으로 하고 있지만 이황학파와 당색이 옅은 서인계 인물에까지 연결되어 있음을 알 수 있다. 그리고 이것이 호남 지역 남인들의 학문적 특징이기도 하였다.

윤선도는 〈산중신곡〉과 〈어부사시사〉 등 빼어난 문학작품을 지었을 뿐만 아니라 젊었을 때부터 문명文名을 떨쳤다. 1612년 26세 때 진사시에 합격할 때는 임숙영이 매번 윤선도가 지은 글을 보고 감탄하여 칭찬하며 당대 제일로 추대하였으며,[76] 1628년 별시 초시에 장원했을 때는 장유가 윤선도의 책策을 얻어서 보고 동국 제일의 책이라고 감탄하고 칭찬을 그치지 않았다고 한다.[77]

때문에 나름대로 문명文名이 있는 인물들이 윤선도와 함께 시를 주고받고 그와 시를 짓기를 원하였다. 윤선도의 문학 친구로는 〈표 11〉에서 보듯이 영덕에 유배 갔을 때 만나 오랜 기간 동안 시를 통해 우정을 나눈 이해창을 비롯해 채유후, 정두경, 박이후와 승려 허백당 등이 있다. 채유후는 대제학으로 있을 때 윤선도를 찾아와 함께 연구聯句를 짓자고 청해 문학 친구가 되었다.[78]

또한 윤선도는 자신의 집안과 사이가 안 좋았던 정철의 2남 정종명의 사위인 최유연과 시를 주고받았으며[79] 3남 정진명의 시에 차운하여 해남의 풍경을 노래하기도 하였다.[80] 문학적 교류가 집안 간의 좋지 않은 인연도 넘어선 것이다.

윤선도는 젊었을 때부터 거문고 등 악기를 몸소 연주하고 음악을 즐겼으며 음악이론에 대해서도 조예가 깊었다. 여러 금객琴客들과 음악적 교유를 했는데 권해는 그 가운데 제일 친한 친구였다.[81]

윤선도의 제자는 그리 많지 않다. 인조 대 세자사부로 봉림대군과 인평대군을 가르쳤으며 정유악과 심단, 이보만, 안서익 등이 보길도에서 수학하였다. 이들이 보길도에서 수학한 기록은 윤위尹愇가 쓴《보길도지甫吉島識》에 나온다. 윤위는 윤두서의 손자로 윤선도의 5대손이 되는

〈표 11〉 윤선도가 문학·음악적으로 교류한 인물

이름	관계	관계 설명	교류 내용
정두경 鄭斗卿	문학 친구	정유악과 7촌간.	시 차운次韻.
채유후 蔡裕後	문학 친구	윤서중尹端中(윤복의 셋째 아들)의 딸(서塘 이서李曙)의 사위.	연구聯句
박이후 朴而厚	문학 친구	윤선도 집을 자주 방문.	근체시近體詩와 만사挽詞. 수령에게 학교 선생으로 추천.
허백당 虛白堂	문학 친구	승려. 승병	시
이해창 李海昌	문학 친구	윤선도가 영덕에 유배 가서 만남.	15년간 가장 많은 시를 주고받음.
임숙영 任叔英		윤선도가 진사시에 합격할 때 시관.	임숙영 시에 차운하여 다른 사람에게 보냄.
정진명 鄭振溟		정철의 셋째 아들.	정진명 시에 차운하여 풍경을 노래함.
최유연 崔有淵		정철의 둘째 아들. 정종명의 사위	시 차운.
권해權海	음악 친구	거문고를 잘 연주함.	세연정 관련 서신과 시들.

데 1748년(영조 24) 보길도를 답사하고《보길도지》를 남겼다. 당시 보길도는 윤선도의 서자인 윤직미尹直美의 사위 이동숙李東淑이 지키고 있었다.[82]

정유학, 심단 등은 〈표 12〉를 보면 알 수 있듯이 모두 윤선도와 인척관계이다. 윤선도는 이들에게 학문에 끊임없이 힘쓸 것을 당부하였다. 특히 정유악에 대해서는 기대를 많이 하였으며[83] 1658년부터 1662년까지《대학》의 격물치지설을 비롯하여 성리학 이론에 대해 집중적으로 의견을 주고받기도 하였다. 윤선도집안의 학문적 특징 중의 하나로 가학적 성격이 강하다는 점이 이 제자관계에서도 잘 나타난다고 할 수 있다.

이제 한국유학사상사와 호남유학사상사에서의 윤선도의 위치를 살펴보자. 앞에서 잠깐 언급했듯이 윤선도의 학문과 사상적 맥은 북인 또

〈표 12〉 윤선도의 제자

이름	관계	관계 설명	교류 내용
봉림대군(효종) 鳳林大君(孝宗)	세자사부	1628~1632년 봉림대군과 인평대군 사부	시론詩論에 관한 서신. 효종의 명으로 조정 출사.
인평대군 麟平大君	세자사부	1628~1632년 봉림대군과 인평대군 사부	시 증정. 만사挽詞.
정유악 鄭維岳	제자	부 정운경鄭雲卿이 윤선도의 고모의 손서孫壻, 정언신鄭彦 信이 조부	보길도에서 수학. 《대학》 격물설格物說에 대해 여러 차례 서신을 주고받음.
이보만 李保晚	제자	윤선도의 둘째 사위	보길도에서 수학. 과거 공부에 더 정진하라는 서신.
안서익 安瑞翼	제자	윤선도 둘째 아들인 윤의미의 사위	보길도에서 수학. 현안에 대해 여러 편의 서신을 주고받음.
심단 沈檀	제자	윤선도 사위 심광면의 아들	보길도에서 수학. 사마시 합격 축하하고 공부 열심히 하라는 서신.

는 북인계 남인과 연결되어 있으며 다른 한편으로 이황과도 학문적 맥이 닿아 있다. 윤선도는 이황의 학문을 높이 평가하였으며 격물물격설格物物格說에서 이황의 이도설理到說을 따르는 등 문집의 여러 곳에서 이황의 설을 인용하고 있다.[84]

반면 이이에 대해서는 이준경의 붕당설을 비판한 것을 애석하게 여기고 문집에서도 그의 설은 하나도 인용하지 않고 있다. 오히려 안방준이 《오신전》을 지어 정개청과 이발·이길·유몽정·조대중을 부정적으로 다룬 것에 대해 영남의 선현先賢의 의논을 쓸어버리고 스스로 문호를 세우려는 의도가 있는 것이 아니냐며 비판하였다.[85] 그러나 안민론 등 사회경제정책은 근기남인과 영남남인의 중간 정도로 오히려 송시열 등 서인계 일부와 가깝다고 할 수 있다.

한편 그의 사상에는 독창적인 면도 없지 않다. 윤선도는 득인론을 정치뿐만 아니라 민생, 국방, 향촌 등 국가의 모든 분야의 문제를 해결하는 근본 방책으로 제시하고 이를 재이론·안민론·붕당론 등과 연결시켜 "하늘의 뜻을 돌릴 방도는 안민에 있고 안민은 오직 득인에 있다"고 강조하였다. 또한 예론에서는 허목 등 근기남인의 견해를 지지하면서도 종통적통설宗統嫡統說 등 자신의 독창적인 견해를 주장하였다. 성리학뿐만 아니라 문학·의학·풍수지리·음악 등 다양한 분야에 조예가 깊었던 박학적인 성격도 당시 학인들에게는 흔치 않은 경우라고 할 수 있다.

이를 볼 때 윤선도의 학문과 사상은 내용적으로 정개청과 이황, 즉 북인(근기남인)과 영남남인의 중간적인 위치에 있다고 볼 수 있다. 그러면 한국유학사상사에서 그는 하나의 독립적인 위치를 차지할 수 있을까. 지금까지 학계에서는 윤선도를 남인 또는 북인계 남인 범주 안에서 다루어왔다. 또한 학문·사상 관련 자료와 이론적 깊이, 독창성 등이 부족하다는 이유를 들어 그를 사상사적으로 자리매김하는 데 인색했다.

윤선도는 정치적으로는 북인계 남인, 넓게는 남인이었으나 사상적으로는 근기남인과도 차이가 있고 영남남인과도 차이가 있다. 그런데 인조 대 이후 남인은 근기남인과 영남남인이라고 구분해서 부르듯이 그 사상적 스펙트럼이 광범위하고 다양하였다. 따라서 윤선도를 비롯한 호남 지역의 남인들을 근기남인 또는 영남남인에 포함시켜 보는 것은 문제가 없지 않다. 호남남인들의 사상은 근기남인이나 영남남인과는 다른 특징을 가지고 있기 때문이다.

따라서 17세기 이후 호남 지역의 남인들의 사상은 '호남남인'으로 범주화시켜서 살펴보는 것이 사상사적 흐름 속에서 더 정확하게 위치 지울 수 있다고 생각된다. 말하자면 정치·사상적으로 17세기 이후의 남인은 근기남인과 영남남인, 호남남인 등 이렇게 셋으로 범주화시켜 살펴보는 것이 역사적 현실에 더 가깝게 다가갈 수 있는 것이다. 이렇게 했을 때 17세기 호남남인의 학문과 사상은 소위 '호남실학'과도 자연스럽게 연결될 수 있을 것이다.

그럼 호남유학사상사로 넘어가보자. 16세기 전반 호남 지역은 김굉필, 최부, 송흠, 박상, 이항, 김안국계열 등 여섯 계열을 중심으로 호남 사림을 형성해갔다. 이 여섯 계열은 16세기 중반 학파가 본격적으로 만들어지면서 서경덕계열과 송순계열로 재편되었는데 서경덕계열에는 주로 최부계열이, 송순계열에는 김굉필, 송흠, 박상, 이항, 김안국계열 등이 속하였다. 선조 초 동서분당이 되면서 서경덕계열은 동인의 정개청계열로, 송순계열은 서인의 정철계열로 계승되고 17세기 가서는 서인계와 남인계, 소론계로 분화되어나갔다. 서인계는 송순 → 정철계열, 남인계는 서경덕 → 정개청계열을 계승했다고 할 수 있다.[86] 이러한 호남사림의 형성과 학맥의 발전과정은 조선 전체의 사림의 형성과 학파의 발전과정과도 궤를 같이하는 것이기도 하였다.

윤선도는 바로 이러한 호남사림의 형성과 학파의 발전과정에서 김종직에서 비롯되어 최부계열 → 서경덕계열 → 정개청계열 → 남인계 호남사림(호남남인)으로 이어지는 흐름의 대표적인 인물이었다고 할 수 있다. 이 흐름의 학문적 특성 중의 하나는 다양성과 개방성이다.

16세기 조선에는 정통 주자성리학뿐만 아니라 북송성리학을 비롯하여 명의 나흠순의 학문, 양명학 등이 들어와 학계를 풍부하게 하였다. 호남 지역도 이러한 학문조류 등을 받아들여 다양한 학문집단들이 형성되는데 서경덕-정개청계열은, 주자성리학을 그대로 받아들인 송순-정철계열과는 달리 주자성리학과는 어느 정도 거리가 있으면서 오히려 북송의 소옹·장재와 명의 나흠순의 학문, 양명학 등을 계승한 면이 없지 않았다.

여기에 윤선도의 학문적 박학성이 더해져 윤두서와 정약용으로 전해지면서 서경덕-정개청계열의 학문은 18세기 이후 호남뿐만 아니라 조선 전체 차원에서 실학이라는 새로운 학문경향의 문을 여는 데 적지 않게 기여했던 것이다.[87]

또한 16세기 호남 지역은 사상적으로 뿐만 아니라 문학적으로도 최고 수준이었다. 무등산 원효계곡과 영산강 주변의 수많은 누정들을 중심으로 면앙정시단·성산시단 등 많은 시단들이 만들어지고 문학 창작 활동이 이루어졌다. 박순과 삼당시인三唐詩人인 백광훈·최경창 등의 예

에서 볼 수 있듯이 호남사림들은 당시 유행하던 남북조시대의 사륙변
려문四六騈儷文과 송시宋詩를 대신하여 진한고문秦漢古文과 당시唐詩를 중
시함으로써 선조 대 고문부흥운동古文復興運動을 선도하고 문풍文風을
쇄신시키는 데 크게 기여하였다.[88]

이수광과 허균이 지적하였듯이 박상·박순·송순·임억령·김인후·고
경명 등 기라성 같은 인물들이 성리학뿐만 아니라 시·문장으로 유명하
였으며 이러한 전통은 정홍명·윤선도 등으로 이어졌다. 또한 한글문학
을 통해 조선의 산수와 사람들의 생활을 노래한 것은 뒤에 진경산수와
서민문학으로 연결되었으며, 사회참여시로 농민의 애환과 사회제도의
모순을 그린 것은 정약용 등 실학자들에게로 계승되었다.

결론적으로 윤선도는 조선 전체 역사에서 보면 기묘사림의 도학 →
서경덕학파 → 북인의 학문 → 북인계 남인(호남남인)의 학문 → 근기남
인실학(호남실학)으로 이어지는 흐름 속에서 호남남인을 대표하는 인물
이었으며, 호남의 역사에서 보면 이전에 최부계열 → 서경덕계열 → 정
개청계열로 이어지는 흐름과 문학에서의 고문부흥운동의 흐름을 일단
락 짓고, 이어서 18세기 이후 '호남실학'의 문을 본격적으로 열기 시작
한 인물 가운데 한 명이라고 할 수 있다. 여기에 그의 학문·사상적 위
상이 있다고 할 것이다.

관료적 네트워크

윤선도는 5년간의 대군사부 시절을 포함해 총 10년에 못 미치는 관직 생활을 하였다. 따라서 그가 관료로서 재직하거나 조정의 부름으로 잠시 나아갈 때 교류했던 인물은 그리 많지 않다. 사실 〈병진소〉로 일약 중앙 정계의 스타가 되고 세자의 사부가 되어 왕실과 친분을 쌓기도 하지만 오히려 그것이 많은 사람들의 견제를 불러일으켰다.

윤선도는 1612년(광해군 4) 진사시에 합격하고 1633년(인조 11) 문과에 합격하였다. 그러나 다른 사람들과는 달리 과거 동기들과의 교류는 〈표 13〉처럼 별로 보이지 않는다. 진사시 동기인 유시정은 만사를 써서 죽음을 아쉬워했으며[89] 또 다른 진사시 동기인 이원진은 사돈관계를 맺어 서신을 주고받았다.[90] 문과 동기의 경우는 김화준밖에 기록이 보이지 않는데 윤선도는 그가 과거에 합격하기 전에 해남현감에게 학교 교

관으로 추천하기도 했으며[91] 그가 죽자 만사를 지어 기렸다.[92]

　과거 동기와의 교류와 마찬가지로 윤선도는 중앙 관료와의 교류도 그리 많지 않았다. 〈표 14〉에서 볼 수 있듯이 주로 조정의 관리가 의학과 풍수지리에 능한 윤선도에게, 왕실에서 그와 관련한 일이 있어났을 때 자문을 구하는 경우가 많았다.

〈표 13〉 윤선도의 과거 동기

이름	관계	관계 설명	교류 내용
유시정 柳時定 (초명 시영時英)	진사시 동기	마음 속의 친구	만사挽詞
이원진 李元鎭	진사시 동기	셋째 아들 윤예미 장인의 형	제주목사 때 서신.
김화준 金華俊	문과 동기	김식남金式南의 아들. 자字가 사원士元.	수령에게 학교 교관으로 추천. 만사.

〈표 14〉 윤선도와 교류한 중앙 관료

이름	직책	관계 설명	교류 내용
박동량 朴東亮	병량소모사	정묘호란 때 윤선도를 종사관으로 임명.	병량兵糧에 관한 의견을 밝힌 서신.
최명길 崔鳴吉	예조판서	최명길이 약청藥廳의 의관醫官으로 천거.	최명길의 천거를 거절하는 서신.
심지원 沈之源	총호사摠護使	효종 산릉 정하는 문제.	효종 산릉에 대한 의견 서신.
심광수 沈光洙	승지	효종 산릉 정하는 문제.	효종 산릉에 관한 서신.
정양필 鄭良弼	참판	효종 대 고향으로 돌아갈 때 윤선도에게 시.	시 차운次韻.
송시길 宋時吉	좌윤	약에 대해 물음.	약에 관한 서신.
강석규 姜錫圭	정자正字	윤이후의 과거 합격 잔치를 도와줌.	감사 서신.

일찍이 윤선도는 병자호란 때 자신을 병량소모사로 삼은 박동량에게 서신을 보내 부족한 것은 양식과 군대가 아니라 인재와 장수라는 것을 강조하였으며,[93] 최명길이 자신을 약청의 의관으로 천거하자 정중히 거절하는 서신을 보내기도 하였다.[94] 또한 왕과 왕비 등 왕실 구성원의 몸이 편찮을 때 수시로 자문에 응하였으며[95] 효종이 죽었을 때는 산릉을 정하는 데 참여하여 여러 사람과 의견을 주고받았다.[96]

또한 효종의 산릉 택지문제로 추고推考를 받는 상황에서도 윤선도가 상경하여 몸이 편지 않은 현종의 약 처방 논의에 참여하자 당시 약방藥房 도제조都提調였던 이경석은 "나는 이 사람을 약방에서 처음 보았다. 중론의 탄핵을 입고도 전혀 개의치 않으니 천품天稟이 온통 나라를 위한 지극정성뿐이다"라고 말할 정도였다.[97] 이후 두 사람은 친해져서 지속적으로 교류하였다.[98]

윤선도와 지방관과의 교류는 중앙 관료보다는 상대적으로 많았는데 주로 윤선도집안의 근거지인 해남 등 호남 지역과, 그가 두 번이나 귀양을 갔던 함경도 지역의 지방관들로 다음의 〈표 15〉와 같다.

함경도 지역에서 교류했던 지방관은 수성찰방 김상윤,[99] 산수만호 안진두, 산수태수 이공망, 갑산부사 조부, 함경도 남병사 이여발과 구문치 등 윤선도가 유배생활 하는 동안 음식과 책 등 물질적으로 도움을 준 사람들이 많았다. 물론 윤선도는 도움만 받은 것은 아니며 충고도 하고 인재를 추천하기도 하고[100] 병사의 부탁을 받아 〈삼수군선생안〉의 서문을 써주기도 하였다.[101]

윤선도집안은 호남의 대표적인 부자가문으로 많은 토지와 노비를 소유하고 있었으며 윤선도 대에 와서도 550여 구의 노비와 1,000여 두락

<표 15> 윤선도가 교류한 지방관

이름	직책	관계 설명	교류 내용
김상윤 金相閏	찰방	경성의 수성. 윤선도와 친하게 됨.	증시贈詩
안진두 安震斗	만호	산수의 인차외	물고기와 시를 보낸 것에 대해 사례하는 시.
이공망 李公望	태수	산수	태수를 생각하며 쓴 시. 부탁으로 〈삼수군선생안서三水郡先生案序〉를 씀.
황도현 黃道宏	도사	함경도. 황도명의 동생. 윤선도 동서의 아들.	추쇄推刷에 관한 서신.
조부 趙裒	부사	갑산	양식을 청하는 서신.
이여발 李汝發	남병사	함경도	이상인李尙仁, 강위로姜渭老 추천하는 서신.
구문치 具文治	남병사	함경도	양식을 도와준 것에 대한 감사 서신.
김체건 金體乾	남병사	함경도	〈삼수군선생안三水郡先生案〉의 서문을 윤선도에게 부탁함.
기순격 奇順格	현감	해남	윤선도 산의 벌목 관련 서신.
윤형언 尹衡彦	어사	호남 지역(장흥). 윤선도 장인의 조카.	재종 임정再從 林晶의 노비 사건 부탁하는 서신. 칭념稱念.
이태방 李太芳	군수	강진	노비가 역役으로 차출된 것에 대한 서신.
이우신 李遇臣	현감	해남	문중 내 다툼 사건을 자체 처리해달라는 서신.
○○○	현감	해남	학교 교관으로 김식남金式南, 김연지金鍊之, 윤선계尹善繼, 김화준金華俊, 김화백金華伯, 윤적尹績, 박이후朴而厚, 윤재尹縡, 김구金俅 추천.
조계원 趙啓遠	감사	전라도	향소鄕所 인사, 금송禁松 벌목, 효도, 죄수 석방 등 향촌 일에 관한 서신.
박상질 朴尙質	현감	해남	향소 인사에 관한 서신.

의 토지를 가지고 있었다.[102] 윤선도는 이 재산을 유지하고 경영하는 데 적지 않은 노력을 기울였다. 그리하여 한편으로는 조부 대부터 해오던 토지 매입과 간척 사업을 계속 추진하였으며 다른 한편으로는 노비 관리와 신공身貢의 효율적 수취에 힘썼다.

노비 경영에 대한 관심은 장남 윤인미에게 준 〈충헌공가훈〉의 9개 조목 가운데 5개가 노비에 관한 내용인 데서도 잘 드러난다.[103] 실제로 윤선도는 추노객에게 빼앗긴 노비를 되찾기 위해 소송을 제기하여 일부를 되찾아왔으며,[104] 고부림집안으로[105] 상속된 70여 구의 노비가 잘 못 상속되었다고 이의를 제기해 소송을 당했으나 승소하여 모두 되찾기도 하였다.[106]

또한 어사 윤형언에게,[107] 재종再從 임정이 서울에 자신의 노비를 찾아왔다가 다시 그쪽 무리들에게 폭행을 당하고 빼앗긴 일을 해결해줄 것을 부탁하면서 이것이 세간에서 말하는 칭념稱念과 비할 바가 아니라는 말도 하고 있다.[108] 칭념은 신임 지방관이 중앙에 있는 현직 관료의 부탁을 받아 부임지의 친인척·동료에게 물자를 전달하는 행위로 선물膳物경제의 하나이다. 주로 16세기부터 성행했는데 17세기 윤선도 대에도 여전히 행해지고 있음을 보여준다.[109]

뿐만 아니라 윤선도는 증조부 묘지를 관리하고 있는 노비가 수군으로 차출되자 강진군수에게 빼줄 것을 청하였으며[110] 해남 관가에서 성문을 만들기 위해 고조부부터 조부의 장사를 지낸 선영先塋의 나무들을 벌목해가자 이를 중지해줄 것을 해남군수에게 요청하였다.[111] 자기 집안의 재산을 지키기 위해 지방관들과 적극적으로 소통하려 했던 것이다.

윤선도는 지방 재지사족으로서 향촌의 자율적인 운영에도 관심이 많았다. 해남현감 박상질에게 보낸 서한에서 그는, 백성의 행불행은 전적으로 수령에게 달려있는데 그중에서도 특히 향소의 손에 달려있으므로 향소의 적임자를 잘 뽑을 것을 강조하였다.[112] 전남감사 조계원에게도 향소의 중요성을 강조하고 향촌에서 일어나는 현안들에 대해 조언과 부탁을 하는 서신을 여러 번 보냈다.[113] 나아가 문중 구성원 간에 다투고 관가에 고발하는 사건이 일어나자 윤선도는 해남현감에게 사건을 문중 내에서 자체적으로 처리하게 해줄 것을 청하는 단자를 올리기도 하였다.[114]

윤선도는 한편으로 호남의 지방관들에게 향촌의 자율성과 향소의 중요성을 강조하면서 다른 한편으로는 자신이 직접 향소의 운영에 참여하기도 했다. 그는 〈향사당조약〉을 짓고 이를 즉시 현판에 새겨서 향소의 대청에 걸어놓고 길이 감계鑑戒로 삼을 것을 강조하였다.[115] 또한 해남현감에게 김식남, 김연지, 윤선계, 김화준 등 학식이 있는 인물들을 학교 교관으로 추천하여 문풍을 일으켜줄 것을 기대하였다.[116]

이렇듯 윤선도는 집안과 문중의 막대한 재산을 유지·경영하고 지방 재지사족으로서의 기반을 다져나가는 데 지방관들과의 네트워크를 적극적으로 활용하였다. 그리고 중앙과 지방에 걸친 윤선도의 관료적 네트워크는 조선 중기 향촌에 기반한 재지사족들이 어떠한 방법으로 자신들의 지배적 위치를 유지·발전시켜나가려고 했는지를 잘 보여준다고 할 수 있다.

조선시기 혈연적, 지역적, 학문적, 관료적 네트워크 등 이 4개의 네트워크는 서로 중층적인 성격을 가지고 있었다. 그리고 이 다양한 네트워크는 윤선도의 삶에 많은 영향을 미쳤다. 윤선도는 학문적 네트워크를 통해 남인계 호남사림(호남남인)으로서의 정체성을 확립하고 혈연적 네트워크를 통해 해남윤씨집안의 결집을 도모하였고 지역적 네트워크를 통해 서울 중앙과의 관계를 유지하였으며 관료적 네트워크를 통해 집안의 재산을 유지하고 지방 재지사족으로서의 기반을 다져나갔다.

아울러 우리는 윤선도와 그 집안의 네트워트를 통해 중기에서 후기로 넘어가는 조선사회 변동기의 과도기적인 모습을 여러 측면에서 살펴볼 수 있으며, 향촌에 기반한 지방 재지사족들이 어떠한 방법으로 자신들의 지배적 위치를 유지·발전시켜나가려고 했는지, 그 생존전략과 변천과정에 대해서도 살펴볼 수 있다.

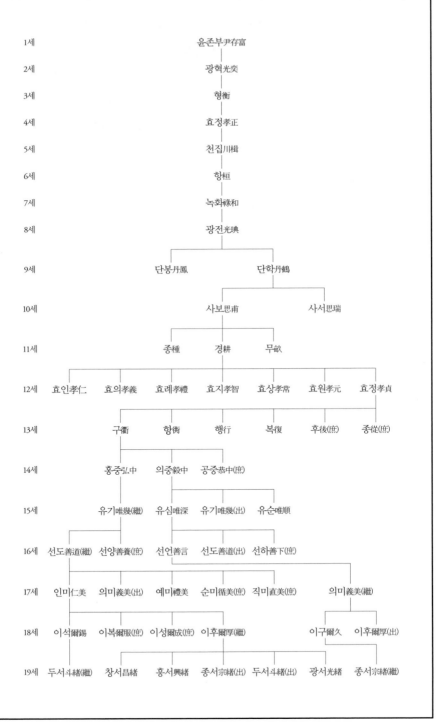

〈그림 1〉 윤선도집안의 가계도

1세	윤존부尹存富
2세	광혁光奕
3세	형衡
4세	효정孝正
5세	천집川楫
6세	항桓
7세	녹화祿和
8세	광전光琠
9세	단봉丹鳳　　단학丹鶴
10세	사보思甫　　사서思瑞
11세	종種　경경耕　무아畝
12세	효인孝仁　효의孝義　효례孝禮　효지孝智　효상孝常　효원孝元　효정孝貞
13세	구衢　항衖　행行　복復　후後(庶)　종從(庶)
14세	홍중弘中　의중毅中　공중恭中(庶)
15세	유기唯幾(繼)　유심唯深　유기唯幾(出)　유순唯順
16세	선도善道(繼)　선양善養(庶)　선언善言　선도善道(出)　선하善下(庶)
17세	인미仁美　의미義美(出)　예미禮美　순미循美(庶)　직미直美(庶)　의미義美(繼)
18세	이석爾錫　이복爾服(庶)　이성爾成(庶)　이후爾厚(繼)　이구爾久　이후爾厚(出)
19세	두서斗緒(繼)　창서昌緒　흥서興緒　종서宗緒(出)　두서斗緒(出)　광서光緒　종서宗緒(繼)

〈그림 2〉 윤항집안 가계도[117]

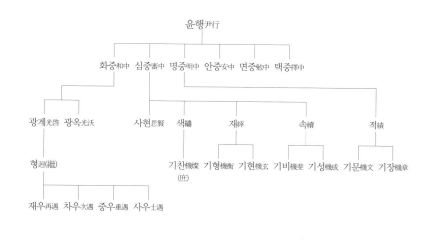

〈그림 3〉 윤행집안 가계도[118]

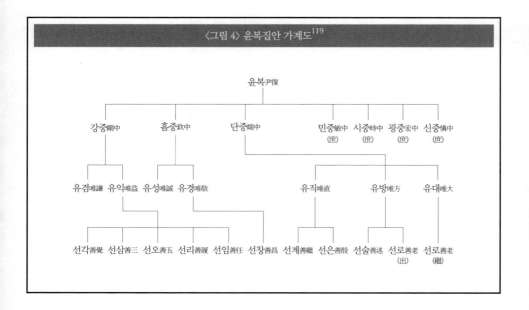

〈그림 4〉 윤복집안 가계도[119]

IV

조선의 비판적 지식인들

소릉복위와 신비복위소

지금까지 비판적 지식인으로서의 윤선도를 그의 삶과, 학문과 사상, 네트워크 등을 통해 살펴보았다. 조선에는 윤선도 말고도 많은 비판적 지식인이 있었으며 그들은 조선사회의 전환기마다 물줄기를 바꾸는 데 적지 않은 역할을 하였다.

특히 해남윤씨의 기반을 잡았던 윤선도의 고조인 윤효정이 활동했던 16세기 전후 시기는 사림들이 등장하여 새로운 유교국가와 문명의 도래를 위해 노력하였으며 많은 비판적 지식인들이 세조 대와 연산군 대의 정치적 유산을 극복하고 새로운 시대를 여는 데 디딤돌이 되었다. 그럼 이들의 활동을 소릉복위昭陵復位와 신비복위소愼妃復位疏를 통해 잠깐 살펴보자.

소릉복위는 1478년(성종 9) 4월 15일 남효온南孝溫이 상소에서 처음 주장하였다. 소릉은 단종의 어머니이자 문종의 세 번째 부인인 현덕왕후의 능호이다. 그녀는 화산부원군 권전의 딸로 세자빈이었던 1541년 (세종 23) 단종을 낳고 바로 다음 날 죽었다. 그 뒤 문종이 즉위하자 왕후로 추존하여 책봉되었다.

그러나 계유정난이 일어나 단종이 노산군으로 강등되어 영월로 귀양 갔다 그곳에서 죽자 현덕왕후도 서인庶人으로 강등되고 위폐는 종묘에서 출향되고 시신마저 끄집어내어져 다른 곳으로 옮겨졌다. 그녀의 어머니와 동생 권자신도 단종복위운동에 연루되어 사형에 처해지고 그의 아버지인 권전도 서인으로 폐해졌다.[1]

그로부터 21년 후 25세의 성균관 유학 남효온이 소릉의 복위를 청하는 상소를 올렸던 것이다. 하늘에서 흙비가 내리는 등 계속되는 재이에 대해 성종이 구언한 것에 대해 답하는 상소였다. 이 상소의 내용은 모두 8조목으로 되어 있는데 첫째 혼인을 바르게 할 것[正婚嫁], 둘째 수령의 선발을 제대로 할 것[擇守令], 셋째 인재 등용을 신중히 할 것[謹用捨], 넷째 내수사를 혁파할 것[革內需司], 다섯재 무당과 불교를 배척할 것[闢巫佛], 여섯 번째 학교를 진흥시킬 것[興學校], 일곱 번째 풍속을 바로잡을 것[正風俗], 여덟 번째 소릉을 복위할 것[追復昭陵] 등이다.[2] 그런데 여기서 문제가 된 것은 마지막 항목 소릉복위문제였다. 그 내용을 한번 보자.

그 하나는, 소릉을 추복追復하는 것입니다. ……병자년에 군간群奸이 난을 일으켜서 중외가 크게 놀라 우리 사직이 거의 기울었으나, 곧 잇달아 복주伏誅하여 거의 베어서 없앴는데, 남은 화가 소릉에 미쳐서 20여 년 동안 폐함을 당하여 원혼이 의지할 바가 없을 것이니, 신이 모르기는 하나, 하늘에 계시는 문종의 영靈이 홀로 제사를 받기를 즐겨하시겠습니까. ……신의 어리석고 망령된 생각으로는, 소릉을 폐한 것은 사람의 마음에 순응하지 않은 것이니, 하늘의 마음에도 아닌 것임을 따라서 알 수 있습니다. 비록 말하기를, "이미 허물어뜨린 신주를 다시 종묘에 들이는 것은 예에 부당하다고 한다"면, 오직 마땅히 존호를 추복하고 다시 예장禮葬하기를 일체 선후先后의 예와 같게 하여, 이로써 민심에 답하고 천견天譴에 답하며 조종 뜻에 답하여 예삿일보다 만 배나 뛰어나게 하면, 어찌 아름답지 않겠습니까? 만약 말하기를, "폐한 지 3대를 지나 조종께서 거행하지 않은 것을 이제 추복하여 예장하는 것은 불가하다"고 한다면, 청컨대 세조 무인년의 훈계로써 이를 밝히겠습니다. 예종께 훈계하시기를, "나는 어려운 시대를 만났으나 너는 태평한 시대를 만날 것이다. 만약 나의 행적에 국한되어 변통할 줄을 모른다면 나의 뜻을 따르는 바가 아니다"라고 하였으니, 무릇 일은 행할 만한 때가 있고 행하지 못할 때가 있는데, 어찌 전대前代에 구애되어 변통함을 쓰지 않겠습니까. ……돌아보건대 신의 원하는 바는 창해滄海에 넓음을 더하고 일월에 빛을 더하게 하고자 하는 것이니, 부월鈇鉞의 형벌을 너그럽게 하여 구언의 길을 넓힌다면 다행이겠습니다. 만번 죽음을 무릅쓰고 아룁니다."[3]

그동안 금기시되어왔던 세조 대의 어두운 역사를 최초로 공개적으로 드러낸 것이다. 남효온이 소릉복위의 명분으로 내세운 것은, 문종이 홀로 종묘에 모셔져 있고 이미 허물어뜨린 신주를 다시 종묘에 들이는 것이 예에 부당하다면 선대 왕후의 예처럼 존호를 추복하고 다시 예장하면 된다는 것이었다. 아울러 "나는 어려운 시대를 만났으나 너는 태평한 시대를 만날 것이다. 만약 나의 행적에 국한되어 변통할 줄을 모른다면 나의 뜻을 따르는 바가 아니다"고 세조가 예종에게 한 훈계까지 끌어들였다. 그러나 이는 겉으로의 명분일 뿐 소릉을 쫓아낸 것은 사람들이 납득하지도 못하고 성리학적 명분에 어긋나므로 다시 본래 상태로 되돌려놓아야 한다는 것이다.

남효온이 소릉복위 상소를 올리기 1주일 전인 4월 8일에 그의 절친한 친구였던 주계부정朱溪副正 이심원李深源이 훈구 대신들의 사치와 탐욕을 비판하며 대놓고 그들을 기용하지 말 것을 주장하는 구언상소를 올렸다. 이심원은 태종의 현손, 효령대군의 증손이었다.

신이 듣건대 세종조에는 공경대부로 부유한 자가 심히 드물었고 풍속이 검소함을 숭상하였으므로 백성들이 이제까지도 이를 칭송하는데, 이제는 위로는 공경대부부터 아래로 여항閭巷에까지 호협豪俠한 자들이 서로 화식貨殖하기를 다투어서 작은 이익을 극진히 헤아리며 사치를 서로 숭상하고 남의 것을 부러워하여 남과 같게하기를 애쓰며, 잔치에는 먼 지방의 진미가 상에 가득하고 혼인에는 먼저 장획臧獲 재산을 논하기 때문에, 시속을 따라 사치를 안 하는 자가 드뭅니다. 퇴폐한 풍속이 여기에 이르렀으니, 진실로 탄식할 만합니다. 신은 청컨대 공경대부들에게 모든 사치에 관계되는 일을 일체 금하게 하는 것이 옳겠습니다. ……전하께서는 지금의 집정자를 모두 어질다고 여기십니까?

어진 이와 어질지 못한 이가 섞였다고 여기십니까? 비록 어질지 못한 이가 많으나 어진 이를 얻지 못하였으므로, 자리를 비울 수 없어서 부득이 인원을 갖춘 것이라고 생각하십니까? 또는 조종祖宗께서 이미 전에 들어 써서 전하께 주었으므로 마땅히 어질고 어리석음을 묻지 않고 아울러 용납하여 조종의 뜻을 저버리지 않는 것입니까. ……우리 세조께서는 하늘이 준 용기와 지혜, 해와 달과 같은 밝음으로써 사람을 쓰는 데에 모두 갖춘 사람을 구하지 않고 장단점을 비교하여 한 가지 재주에 이름이 있는 자는 모두 기용하였습니다. 그러므로 한때의 선비가 반린부익攀鱗附翼 하여 모두 등용되었습니다. 이제 성명聖明이 세조에게 미치지 못하면서 그 신하들을 그대로 등용하고 계시니 그 벼슬을 옮기는 것에 어찌 어긋나고 잘못됨이 없겠습니까? 이런 까닭에 세조께서 무인년(1458)에 예종에게 훈계하시기를, "나는 어려운 시대를 만났으나 너는 태평한 시대를 만날 것이다. 일은 세상을 따라 변하는 것인데, 만약 네가 내 행적에 국한되어 변통할 줄을 모르면, 이른바 둥근 구멍에 모난 자루를 끼워 맞추는 격이다"라고 하셨습니다. 《좌전》에 이르기를, "사시四時의 차례처럼 공功을 이룬 자는 물러난다"고 하였으며, 《서경》에 이르기를, "신하가 총애와 이익으로 이루어 놓은 공에 머물러 있지 않으면, 나라는 영구히 아름다움을 보전할 것이다"라고 하였으니, 전하는 살피소서.[4]

감언지사, 직언지사인 이심원과 남효온의 상소는 세조와 훈구에 대한 정면 도전이었으며 구시대를 마감하고 새로운 시대의 서막을 알리는 신호이기도 하였다. 그러나 그 대가는 두 사람 모두에게 혹독하였다.

도승지 임사홍을 비롯한 훈구세력의 반격은 날카로웠다. 임사홍은 이심원을 옛글만 읽었을 뿐 시의에 맞게 행동할 줄 모르니 어리석고 망령된 사람이라고 공격하였으며,[5] 서거정은 남효온을 스승과 아버지를 조롱하는 부박한 인물이라고 강하게 비판하였다.[6] 나아가 두 사람의 상소 내용이 서로 비슷하고 남효온과 강응정, 정여창, 박연 등이 소학의 도道를 행하는 소학계를 만들어 무리 지어 행동한다고 하며 붕당으로 몰아갔다.[7]

이에 대해 성종과 노사신, 성담년 등은 이심원과 남효온의 상소를 미친 아이[狂童]의 일로 치부하며 구언에 답한 것이므로 국문하는 것은 적절치 않다고 대답하였다.[8] 물론 두 사람을 옹호하는 과정에서 나온 말이기는 했지만 결국 남효온과 이심원은 사람들로부터 미친 아이 취급을 받았던 것이다. 훗날 후손인 남공철도 남효온의 〈묘갈명〉에서 "당시 사람들이 모두 그를 미친 유생[狂生]으로 지목하였다"고 서술하고 있다.[9]

사람들이 감히 말하지 말아야 할 것을 과감히 말했다고 해서 '광동'과 '광생' 취급을 받았던 이들, 이 사건을 계기로 이심원은 조부 보성군이 "이심원이 자신에게 행패를 부렸다"고 고발하여 이천과 장단 등의 유배지를 전전해야 했고 남효온도 의금부에 구금되었다가 풀려나 평생 은둔과 방황이라는 고난에 찬 삶을 살아야 했다.

그리고 그가 죽은 지 12년 뒤인 1504년 갑자사화 때 남효온은 '소릉 복위를 청한 죄'로 무덤이 파헤쳐져 부관능지剖棺凌遲 당하였다. 그날 그의 맏아들이었던 남충세도 참형에 처해졌다. 그리고 그의 친구였던 이심원 역시 그의 두 아들과 함께 처형당하였다.[10] 뒤에 남효온은 김시습, 원호, 이맹전, 조려, 성담수 등과 함께 생육신生六臣으로 불렸다.

소릉복위는 10여 년 뒤 남효온의 후배였던 김일손金馹孫에 의해 다시 제기되었다. 1491년(성종 22) 충청도사에 임명된 김일손은, 재이로 인해 성종이 구언교지를 내리자 소릉의 복위를 청하는 상소를 올렸으나 받아들여지지 않았다. 그러나 이때 성종은 친히 비답을 내려 김일손을 다른 사람들이 능히 말하지 못하는 바를 능히 말하는 충경忠鯁한 인물로 평가하기도 하였다.[11] 이듬해 남효온이 39세의 나이로 짧은 생을 마감하자 김일손은 애통해하며 제문을 지어 빈소를 찾아가 잔을 올렸다.

연산군이 즉위한 직후인 1495년(연산군 1) 김일손은 시국에 관한 26조목의 상소를 올리면서 마지막 항목에서 또다시 소릉복위를 주장하고,[12] 몇 달 뒤에도 김극뉴, 이의무 등 간원들과 함께 종묘의 묘제에 대해 건의하는 자리에서 소릉을 문종과 함께 배향할 것을 청하였다.[13] 이듬해에는 세 번째로 소릉복위를 청하는 상소를 올리면서 과거 남효온의 일을 다시 상기시키기도 하였다.

즉 남효온이 지난날 관련 상소를 올렸다가 간신 임사홍과 이경 무리들에 의해 붕당을 조성한다는 억지 주장으로 사림의 화를 입을 뻔했으나 다행히 성종이 불문에 부쳐 무사했다고 당시 사건의 성격을 규정하고, 연산군도 남효온이 주장했던 것처럼 세조가 예종에게 내린 훈계를 잘 살펴 소릉을 복위시킬 것을 주장하였다.[14] 그러나 연산군 역시 받아들이지 않았으며 오히려 김일손은 이 소릉복위 주장으로 인해 무오사화 때 능지처사를 당하였다.

소릉복위는 중종 대 와서 1512년(중종 7) 다시 소세양에 의해 제기되었다. 이때의 명분도 남효온과 김일손처럼 문종이 종묘에서 홀로 제사받고 있다는 것이었다. 이에 대해 중종은 성종과 연산군 대와는 달리 먼저 《실록》을 보고 고찰하도록 하였다.[15] 이후 조정에서는 활발한 토론이 이루어졌다. 이때 의정부와 재상 등은 반대하였고 여기에 많은 사람들이 동조하였다. 반면 김전과 조원기, 신용개 등 일부 대신과 삼사의 신진사류들은 찬성하였지만 소수였다. 그러나 대간과 홍문관, 성균관 유생 등이 가담하여 점차 복위를 찬성하는 사람들이 늘어났다.

그러다 해를 넘겨 1513년 2월 종묘의 소나무 두 그루에 벼락이 떨어지는 사건이 발생하였다. 재이론의 영향이 컸던 당시[16] 종묘에서 이러한 일이 벌어지자, 소릉이 복위되지 않아 문종이 홀로 모셔져 있기 때문이라는 주장이 제기되고 결국 대신들도 모두 반대에서 찬성으로 돌아서면서 한 달 뒤 마침내 소릉복위는 성사되었다. 이는 세조 대의 정치적 유산을 극복하는 것이기도 하였다.[17]

신비복위소는 소릉복위가 이루어지고 2년 뒤인 1515년(중종 10) 담양부사 박상朴祥과 순창군수 김정金淨, 무안현감 유옥柳沃이 순창 강천사 삼인대三印臺에 모여 폐비 신씨의 복위를 요청한 것이다. 그해 폐비 신씨 뒤를 이어 왕비가 된 장경왕후가 원자를 낳고 7일 만에 세상을 떠났다. 그런데 당시 후궁인 숙의 박씨가 중종의 총애를 받고 있었기 때문에 왕비로 채택될 가능성이 없지 않았으며 더욱이 숙의 박씨는 이미 7세 나이의 아들이 있었기에 원자의 앞날도 어찌 될지 모르는 상황이었다.[18] 이런 때 천둥·벼락 등 재변이 계속 일어나자 중종은 구언교지를 내리고 여기에 답하여 박상과 김정 등이 상소를 올린 것이다.[19]

폐비 신씨는 중종의 첫 번째 왕비로 그녀의 아버지 신수근은 중종의 장인인 동시에 연산군의 처남이기도 하였다. 그런 상황에서 박원종 등 중종반정을 계획한 공신들이 그에게 반정에 참여할 것을 요청하였으나 신수근은 선뜻 동의할 수 없었다. 그러자 박원종 등은 거사 비밀이 새어나갈까 봐 신수근을 살해하고 반정을 일으켰다. 반정에 성공한 뒤 그들은 후환을 막기 위해 신수근의 딸이자 중종의 왕비였던 신씨의 폐위를 중종에게 강요하여 관철시켰다. 〈신비복위소〉는 다음과 같이 시작한다.

삼가 생각하건대, 제왕이 하늘을 이어 극極을 세우는 도리는 처음을 바르게 하는 것으로 근본을 삼지 않음이 없습니다. ……《역경》에 이르기를 "하늘과 땅이 있은 뒤에 만물이 있고, 만물이 있은 뒤에 남녀가 있고, 남녀가 있은 뒤에 부부가 있고, 부부가 있은 뒤에 부자가 있고, 부자가 있은 뒤에 군신이 있고, 군신이 있은 뒤에 상하가 있고, 상하가 있은 뒤에 예의禮義를 시행할 수 있다" 하였으며, 《시경》의 대서大序에 이르기를 "주남周南과 소남召南은 처음을 바르게 하는 도리요, 왕화王化의 기초이다" 하였습니다. 대저 《역경》에 건곤을 으뜸으로 하고 《시경》에 관저關雎를 처음으로 한 것은, 배필을 정하는 것이 인륜의 시초요 만화萬化의 근원이며, 강기綱紀의 으뜸이요 왕도의 큰 단서이기 때문입니다.[20]

배필을 정하는 것이 인륜의 시초요, 만화의 근원이며 기강의 으뜸이요 왕도의 큰 단서인 만큼 매우 중요하다는 것이다. 그러면서 폐비 신씨의 일을 거론하였다.

신 등이 삼가 보건대, 옛 왕비 신씨가 물리침을 입어 밖에 있은 지 이

제 거의 일기一紀가 됩니다. 신은 그 당초의 연유를 상세히는 모르겠으나, 무슨 큰 까닭과 명분으로 이런 비상한 놀랄 만한 일을 하였는지를 모르겠습니다. ……지금 신씨는 폐위할 만한 까닭이 있음을 듣지 못하였음에도 전하께서 폐위하신 것은 과연 무슨 명분입니까? 정국靖國 당초에 박원종과 유순정, 성희안 등이 이미 신수근을 제거하고는, 왕비가 곧 그 딸이므로 그 아비를 죽이고, 그 조정에 서면 뒷날 후환이 있을까 염려하여, 바르지 못하게 자신을 보전하려는 사사로움을 위하여 폐위시켜 내보내자는 모의를 꾸몄으니, 이는 진실로 까닭도 없고 또 명분도 없는 것입니다. ……옛말에 이르기를 "빈천할 때에 사귄 벗은 잊어서는 안 되고, 조강지처는 버리지 않는다" 하였는데, 신씨가 대저代邸에서 술과 장을 담그고 쇄소灑掃를 받든 지 무릇 몇 해였습니까?[21]

박원종 등 세 공신이 바르지 못하게 자신을 보전하려는 사사로움을 위하여 왕비를 폐위한 것은 까닭도 없고 명분도 없다는 비판이다. 따라서 신씨를 복위시키고 박원종 등의 죄는 만세의 죄라 공으로 가릴 수가 없기 때문에 관작을 추탈할 것을 주장하였다.

대체로 나라를 다스리고 천하를 평정하는 도리는 가정에 근본하는 것이므로 한번 집을 바로 하면 천하가 안정되는 것입니다. 예로부터 난망亂亡이 일어나는 것은 가법家法이 바르지 못한 데서 근원하지 않음이 없으니, 아조我朝의 가법은 모두 바른 데서 나왔다고는 할 수 없습니다. ……지금 내정內政의 주인이 비었으니, 마땅히 이때를 계기로 쾌히 결단하셔서 신씨를 왕후의 자리에 앉히시면, 천지의 마음이 흠향할 것이요 조종의 신령이 윤허할 것이고, 신민의 희망에 부응할 것입니다. ……이는 만세萬世의 죄라 공으로 이 죄를 가릴 수 없습니다. 그 발호跋 扈할 때를 당하여, 전하께서는 확고하게 왕후를 폐위하자는 청을 들어 주지 않으시고, 협제脅制한 정상을 상고하여 전형典刑을 밝고 바르게 했어야 했습니다. 이미 그렇게 하지 않고 그들로 하여금 아무 일 없는 것처럼 영화와 부를 누리게 해주었으니 족히 그 공을 보상하였습니다. 이제 이미 죽었으나, 마땅히 그 죄를 밝게 바로잡아 관작을 추탈하고, 안팎에 효유하여 당세當世와 만세萬世로 하여금 큰 분수는 절대로 범해 서는 안 된다는 것을 환히 알도록 하여야 합니다.[22]

비록 박원종과 유순정, 성희안 등 반정을 주도했던 세 명의 공신이 1513년(중종 8)을 기점으로 모두 사망하여 공신세력의 영향력이 많이 줄어든 반면 소릉 복위과정 등을 거치면서 사림들의 영향력은 점차 늘 어났지만 그럼에도 불구하고 훈구와 척신세력들은 아직 건재하였다. 이런 상황에서 폐비 신씨의 복위와 세 공신의 처벌을 주장한 박상과 김 정의 상소는 큰 반향을 불러일으켰다.

두 사람이 상소를 올린 지 3일 뒤인 8월 11일 대사헌 권민수와 대사 간 이행 등은 박상과 김정이 올린 상소를 사특한 의논[邪議]으로 규정 하고 이들을 추고할 것을 주장하였다. 신씨를 복위시켜 선후의 의리를 논한다면 나라의 근본이 혹 동요될까 염려된다는 이유에서였다.[23] 세 공신을 비판하지만 결국 자신의 책임을 지적하는 상소에 심기가 불편 했던 중종은 추문을 명하였다. 그러나 영의정 유순과 좌의정 정광필 등 은, 구언한 뒤에는 아뢴 바가 비록 매우 광패狂悖하더라도 잡아다 추문

하는 것은 지나치며 언로에 방해가 되니 처벌하지 말아야 한다고 주장했다.[24]

다음 날 지평 채침과 정언 표빙 등은, 장경왕후가 죽자마자 신비 복위를 주장한 이들의 행위는 장경왕후를 무시하는 태도로서, 언로에 방해가 된다는 것은 오히려 작은 일인 반면 이는 실로 사특한 의논으로 종묘사직의 안위와 크게 관계되는 것이니 추문해서 다스려야 한다고 주장하였다.[25] 신비복위를 종묘사직의 문제로 몰아갔던 것이다.

8월 13일 중종은 비망기로 박상과 김정을 추문할 것을 명하고 이틀 뒤에는 이러한 조치가 마땅했다는 전교를 내렸다. 여기서 중종은 신씨의 폐출은 반정한 뒤 조정에서 대의大義를 들어 모두 청해서 이루어진 것이며, 중종반정 뒤 박원종 등이 명나라에 거짓으로 보고한 것도 그들의 단독 의사가 아니라 조정의 의사였음을 강하게 변명하였다. 반면 신비복위문제를 정경왕후가 죽은 뒤 제기한 것은 일찍부터 왕비를 무시하는 마음을 두었던 것이 분명하다며 두 사람을 힐책하였다.[26]

이에 따라 의금부가 박상과 김정을 추문하여 8월 23일 두 사람의 죄를 장杖 1백 대와 도徒 3년에 고신告身을 모두 추탈하는 것으로 결정하여 아뢰니 중종은 장은 속贖할 것을 명하여 이튿날 박상은 남평에, 김정은 보은에 유배되었다.[27] 이를 전후하여 시독관 신광한과 임추를 비롯한 경연관들, 홍문관 부제학 김근사를 비롯한 홍문관원들, 우의정 김응기와 이조판서 안당 등이 처벌하지 말아야 한다고 계속 주장하였으나 받아들여지지 않았다.

특히 홍문관은, 중종이 즉위한 지 10년 동안 말한 것을 가지고 죄를 준 적이 없는데 박상과 김정이 처음이라면서 구언하고서 말을 올린 자에게 죄를 주면 언로의 막힘이 크고 언로가 막히면 누가 즐겨 진언할 것이며 진언하는 사람이 없으면 나라가 나라꼴이 되지 않는다며 두 사람의 유배 조치를 취소해줄 것을 강력하게 청하였다.[28]

이조판서 안당 역시 중종이 10년 동안 말 때문에 죄 준 일이 없는데 이와 같이 하면 큰 일을 할 때 누가 몸을 아끼지 않고 하겠으며, 조정에 있는 신하가 몸을 아껴 말하지 않으면 그 폐단이 이루 말할 수 없을 것이라며 언로를 막아서는 안 된다고 주장하였다.[29] 부제학 김근사가, 성종 대에 남효온이 소릉복위를 청하는 상소를 올렸지만 구언에 답했다 하여 처벌받지 않은 것은 언로와 사기士氣를 중히 여겨서 그랬다는 말까지 하였지만 중종은 받아들이지 않았다.[30]

박상과 김정의 유배로 일단락되었던 이 문제는 몇 달 뒤 조광조에 의해 다시 점화되었다. 신비복위소 논쟁이 한창이던 8월 22일 문과에 합격한 조광조는 사간원 정언에 임명된 지 이틀 후인 11월 22일, 구언에 응해 상소한 두 사람을 처벌한 것은 문제가 있으며 이 두 사람에 대한 처벌을 주장한 대사헌 권민수와 대사간 이행을 탄핵하고 사헌부와 사간원의 대간들을 모두 파직시킬 것을 청하였다. 재상이 혹 죄 주기를 청해도 대간은 구제하여 풀어주어서 언로를 넓혀야 하는데 도리어 스스로 언로를 훼손하여 그 직분을 잃어버렸다는 이유에서였다.[31]

대간의 진정한 역할이 무엇인가에 대한 조광조의 문제 제기는 조정에 큰 파문을 불러 일으켰으며 치열한 논쟁 끝에 양사의 대간들이 대폭 교체되는 결과를 가져왔다. 그리고 이를 계기로 박상과 김정의 석방 논의가 활발히 이루어져 결국 이듬해 5월 두 사람은 석방되었다.[32]

신비복위는 중종 대에 이루어지지 못하였다. 그러나 박상과 김정의 신비복위소는 중종 대 훈척에 대항하여 사림들이 정치적으로 결집하여 세력화하고 자신들의 정체성을 확립하는 데 크게 기여하였으며,[33] 사림과 대간들의 언론이 공론으로 확고히 자리 잡게 되는 결정적인 계기가 되었다.[34] 그리고 2백여 년이 지난 1739년(영조 15) 폐비 신씨는 단경왕후로 복위되었다. 결국 소릉복위와 신비복위소는 세조 대와 연산군 대의 정치적 유산을 극복하고 새로운 시대를 여는 디딤돌이 되었던 것이다.

조선의 비판적 지식인들

조선은 유교국가를 표방하며 건국하였다. 건국세력들은 왕조교체를 맹자의 역성혁명론으로 정당화하고 인정仁政과 덕치德治에 의한 왕도정치와 민본사상을 바탕으로 국가를 운영하였다. 또한 군신공치君臣共治의 이념 아래 권력 분산과 권력 견제에 역점을 두어 정치의 공정성과 투명성을 높이는 데 목표를 두었다.

군신공치론은 동아시아의 유가적 전통에서 나온 것이라고 할 수 있다. 이에 따르면 정치는 하늘의 뜻을 따라 백성을 편안하게 하는 것이며 정치권력은 이를 위해 하늘로부터 위임받은 것이었다. 따라서 왕과 관료들은 자신들의 지위를 하늘로부터 주어진 천위天位이며 천직天職으로 생각하고 하늘의 뜻을 따라 하늘의 백성인 천민天民을 다스리는 임무를 부여받았다고 생각하였다.[35]

특히 맹자는, 군자가 임금을 섬기는 것은[事君] 임금이 도道를 감당하도록 이끌어 인仁에 뜻을 두게 하는 데[引君當道] 있을 뿐이며,[36] 오직 대인大人만이 임금의 마음이 잘못된 것을 바로잡을 수 있다고[格君心] 보았다.[37] 나아가 임금이 잘못을 반복하고 간언을 듣지 않으면 동성同姓인 귀척지경貴戚之卿은 임금의 자리를 바꾸고 이성지경異姓之卿은 나라를 떠나야 한다고 주장하였다.[38] 이러한 유가의 군신공치론은 송대 주자를 비롯한 성리학자들을 거쳐 조선에도 그대로 수용되었다.

군신공치는 공론을 바탕으로 하였다. 공론은 말 그대로 공적인 논의로서 일국의 사람들이 당연하다고 생각하는 것을 의미하였다.[39] 이이는 공론을 "인심人心이 모두 그렇게 여기는 것"으로 정의하고 "공론이 있는 곳을 국시國是라 하며 국시는 일국의 사람들이 꾀하지 않아도 함께 옳다고 여기는 것이다"고 하였다.[40]

공론은 사私가 아니라 공公에 기반한다는 점에서 그 정당성이 확보되었다. 또한 원칙적으로 공론의 결정에는 국가의 구성원 모두가 참여할 수 있었지만 현실적으로 일반민들이 공론의 형성과정에 참여하는 것은 한계가 있었다. 따라서 조선 초기의 공론의 주체는 주로 왕과 대신, 간관 등이었다. 특히 간관은 국왕의 이목耳目으로서 공론을 모아 왕에게 이르게 역할하는 존재로 주목받았다.

그러나 성종 대 이후 사림이 등장하면서 삼사를 중심으로 언론 기능이 강화되고 육조와 의정부의 낭관들을 중심으로 낭관권이 형성되면서 공론이 활성화되고 대간이 공론의 주체로 확고하게 자리 잡았다. 유교적 왕정을 실현하는 방법 가운데 하나가 언로를 널리 개방하는 것이었다면 그 중심에 언책지관言責之官으로서의 대간이 있었던 것이다.[41]

이와 더불어 공론의 참여층이 중종과 명종 대를 거치면서 중앙 관료는 물론 성균관의 유생과 지방의 포의布衣로까지 범위를 점점 넓혀갔다. 그리고 공론의 형성층이 확대되면서 공론의 수용 기능 역시 확대되었고 그 결과 공론이 크게 활성화되며 공론정치가 자리 잡아갔다.[42] 감언지사와 직언지사는 바로 이러한 공론정치 아래 대간을 비롯하여 공론을 제기하는 주체의 핵심 인물이었다.

남효온과 김일손, 박상과 김정, 그리고 윤선도를 비롯한 조선의 대부분의 비판적 지식인들의 사상적 바탕에는 《소학》이 있었다. 윤선도는 20세 즈음에 《소학》을 접하였다. 기묘사화 이후로 이 책은 금서가 되어 부형들이 자제에게 읽지 말라고까지 해 보관하고 있는 경우가 흔치 않았다. 그런데 윤선도가 옛 서책을 점검하다 찾아내어 읽어보고나서 기뻐하며 "사람을 만들어내는 틀이 모두 여기에 있다"고 하며 이 책을 전공하여 몇 년 동안 반복해 수백 번을 읽으니 이로부터 공부가 순일하게 무르익고 의리가 관통하였으며 문장 실력도 크게 진보하였다.[43]

또한 이를 바탕으로 다시 예전에 읽던 성현의 경전을 공부하였는데 어디를 대하든 그 이치가 훤히 뚫리면서 과거에 심오해서 풀리지 않던 것들이 모두 얼음 풀리듯 시원하게 이해되었으며 의약과 복서, 음양과 지리 등의 글에 대해서도 막힘이 없게 되었다고 한다. 《소학》이 윤선도의 학문 공부의 전환점이 되었으며 그의 학문과 사상적 뿌리가 기묘사림에 맞닿아 있음을 알 수 있다. 이후 윤선도가 노년에 이르기까지 시종일관 마음에 새겨두고 잊지 않은 것도 《소학》이었다.

남효온 역시 젊은 날 성균관에서 수학할 때 《소학》 공부와 실천에 열심이었다.

젊었을 때 성균관에서 수학할 때 서울의 준수한 선비들과 함께 주자의 고사故事에 의거하여 향약을 만들고 매월 초하루날에는《소학》을 강론하였다. 그때 뽑힌 이들은 모두 한때의 명사들로 김용석은 자가 연숙이고, 신종호는 자가 차소며, 박연은 자가 문숙이고, 손효조는 자가 무첨이며, 정경조는 자가 효곤이고, 권주는 자가 우경이며, 정석형은 자가 가회고, 강백진은 자가 자온이며, 김윤제는 자가 자주이다. 이들은 그 가운데 뛰어난 사람들이고 나머지 사람들은 다 기록하지 못하였다. 세상에서 이들을 좋아하지 않는 자들은 시끄럽게 떠들며 소학계小學契라 지목하거나 혹 효자계孝子契라 지목하면서 공자와 사성四聖, 십철十哲처럼 군다고 기롱하였다.[44]

그는 강응정과 박연 등 성균관에서 같이 수학하던 학생들과 장안의 준수한 재사才士들을 중심으로 향약을 만들고, 매달 초하루에《소학》을 강론하며 소학의 도를 행하는 소학계를 만들어 활동하였다. 이들은 서로 공자와 사성, 십철처럼 행동하기도 하였다.[45]

또한 남효온은 안응세, 홍유손, 김굉필, 이윤종 등 6~7명과 함께 죽림칠현이라는 모임을 만들었다. 이들은 모두 김종직의 문인이며 성균관 유생이라는 공통점이 있었으며 모임의 성격은 서로 정자와 주자로 칭하고 조정을 비판하는 등 소학계와 유사하였다.[46]

김일손 역시 가학으로《소학》을 배웠으며 1491년(성종 22)에는 서장관으로 명나라에 가서 예부의 원외랑 정유로부터 그가 편찬한《소학집설小學集說》을 받아와 성종에게 바치기도 하였다. 김일손이《소학》에 관한 주석서로 이 책만한 것이 없다고 아뢰자 성종은 교서관에서 간행하

여 전국에 반포하게 하였다.[47]

소릉복위는 좌절되었지만 새로운 유교국가와 문명을 향한 비판적 지식인의 역할을 남효온은 포기하지 않았다. 그는 소릉과 마찬가지로 역적이라는 이름으로 스러져간 성삼문과 박팽년, 하위지, 이개, 유성원, 유응부를 다시 역사에 복권시키기 위해 《육신전六臣傳》을 저술하였다. 신흠은 《육신전》의 의의를 다음과 같이 평가하였다.

우리나라의 육신六臣은 실로 무왕 때 백이와 같은 자들인데도 크게 죽임을 당하고 자손들도 함께 처형되었다. 그 일이 있은 뒤로 백여 년이 지났다. 하지만 사람들이 감히 입을 열어 그 일을 논하지 못하고 단지 처사 남효온의 적요寂寥한 몇 치의 붓만이 있을 따름이다. 남효온이 《육신전》을 지어 실낱같이 의기義氣를 겨우 부지할 수 있었다.[48]

이렇듯 감언지사와 직언지사, 조선시대 비판적 지식인의 또 하나의 사상적 특징은 의義의 강조였다. 그리고 남효온은 젊은 시절에 자신과 뜻을 함께했던 친구들의 행적을 모아 《사우명행록師友名行錄》을 저술하였는데 이 책 역시 새로운 시대로의 변화를 반영하는 것이었다. 여기에는 모두 54명의 친구들이 수록되어 있다.[49]

조선에서 학파가 형성되기 시작하는 것은 16세기 중반부터이지만 학문적 동류의식이 본격적으로 형성되는 것은 15세기 말 사림세력에 의해서였다. 이들은 훈구와 척신들의 비리와 전횡을 성리학적 명분론에 입각해 비판하였으며 당시의 사회모순을 성리학적 이념과 제도의 실천으로 극복해보려고 하였다. 이 과정에서 이들은 강한 정치적·사상적 동류의식을 갖게 되었다.

김종직의 〈선공사우先公師友〉와 〈문인록門人錄〉, 김굉필의 〈사우문인록師友門人錄〉, 정여창의 〈사우문인록師友門人錄〉, 신영희의 〈사우언행록師友言行錄〉과 〈문인록門人錄〉 등 이 시기에 출현하는 《사우문인록》이나 《사우록》, 《문인록》 등은[50] 이러한 시대적 흐름을 반영한 것이었으며 남효온의 《사우명행록》도[51] 마찬가지였다. 그는 이 글을 죽기 2년 전에 지었다. 몸과 마음은 지쳐가지만 보다 나은 세상을 위해 자신과 뜻을 같이했던 친구들의 노력과 우정을 후세 사람들이 기억하도록 기록으로 남겼던 것이다.

남효온, 김일손, 박상, 김정, 윤선도 …… 이들 말고도 조선시대에는 많은 비판적 지식인들이 있었다. 그들은 조선사회의 전환기마다 물줄기를 바꾸는 데 적지 않은 역할을 하였다. 그러나 그들 대부분의 삶은 평탄하지 않았다. 아니 파란만장하다고 해야 더 사실에 가까울 것이다. 그럼에도 불구하고 그들은 끝까지 새로운 세상을 향한 희망의 끈을 놓지 않고 비판적 지식인으로서의 역할을 포기하지 않았다.

이제 글을 마칠 때가 됐다. 감언지사, 직언지사로서의 '비판적 지식인'은 단순히 감언과 직언을 한두 번 한 인물을 의미하지 않는다. 물론 그런 경우가 없지는 않겠지만 여기서의 '비판적 지식인'은 그의 전 생애를 통해 지속적으로 일관되게 위험을 무릅쓰고 용기 있게 감언과 직언을 한 인물들을 의미하는 것이다. 요컨대 사상사(지성사)를 한 사람의 삶 전체와 연관시켜 바라보려는 시도이다. '삶으로서의 사상사(지성사)'이다.

참고문헌

자료

《태조실록》,《태종실록》,《성종실록》,《연산군일기》,《중종실록》,《선조수정실록》,
《광해군일기》,《인조실록》,《효종실록》,《현종실록》,《현종개수실록》,《숙종실록》
《朝鮮經國典》,《孝宗寧陵山陵都監儀軌》
《禮記》,《儀禮注疏》,
《論語》,《孟子》,《論語集註》,《大學章句》,《大學或問》,《小學》,《小學集註》
《孤山遺稿》,《孤山先生年譜》,《記言》,《記言別集》,《己丑錄》,《白湖集》,《三峯集》,
《象村稿》,《宋子大全》,《松坡集》,《燃藜室記述》,《龍洲遺稿》,《愚得錄》,《栗谷全書》,《秋
江集》,《濯纓集》,《濯纓先生年譜》,《退溪集》,《弘齋全書》
《海南尹氏文獻》,《海南尹氏族譜》(壬午譜, 1702),《甫吉島識》,
《古文書集成》3 해남윤씨편(한국학중앙연구원)

논저

고미숙,《윤선도평전》, 한겨레출판, 2013.

고영진,《조선중기 예학사상사》, 한길사, 1995.

_____,《조선시대 사상사를 어떻게 볼 것인가》, 풀빛, 1999.

_____,《호남사림의 학맥과 사상》, 혜안, 2007.

文永午, 《孤山 尹善道研究》, 태학사, 1983.

박준규, 《유배지에서 부르는 노래》, 중앙M&B, 1997.

배동수, 《정여립연구》, 책과공간, 2000.

미셸 푸코 지음, 오트르망 심세광·전혜리 옮김, 《담론과 진실》, 동녘, 2017.

사라 밀스 지음, 임경규 옮김, 《현재의 역사가 미셸 푸코》, 앨피, 2008.

설석규, 《朝鮮中期 士林의 道學과 政治哲學》, 경북대학교 출판부, 2009.

元容文, 《孤山 尹善道의 詩歌 研究》, 국학자료원, 1996.

禹仁秀, 《朝鮮後期 山林勢力研究》, 일조각, 1999.

윤인숙, 《조선 전기의 사림과 〈소학〉》, 역사비평사, 2015.

이정철, 《대동법, 조선 최고의 개혁 – 백성은 먹는 것을 하늘로 삼는다》, 역사비평사, 2010.

이종범, 《사림열전 2》, 아침이슬, 2008.

장 폴 사르트르 지음, 박정태 옮김, 《지식인을 위한 변명》, 이학사, 2007.

정윤섭, 《해남윤씨가의 간척과 도서 경영》, 민속원, 2012.

_____, 《녹우당 – 해남윤씨 댁의 역사와 문화예술 –》, 열화당, 2015.

정출헌, 《남효온평전 – 유교문명의 성쇄를 꿈꾼 이상주의자의 희망과 좌절 –》, 한겨레출판, 2020.

정호훈, 《朝鮮後期 政治思想 研究 –17세기 北人系 南人을 중심으로 –》, 혜안, 2004.

陳 來, 《주희의 철학》, 예문서원, 2002.

파스칼 오리, 장–프랑수아 시리넬리 지음, 한택수 옮김, 《지식인의 탄생 – 드레퓌스부터 현대까지》, 당대, 2005,

韓永愚, 《鄭道傳思想의 研究》, 서울대학교 출판부, 1973.

한완상, 《민중과 지식인》, 정우사, 1979.

강대민·박병련, 〈진주지역 향촌지배층의 형성과 변화〉, 《남명학파와 영남우도의 사림》, 예문서원, 2004.

경석현, 〈15세기 후반 朱子學的 災異論의 대두 – 성종 9년(1478) 南孝溫(1454~1492)의 〈昭

陵追復疏〉를 중심으로-〉,《朝鮮時代史學報》81, 조선시대사학회, 2017.

고영진, 〈이황학맥의 호남 전파와 유학사적 의의〉,《退溪學과 韓國文化》32, 경북대학교 퇴계연구소, 2003.

_____, 〈양반관료 유희춘의 관계망〉,《사회적 네트워크와 공간》, 이태진교수 정년기념논총 간행위원회, 태학사, 2009.

_____, 〈조선시대 유학 계보 연구의 검토〉,《韓國思想史學》, 한국사상사학회, 2012.

_____, 〈윤선도의 학문과 사상적 특징〉,《奎章閣》51, 서울대학교 규장각한국학연구원, 2017.

_____, 〈비판적 지식인으로서의 윤선도의 삶〉,《歷史學研究》68, 호남사학회, 2017.

_____, 〈호남남인 윤선도의 관계망〉,《민족문화연구》81, 고려대학교 민족문화연구원, 2018.

_____, 〈유교국가 조선과 비판적 지식인〉,《東方學志》193, 연세대학교 국학연구원, 2020.

金東洙, 〈16~17世紀 湖南士林의 存在形態에 대한 一考察-특히 鄭介清의 門人集團과 紫山 書院의 置廢事件을 중심으로 하여-〉,《歷史學研究》Ⅶ, 전남대학교 사학회, 1977.

金柄憲, 〈孝宗大王 寧陵의 擇山 논쟁〉,《朝鮮時代史學報》69, 2014.

김봉곤, 〈崔溥의 中國漂海와 儒學思想〉,《韓國思想史學》40, 2012.

金信中, 〈孤山文學의 性理學的 背景 研究〉,《孤山研究》2, 고산연구회, 1988.

김영수, 〈동아시아 군신공치제의 이론과 현실: 태조~세종대의 정치운영을 중심으로〉,《한국동양정치사상사연구》제7권 2호, 한국동양정치사상사학회, 2008.

金允濟, 〈南冥 曹植의 學問과 出仕觀-退溪 李滉과의 비교를 중심으로-〉,《韓國史論》24, 서울대학교 국사학과, 1991.

김정신, 〈朝鮮前期 士林의 '公' 認識과 君臣共治論-趙光祖·李彦迪의 學問·政治論-〉,《學林》21, 연세사학연구회, 2000.

金鍾西, 〈16世紀 湖南詩壇과 唐風〉, 성균관대학교 박사학위논문, 2003.

김창원, 〈李賢輔에서 尹善道로-族譜의 家系圖를 따라서-〉,《고전과 해석》2, 고전문학

한문학연구학회, 2007.

김현영 외, 〈해남윤씨 고문서를 통해 본 17세기의 신분질서와 친족〉, 《역사와 현실》 87, 한국
　　역사연구회, 2013.

文錫胤, 〈퇴계에서 리발(理發)과 리동(理動), 리도(理到)의 의미에 대하여 – 리(理)의 능동성
　　문제〉, 《退溪學報》 110, 퇴계학연구원, 2001.

문숙자, 〈17세기 해남윤씨가(海南尹氏家)의 묘위토(墓位土) 설치와 묘제(墓祭) 설행 양상 –
　　친족결합 장치와 종가(宗家)의 역할에 대한 고찰 –〉, 《역사와 현실》 87, 2013.

＿＿＿, 〈조선후기 兩班家系와 地域民의 관계 및 그 변화양상 – 해남윤씨 고문서를 중심
　　으로 –〉, 《古文書研究》 48, 한국고문서학회, 2016.

박권수, 〈孤山 尹善道의 山論 연구〉, 《한국문화》 72, 서울대학교 규장각한국학연구원,
　　2015.

배우성, 〈사회경제정책 논의의 정치적 성격〉, 《조선중기 정치와 정책》, 아카넷, 2003.

백광렬, 〈조선후기 '양반지배네트워크'의 성격과 구조변동 – 상층양반의 친족연결망을 중
　　심으로〉, 서울대학교 박사학위논문, 2017.

송웅섭, 〈조선 초기 공론의 개념에 대한 검토 – 대간 언론과의 비교를 통해서 –〉, 《한국학
　　연구》 39, 인하대학교 한국학연구소, 2015.

＿＿＿, 〈기묘사림과 '공론지상주의'〉, 《역사와 현실》 108, 2018.

신병주, 〈17세기 政局의 전개와 趙絅의 정치적 활동〉, 《朝鮮時代史學報》 80, 2017.

안상우, 〈海南尹氏 孤山 尹善道의 醫藥事跡〉, 《도서문화》 46, 목포대학교 도서문화연구
　　원, 2015.

安承俊, 〈16~18世紀 海南尹氏家門의 土地·奴婢所有實態와 經營 – 海南 尹氏古文書를
　　중심으로 –〉, 《淸溪史學》 6, 청계사학회, 1989.

오선주, 〈孤山 尹善道의 삶과 文學 小考〉, 《시조학논총》 23, 한국시조학회, 2005.

吳洙彰, 〈仁祖代 政治勢力의 動向〉, 《朝鮮時代 政治史의 再照明》, 범조사, 1985.

吳仁澤, 〈朝鮮後期 癸卯·甲戌量田의 推移와 性格〉, 《釜大史學》 19, 부산대학교 사학회,
　　1995.

吳恒寧, 〈朝鮮 孝宗代 政局의 變動과 그 性格〉, 《泰東古典研究》 9, 한림대학교 태동고전

연구소, 1993.

오항녕, 〈고산(孤山) 윤선도(尹善道)의 정치활동과 경세론(經世論)〉,《한국사학보》46, 고려사
학회, 2012.

元容文, 〈尹善道 文學의 思想的 背景〉,《韓國言語文學》28, 한국언어문학회, 1988.

_____, 〈윤선도의 문학과 경학(經學)〉,《청람어문학》1, 청남어문학회, 1988.

柳年錫·崔美愛, 〈孤山 尹善道의 時調에 나타난 思想性 研究〉,《科學과 敎育》9, 순천대
학교 과학교육연구소, 2001.

이남희, 〈조선 사회의 유교화(儒敎化)와 여성의 위상-15·16세기 족보를 중심으로-〉,《원
불교사상과 종교문화》48, 원광대학교 원불교사상연구원, 2011.

李成茂, 〈17世紀 禮論과 黨爭〉,《朝鮮後期 黨爭의 綜合的 檢討》, 한국정신문화연구원,
1992.

李成妊, 〈16세기 양반사회의 "膳物經濟"〉,《韓國史研究》130, 한국사연구회, 2005.

李迎春, 〈第一次禮訟과 尹善道의 禮論〉,《淸溪史學》6, 1989.

_____, 〈服制禮訟과 政局變動-第二次禮訟을 中心으로-〉,《國史館論叢》22, 국사편
찬위원회, 1991.

_____, 〈孤山 尹善道의 학문과 예론〉,《국학연구》9, 한국국학진흥원, 2006.

李元澤, 〈현종대의 服制論爭과 公私義理에 관한 연구〉, 서울대학교 박사학위논문, 2000.

이종범, 〈孤山 尹善道의 出處觀과 政論〉,《大丘史學》74, 대구사학회, 2004.

_____, 〈海南尹氏家의 學問과 朋黨政治〉,《韓國服飾》27, 단국대학교 석주선기념박물
관, 2009.

_____, 〈15·16세기 조선사회의 道學運動과 事君論〉,《歷史學研究》61, 호남사학회,
2016.

이해준, 〈순창의 삼인대 비와 신비복위소〉,《순창의 역사와 문화》, 전북전통문화연구소,
2002.

_____, 〈조선후기 '문중화' 경향과 친족조직의 변질〉,《역사와 현실》48, 2003.

_____, 〈愼妃復位疏 論難과 再評價의 性格〉,《儒學研究》28, 충남대학교 유학연구소,
2013.

李炫石, 〈困齋 鄭介淸 先生의 生涯와 學問〉, 《全南文化財》 창간호, 전라남도, 1988.

李賢珍, 〈조선전기 昭陵復位論의 추이와 그 의미〉, 《朝鮮時代史學報》 23, 2002.

이홍식, 〈가학의 전통과 공재 윤두서〉, 《溫知論叢》 32, 온지학회, 2012.

장세호, 〈고산 윤선도의 예송관〉, 《韓國文化와 思想》 71, 한국사상문화학회, 2014.

장춘석, 〈孤山 윤선도의 經世致用에 관한 연구〉, 《호남문화연구》 30, 전남대학교 호남문
　　화연구소, 2002.

전다혜, 〈17세기 관료학자 李景奭의 현실인식과 정치활동〉, 건국대학교 석사학위논문, 2014.

전병욱, 〈퇴계 철학에서 '理到'의 문제〉, 《東洋哲學》 38, 한국동양철학회, 2012.

鄭萬祚, 〈朝鮮時代 朋黨論의 展開와 그 性格〉, 《朝鮮後期 黨爭의 綜合的 檢討》, 한국정
　　신문화연구원, 1992.

정무곤, 〈조선시대 家訓의 成立過程 연구〉, 《藏書閣》 15, 한국학중앙연구원, 2006.

정용건, 〈中宗代 文人의 昭陵 復位에 대한 기록의 양상과 그 의미〉, 《東洋古典研究》 78,
　　동양고전학회, 2020.

鄭允燮, 〈'綠雨堂' 海南尹氏家의 學問과 藝術〉, 《지방사와 지방문화》 6권 1호, 역사문화
　　학회, 2003.

_____, 〈윤이후의 《지암일기》를 통해 본 죽도 별업생활과 향촌활동〉, 《지방사와 지방문
　　화》 24권 1호, 2021.

정재훈, 〈16세기 사림(士林) 공론(公論)의 내용과 의미〉, 《朝鮮時代史學報》 71, 2014.

조성산, 〈18세기 영·호남 유학의 학맥과 학풍〉, 《국학연구》 9, 2006.

최이돈, 〈公論政治의 형성〉, 《조선중기 사림정치》, 경인문화사, 2017.

_____, 〈君臣共治論의 형성과 변화〉, 《조선전기 공공통치》, 경인문화사, 2017.

韓明基, 〈光海君代의 大北勢力과 政局의 動向〉, 《韓國史論》 20, 1988.

한상권, 〈17세기 중엽 해남 윤씨가의 노비소송〉, 《古文書研究》 39, 한국고문서학회,
　　2011.

한효정, 〈소송을 통해 본 17세기 노비횡탈 양상 – 해남윤씨가(海南尹氏家) '안심(安心)' 자녀
　　소송 문서를 중심으로 –〉, 《역사와 현실》 87, 2013.

玄京鎔, 〈孤山 尹善道의 風水思想 硏究〉, 대전대학교 박사학위논문, 2013.

황금중, 〈朱子의 小學·大學 敎育論〉, 《朱子思想과 朝鮮의 儒者》, 혜안, 2003.

黃義東, 〈尹善道의 哲學思想 硏究〉, 《道山學報》 7, 도산학술연구원, 1999.

주

I. 비판적 지식인으로서의 삶

[1] 오선주, 〈孤山 尹善道의 삶과 文學 小考〉, 《시조학논총》 23, 한국시조학회, 2005.

[2] 고미숙, 《윤선도평전》, 한겨레출판, 2013, 257면.

[3] 李迎春, 〈第一次禮訟과 尹善道의 禮論〉, 《淸溪史學》 6, 청계사학회, 1989.

[4] 이종범, 〈海南尹氏家의 學問과 朋黨政治〉, 《韓國服飾》 27, 단국대학교 석주선기념박물관, 2009.

[5] 오항녕, 〈고산(孤山) 윤선도(尹善道)의 정치활동과 경세론(經世論)〉, 《한국사학보》 46, 고려사학회, 2012.

[6] 《효종실록》 권8, 효종 3년 4월 辛亥.

[7] 《현종개수실록》 권1, 현종 즉위년 8월 戊午.

[8] 《효종실록》 권8, 효종 3년 4월 乙巳.

[9] 《孤山先生年譜》 권3, 附錄 〈孤山遺事〉, "顯宗丁未 上語經筵曰 尹善道才器學識 儘有可取 先王嘗曰 予欲大用善道 而每與從容語 其於進退與奪之際 未免有殺伐氣像 恐或有後弊 未果大用云".

[10] 《海南尹氏文獻》 권14, 〈忠憲公遺事〉, "此公每事欲異於人 吾未知也".

[11] 박준규, 《유배지에서 부르는 노래》, 중앙M&B, 1997, 351면에서도 이 점을 지적하고 있다.

[12] 《광해군일기》 권111, 광해군 9년 1월 庚午, "善道冒瀆威嚴 敢言權奸".

13 《광해군일기》 권111, 광해군 9년 1월 庚午, "草野臣尹善道 慷慨抗章 敢言人所不敢言之事".

14 《현종개수실록》 권3, 현종 1년 4월 戊申, "善道…而不計其身必至之禍 能言人所不敢言之言 其亦敢言之士也".

15 《현종실록》 권6, 현종 4년 4월 丙辰, "臣於善道 素不相識 而但念善道 自是有氣節敢言之人也 曾以直言 立節於昏朝".

16 《현종개수실록》 권12, 현종 6년 2월 戊寅, "人臣之進言也 不畏鈇鉞 不避觸忤 敢言人所不敢言之言者 自非妄人 必是果敢之士也".

17 《효종실록》 권20, 효종 9년 4월 壬午, "答曰 此人不知媚竈之爲得計 得罪人臣 則群起攻斥之言 果非虛也".

18 장 폴 사르트르 지음, 박정태 옮김, 《지식인을 위한 변명》, 이학사, 2007, 12~14면.

19 장 폴 사르트르, 위의 책, 2007, 19~54면.

20 장 폴 사르트르, 위의 책, 2007, 70~77면.

21 한완상, 《민중과 지식인》, 정우사, 1978, 49~53면.

22 한완상, 위의 책, 1978, 17~21면.

23 미셀 푸코 지음, 오트르망·심세광·전혜리 옮김, 《담론과 진실》, 동녘, 2017, 90~93면.

24 미셀 푸코, 위의 책, 2017, 93~101면.

25 사라 밀스 지음, 임경규 옮김, 《현재의 역사가 미셀 푸코》, 앨피, 2008, 52~55면.

26 파스칼 오리, 장-프랑수아 시리넬리 지음, 한택수 옮김, 《지식인의 탄생―드레퓌스부터 현대까지》, 당대, 2005, 5~16면.

27 韓明基, 〈光海君代의 大北勢力과 政局의 動向〉, 《韓國史論》20, 서울대학교 국사학과, 1988.

28 《孤山遺稿》 권2, 〈丙辰疏〉 (이하 인용문의 번역은 한국고전번역원에서 간행한 《고산유고》 1~4, 2011~2015 등을 참조함).

29 《孤山遺稿》 권2, 〈丙辰疏〉.

30 《孤山遺稿》 권2, 〈丙辰疏〉.

31 《광해군일기》 권110, 광해군 8년 12월 丁巳.

[32] 윤선도는 이때부터 벼슬길에 뜻을 두지 않고 자연으로 돌아가 살 생각을 하게 됐다고 뒤에 밝히고 있다《孤山遺稿》권2,〈辭職乞骸疏〉참조).

[33] 吳仁澤,〈朝鮮後期 癸卯·甲戌量田의 推移와 性格〉,《釜大史學》19, 부산대학교 사학회, 1995.

[34]《孤山遺稿》권2,〈乙亥疏〉.

[35]《孤山遺稿》권2,〈乙亥疏〉.

[36]《孤山遺稿》권5下, 雜錄〈供辭 戊寅四月〉, "是以 身自星山還後 不復生意於仕路 以一丘一壑爲置身之所 而有優游畎畝 放浪江海之志矣".

[37] 당시 윤선도는 반대세력으로부터 "사람됨이 바르지 못하고 가정생활이 볼 만한 것이 없었으며 부귀와 사치가 도를 넘고 방종放縱한 행실이 짝이 없었다"는 식으로 비판을 받았다《효종실록》권8, 효종 3년 3월 戊戌 참조).

[38]《효종실록》권9, 효종 3년 10월 庚申.

[39]《孤山遺稿》권5下, 雜錄〈供辭 戊寅四月〉.

[40]《孤山遺稿》권2,〈論元斗杓疏〉.

[41] 吳恒寧,〈朝鮮 孝宗代 政局의 變動과 그 性格〉,《泰東古典硏究》9, 한림대학교 태동고전연구소, 1993.

[42] 吳洙彰,〈仁祖代 政治勢力의 動向〉,《朝鮮時代 政治史의 再照明》, 범조사, 1985;《효종실록》권21, 효종 10년 윤3월 辛未.

[43]《효종실록》권20, 효종 9년 4월 己巳.

[44] 윤선도가 올린 첫 번째 사직상소는 4번 기각당하고 두 번째 사직상소는 13번이나 기각당하였다.

[45]《孤山遺稿》권2,〈論政院壅蔽疏〉;〈論政院壅蔽再疏〉.

[46]《효종실록》권19, 효종 8년 9월 甲子.

[47]《孤山遺稿》권2,〈論政院壅蔽再疏〉.

[48] 배동수,《정여립연구》, 책과공간, 2000.

[49] 金東洙,〈16~17世紀 湖南士林의 存在形態에 대한 一考察—특히 鄭介淸의 門人集團과 紫山書院의 置廢事件을 중심으로 하여〉,《歷史學硏究》Ⅶ, 전남대학교 사학회,

1977.

[50] 《효종실록》 권19, 효종 8년 9월 甲子; 권20, 효종 9년 5월 庚子.

[51] 《孤山遺稿》 권3上, 〈國是疏〉.

[52] 《孤山遺稿》 附錄 〈諡狀〉; 《孤山遺稿》 권4, 〈答權贊善諰抵他人小紙 同年七月〉.

[53] 《孤山遺稿》 권3上, 〈國是疏〉.

[54] 그 이후에도 자산서원은 1752년(영조 28)에 복설되었다가 1762년 훼철되고 1789년(정조 13) 복설되었다가 1868년(고종 5) 대원군의 서원철폐령으로 철폐되고 1957년 복설되는 등 총 6차례 건립되고 5차례 훼철되었다(李炫石, 〈困齋 鄭介淸 先生의 生涯와 學問〉, 《全南 文化財》 창간호, 전라남도, 1988 참조).

[55] 《孤山遺稿》 권5下, 雜錄 〈山陵看審時推考緘答 己亥〉.

[56] 《孤山遺稿》 권3上, 〈論禮疏〉.

[57] 《현종실록》 권2, 현종 1년 4월 甲寅; 《현종개수실록》 권5, 현종 2년 5월 甲寅; 《현종개수 실록》 권7, 현종 3년 4월 己巳.

[58] 李迎春, 〈服制禮訟과 政局變動—第二次禮訟을 中心으로〉, 《國史館論叢》 22, 국사편 찬위원회, 1991, 230면; 鄭萬祚, 〈朝鮮時代 朋黨論의 展開와 그 性格〉, 《朝鮮後期 黨 爭의 綜合的 檢討》, 한국정신문화연구원, 1992, 129~137면; 禹仁秀, 〈朝鮮後期 山林 勢力研究〉, 일조각, 1999, 165면.

[59] 《記言別集》 권19, 丘墓文 〈海翁尹參議碑〉.

[60] 《孤山遺稿》 附錄 〈諡狀〉, "自少寡合 謹交游簡出入 形勢之途 權貴之門 足迹不到".

[61] 《孤山遺稿》 권5下, 〈供辭 戊寅四月〉, "身早聞聖訓 無意干祿 見懷思威 恥受籠絡 不爲 偏黨 不事交遊 性好閑適 心存恬退".

[62] 《孤山遺稿》 권1, 〈送勉夫之勉叔謫所 五絶 丙辰〉.

[63] 《광해군일기》 권88, 광해군 7년 3월 辛未; 권95, 광해군 7년 9월 己卯.

[64] 《孤山遺稿》 권1, 〈寄呈洪勉叔 二首 同年〉.

[65] 《광해군일기》 권111, 광해군 9년 1월 庚午.

[66] 《孤山先生年譜》 권1, 丙辰年 十二月.

[67] 《孤山遺稿》 권5上, 〈抵人書〉, "又當夜寫 故招心腹李洄洪茂業 批燈磨墨寫完".

68 이형李洄은 귀천군龜川君 이수李睟의 종제從弟이다(《광해군일기》권111, 광해군 9년 1월 己卯 참조).

69 《광해군일기》권159, 광해군 12년 12월 戊午.

70 《孤山遺稿》권1, 〈寄李明遠集古 丁未〉.

71 《광해군일기》권111, 광해군 9년 1월 癸酉, "況弘道與善道 李洄 誠胤等 隣居相切 有 踰骨肉 相隨昏夜 如鬼如蜮".

72 《孤山遺稿》권5下, 〈錦山君墓碣銘 幷序〉.

73 《孤山遺稿》권5下, 〈錦山君墓碣銘 幷序〉.

74 김시양은 1618년 영해寧海로 이배되었다가 인조반정으로 풀려났다. 김시양의 생애에 대 해서는 《龍洲遺稿》권20, 〈判中樞府使荷潭金公神道碑銘〉 참조.

75 《孤山遺稿》권5上, 〈抵人書〉.

76 《孤山遺稿》권1, 〈用寄勉叔韻酬樂忘子 二首〉.

77 이해창은 임숙영任叔英의 문인으로 시문에 능하였다(《松坡集》, 〈松坡遺稿序〉 참조).

78 《인조실록》권37, 인조 16년 8월 辛卯, 庚子.

79 이해창은 1644년 유배에서 풀려나는데 윤선도와 마지막으로 주고받은 시는 1652년의 〈復次季夏韻 壬辰〉이다.

80 《孤山遺稿》권1, 〈次韻酬季夏 四首 同年〉.

81 《孤山遺稿》권1, 〈次韻酬李季夏 同年〉.

82 《孤山遺稿》권5下, 〈送張翰歸江東序〉.

83 《孤山遺稿》권1, 〈次韻寄呈松坡居士 李海昌 辛卯〉.

84 《孤山遺稿》권1, 〈李季夏次贈沈希聖韻以寄復用其韻賦三首以謝 同年〉.

85 《龍洲遺稿》권19, 〈贈領議政金將軍神道碑銘〉.

86 《孤山遺稿》권1, 〈題金將軍傳後 三首 辛酉〉.

87 《孤山遺稿》권1, 〈挽鄭同知如麟 同年〉.

88 《孤山遺稿》에는 이 문구에 "이이첨의 아들 이대엽李大燁이 편지를 보내 청탁을 하였으 나 정여린이 답하지 않았다"는 자주自註가 붙어 있다.

89 《孤山遺稿》에는 이 문구에 "정여린이 말이 곧아서 남의 질시를 받았다"는 자주自註가 붙어 있다.

90 《孤山遺稿》권1, 〈和哀林慶業〉.

91 《孤山遺稿》附錄 〈諡狀〉, "自少至老 終始佩服者 唯小學一書 常誦董江都之言曰 正其 誼不謀其利 明其道不計其功 此君子持心處事之要也".

92 《孤山遺稿》권5下, 〈供辭 戊寅四月〉, "平生守義 捨此不爲 七顚八倒於世路 猶復忍而不 能捨".

93 《孤山遺稿》권1, 〈用前韻詠懷 同年〉.

94 《孟子》〈離婁 上〉, "仁 人之安宅也 義 人之正路也 曠安宅而弗居 舍正路而不由 哀 哉".

95 정뇌경鄭雷卿은 윤선도의 제자인 정유악鄭維岳의 부친으로 윤선도 고모의 손서孫壻이기 도 하다(鄭雷卿 神道碑銘 참조).

96 《孤山遺稿》권5下, 〈贈嘉善大夫吏曹參判行通訓大夫侍講院弼善鄭公神道碑銘 幷書 辛丑〉.

97 《孤山遺稿》권5下, 〈通訓大夫行漢城府判官曺公墓碣銘 幷序 丙午〉.

98 《孤山遺稿》권5下, 〈通訓大夫行通禮院相禮李公墓碣銘 幷書〉. 이이원李而遠은 윤선도 와 나이도 비슷하고 이웃에 살아 배우는 것도 함께하고 뜻도 하나같아서 소싯적부터 가 장 친하게 지냈다고 한다. 이이원의 장남인 이만봉李萬封의 딸이 윤선도의 손자인 윤이 후와 결혼하였다.

99 《孤山遺稿》권5下, 〈軍資奉事白公墓碣銘 幷序〉.

100 《孤山遺稿》권1, 〈戲贈路傍人 丁巳〉, "吾事固非時 汝知吾不知 讀書不及汝 可謂天生 痴".

101 《孤山遺稿》권1, 〈復用前韻贈洪獻禮勝二郞〉, "重來如一時 心事有誰知 娘子忽焉沒 無人論我癡".

102 《孤山遺稿》권1, 〈復用前韻贈洪獻禮勝二郞〉.

103 《孤山遺稿》권1, 〈題洪獻義妓趙生帖後〉.

104 《孤山遺稿》권4, 〈答安甥瑞翼別幅 同年九月〉.

[105] 고산孤山은 항주杭州 서호西湖 안에 있는 산처럼 된 조그만 섬으로 북송의 처사處士 임보 林逋가 은거한 곳이기도 하다《孤山遺稿》권6上, 別集 〈冒雪訪孤山〉 참조).

[106] 《孤山先生年譜》권1, 戊戌年 四月.

[107] 《孤山遺稿》권6下 別集, 〈山中新曲〉, 〈五友歌〉.

[108] 박준규, 《유배지에서 부르는 노래》, 중앙M&B, 1997, 225~230면.

[109] 《孤山遺稿》권1, 〈復用前韻贈洪獻禮勝二郎〉.

[110] 《孤山遺稿》권1, 〈偶吟 同年〉.

[111] 《孤山遺稿》권1, 〈三江記事 同年〉.

[112] 《孤山遺稿》권1, 〈消氷花 幷序 辛丑〉.

[113] 《孤山遺稿》권1, 〈消氷花 幷序 辛丑〉.

[114] 《孟子》告子章句上, "心之所同然者 何也 謂理也 義也".

[115] 《孟子》告子章句上, "聖人先得我心之所同然耳 故義理之悅我心 猶芻豢之悅我口".

[116] 《孤山遺稿》권1, 〈仝何閣 己酉〉.

II. 학문과 사상적 특징

[1] 文永午, 《孤山 尹善道硏究》, 태학사, 1983; 金信中, 〈孤山文學의 性理學的 背景 硏究〉, 《孤山硏究》2, 1988; 元容文, 〈尹善道 文學의 思想的 背景〉, 《韓國言語文學》28, 한국언어문학회, 1988; 원용문, 〈윤선도의 문학과 경학經學〉, 《청람어문학》1, 청남어문학회, 1988; 柳年錫·崔美愛, 〈孤山 尹善道의 時調에 나타난 思想性 硏究〉, 《科學과 敎育》9, 순천대학교 과학교육연구소, 2001.

[2] 李迎春, 〈第一次禮訟과 尹善道의 禮論〉, 《淸溪史學》6, 청계사학회, 1989; 〈孤山 尹善道의 학문과 예론〉, 《국학연구》9, 한국국학진흥원, 2006.

[3] 黃義東, 〈尹善道의 哲學思想 硏究〉, 《道山學報》7, 도산학술연구원, 1999.

[4] 鄭允燮, 〈'綠雨堂' 海南尹氏家의 學問과 藝術〉, 《지방사와 지방문화》6권 1호, 역사문

화학회, 2003; 정무곤, 〈조선시대 家訓의 成立過程 연구〉, 《藏書閣》 15, 한국학중앙연구원, 2006; 이홍식, 〈가학의 전통과 공재 윤두서〉, 《溫知論叢》 32, 온지학회, 2012.

5 이종범, 〈孤山 尹善道의 出處觀과 政論〉, 《大丘史學》 74, 대구사학회, 2004; 〈海南尹氏家의 學問과 朋黨政治〉, 《韓國服飾》 27, 단국대학교 석주선기념관, 2009.

6 장춘석, 〈孤山 윤선도의 經世致用에 관한 연구〉, 《호남문화연구》 30, 전남대학교 호남문화연구소, 2002; 배우성, 〈사회경제정책 논의의 정치적 성격〉, 《조선중기 정치와 정책》, 아카넷, 2003.

7 오항녕, 〈고산(孤山) 윤선도(尹善道)의 정치활동과 경세론(經世論)〉, 《한국사학보》 46, 고려사학회, 2012.

8 장세호, 〈고산 윤선도의 예송관〉, 《韓國文化와 思想》 71, 한국사상문화학회, 2014.

9 玄京鎔, 〈孤山 尹善道의 風水思想 硏究〉, 대전대학교 박사학위논문, 2013; 金柄憲, 〈孝宗大王 寧陵의 擇山 논쟁〉, 《朝鮮時代史學報》 69, 조선시대사학회, 2014; 박권수, 〈孤山 尹善道의 山論 연구〉, 《한국문화》 72, 서울대학교 규장각한국학연구원, 2015.

10 안상우, 〈海南尹氏 孤山 尹善道의 醫藥事跡〉, 《도서문화》 46, 목포대학교 도서문화연구원, 2015.

11 安承俊, 〈16~18世紀 海南尹氏家門의 土地·奴婢所有實態와 經營〉, 《淸溪史學》 6, 1989; 박준규, 《유배지에서 부르는 노래》, 중앙M&B, 1997; 한상권, 〈17세기 중엽 해남 윤씨가의 노비소송〉, 《古文書硏究》 39, 한국고문서학회, 2011; 정윤섭, 《해남윤씨가의 간척과 도서 경영》, 민속원, 2012; 고미숙, 《윤선도평전》, 한겨레출판, 2013; 김현영 외, 〈해남윤씨 고문서를 통해 본 17세기의 신분질서와 친족〉, 《역사와 현실》 87, 한국역사연구회, 2013; 정윤섭, 《녹우당─해남윤씨 댁의 역사와 문화예술》, 열화당, 2015.

12 고영진, 〈호남사림의 학맥과 사상〉, 혜안, 2007, 67~71면에서 호남유학사상사에서의 윤선도의 위치를 간단히 언급한 정도이다.

13 《孤山遺稿》 附錄 〈諡狀〉.

14 윤인숙은 네크워크 제도주의 이론에 기반해 중종 대 활동했던 사림들을 아예 '소학 실천자'라는 용어로 개념화하고 이들의 네트워크 형성과정과 정치사회적 구상, 소학실천운동 등을 살펴보았다(윤인숙, 《조선 전기의 사림과 〈소학〉》, 역사비평사, 2015 참조).

15 《孤山遺稿》, 附錄 〈諡狀〉.

16 《孤山先生年譜》권1, 戊辰年 三月.

17 《孤山遺稿》권2, 〈陳時務八條疏〉.

18 《孤山遺稿》권5上, 〈寄大兒書〉.

19 윤선도가 윤인미에게 보낸 서신은 윤선도의 고손인 윤덕희尹德熙가 1767년(영조 43) 〈충
헌공가훈忠憲公家訓〉이란 이름으로 성책成冊하였으며 《孤山遺稿》(현재 남아 있는 판본은
1796년(정조 20)에 간행된 것임)에는 〈기대아서寄大兒書〉란 이름으로 수록되어 있다. 그런
데 간찰과 〈충헌공가훈〉의 내용은 내용상 일치하는 것으로 보이며 〈기대아서〉와는 약간
의 차이가 있다. 이는 문집을 편집하면서 집안에 이롭지 않은 내용은 의도적으로 뺐기
때문이 아닌가 생각된다(정무곤, 〈조선시대 家訓의 成立過程 연구〉, 《장서각》15, 2006 참조).

20 정윤섭은 윤선도집안의 《소학》을 중시하는 가학의 전통이 윤선도의 고조인 윤효정尹孝
貞부터 비롯되었다고 보고 그 근거로 '삼개옥문적선지가三開獄門積善之家'로 상징되는
위민사상爲民思想을 들고 있으나, 《소학》에 관한 직접적인 기록은 없어 좀 더 검토가 필
요하다(정윤섭, 〈'綠雨堂' 海南尹氏家의 學問과 藝術〉, 《지방사와 지방문화》 6권 1호, 2003 참
조).

21 이홍식, 〈가학의 전통과 공재 윤두서〉, 《溫知論叢》 32, 온지학회, 2012.

22 《海南尹氏文獻》 권16, 〈恭齋公行狀〉.

23 《大學章句》, 〈大學章句序〉; 《小學》, 〈小學書題〉.

24 《大學或問》, 〈總論〉.

25 《小學集註》, 〈總論〉.

26 주자의 《소학》과 《대학》을 연계한 교육론에 대해서는 황금중, 〈朱子의 小學·大學 教育
論〉, 《朱子思想과 朝鮮의 儒者》, 혜안, 2003 참조.

27 《退溪集》 권7, 〈聖學十圖箚〉 第三小學圖.

28 《小學集註》〈總論〉.

29 물론 격물치지格物致知의 중요성에 대한 윤선도의 언급은 이미 그 이전인 1620년대에 보
이고 있다(《孤山遺稿》 권6上, 〈對春策〉 참조).

30 《孤山遺稿》 권4, 〈答鄭進士吉甫大學問目 戊戌臘月〉.

31 《孤山遺稿》 권4, 〈答鄭進士吉甫大學問目 同年臘月〉別紙.

32 《孤山遺稿》권4, 〈與鄭進士吉甫書 同年正月〉格物物格說.

33 《孤山遺稿》권4, 〈與鄭進士吉甫書 己亥正月〉別幅.

34 《退溪集》권18, 〈答奇明彦〉, "及其言物格也 則豈不可謂物理之極處 隨吾所窮而無不到乎".

35 이황의 이도설理到說에 대해서는 文錫胤, 〈퇴계에서 리발(理發)과 리동(理動), 리도(理到)의 의미에 대하여—리(理)의 능동성 문제〉, 《退溪學報》110, 퇴계학연구원, 2001 참조.

36 전병욱, 〈퇴계 철학에서 '理到'의 문제〉, 《東洋哲學》38, 한국동양철학회, 2012.

37 《退溪集》권18, 〈答奇明彦〉, "但恐吾之格物有未至 不思理不能自到也".

38 《孤山遺稿》권6上, 〈董仲舒賈誼優劣論〉.

39 황의동은 윤선도의 학문적 특징으로 《소학》의 중시와 실천, 심학적心學的 기풍氣風을 들었으며, 현경용은 윤선도가 소학 중시와 더불어 마음의 주재성과 실천성을 강조했다고 보았다(黃義東, 〈尹善道의 哲學思想 研究〉, 《道山學報》7, 도산학술연구원, 1999와 玄京鎔, 〈孤山 尹善道의 風水思想 研究〉, 대전대학교 박사학위논문, 2015, 15~22면 참조).

40 《孤山遺稿》권6上, 〈對經傳宗旨策〉.

41 陳來, 《주희의 철학》, 예문서원, 2002, 365~406면; 황금중, 〈朱子의 小學·大學 敎育論〉, 《朱子思想과 朝鮮의 儒者》, 혜안, 2003.

42 《大學或問》, 〈總論〉.

43 《孤山遺稿》권4, 〈答鄭進士吉甫別幅 同年三月〉.

44 金信中, 〈孤山文學의 性理學的 背景 研究〉, 《孤山研究》2, 고산연구회, 1988.

45 《孤山遺稿》권4, 〈答鄭進士吉甫問目 同年九月〉.

46 《孤山遺稿》권5下, 〈供辭 戊寅四月〉; 〈山陵看審時推考緘答 己亥〉.

47 《孤山遺稿》권4, 〈答邊舒川麟吉書 戊戌〉.

48 《孤山遺稿》, 附錄 〈諡狀〉.

49 《孤山遺稿》권3上, 〈論禮疏〉.

50 《孤山遺稿》권3上, 〈禮說上〉.

51 金允濟, 〈南冥 曹植의 學問과 出仕觀—退溪 李滉과의 비교를 중심으로〉, 《韓國史論》

24, 서울대학교 국사학과, 1991.

52 《愚得錄》 권1, 〈道學之要〉, "愚謂千聖相傳道學之要 不過敬義禮而已"(정개청의 학문에 대해서는 고영진, 《조선중기 예학사상사》, 한길사, 1995, 120~132면 참조).

53 《孤山遺稿》 권2, 〈時弊四條疏〉.

54 《孤山遺稿》 권2, 〈陳時務八條疏〉 畏天.

55 《孤山遺稿》 권3上, 〈辭工曹參議疏〉.

56 《孤山遺稿》 권2, 〈時弊四條疏〉.

57 《孤山遺稿》 권2, 〈己丑疏〉.

58 《孤山遺稿》 권2, 〈己丑疏〉.

59 《孤山遺稿》 권2, 〈陳時務八條疏〉 典學有要.

60 적교迪教는 떳떳한 가르침으로 백성을 이끌어주는 것이고 소부疏附는 아랫사람을 거느려 윗사람을 친하게 하는 것이며 선후先後는 앞서고 뒤서서 서로 이끌어주는 것이고 분주奔走는 사방에 나가서 왕의 덕을 알리며 선양하는 것이며 어회禦侮는 적의 침입을 막는다는 의미이다.

61 《孤山遺稿》 권2, 〈陳時務八條疏〉 辨人才.

62 4년 뒤에 저술한 《응지소應旨疏》에서도 윤선도는 인재를 상품上品, 중품中品, 하품下品 등 3등급으로 구별하고 있어 이 《진시무팔조소》의 인재 3등급론과 연관성이 있는 것처럼 보이지만, 내용을 확인해보면 별개의 서술로 보인다.

63 《孤山遺稿》 권2, 〈陳時務八條疏〉 辨人才.

64 《孤山遺稿》 권2, 〈應旨疏〉.

65 《孤山遺稿》 권2, 〈乙亥疏〉.

66 《孤山遺稿》 권4, 〈呈全南方伯書 丙申〉.

67 《孤山遺稿》 권3下, 〈上錦溪君朴東亮書 丁卯〉.

68 《孤山遺稿》 권6上, 別集 〈對兵家長技策〉.

69 《孤山遺稿》 권2, 〈陳時務八條疏〉 强國有道.

70 《孤山遺稿》 권3上, 〈辭工曹參議疏〉.

[71] 《孤山遺稿》권3上, 〈辭工曹參議疏〉.

[72] 《孤山遺稿》권2, 〈應旨疏〉.

[73] 《孤山遺稿》권2, 〈應旨疏〉.

[74] 《孤山遺稿》권2, 〈應旨疏〉.

[75] 《孤山遺稿》권2, 〈陳時務八條疏〉破朋黨.

[76] 《孤山遺稿》권2, 〈陳時務八條疏〉破朋黨.

[77] 《孤山遺稿》권2, 〈陳時務八條疏〉破朋黨, "洪範曰 凡厥庶民 無有淫朋 人無有比德 惟 皇作極 嗚呼 皇苟作極 則淫朋比德自當影滅 是以朋黨之患 必在衰季而不在盛世矣".

[78] 배우성, 〈사회경제정책 논의의 정치적 성격〉, 《조선중기 정치와 정책》, 아카넷, 2003, 352~353면.

[79] 鄭萬祚, 〈朝鮮時代 朋黨論의 展開와 그 性格〉, 《朝鮮後期 黨爭의 綜合的 檢討》, 한국 정신문화연구원, 1992, 138~140면.

[80] 《孤山遺稿》권2, 〈陳時務八條疏〉破朋黨.

[81] 《孤山遺稿》권5下, 雜著 〈己亥春見東皐栗谷兩公文集有感〉.

[82] 윤선도는 또 다른 글에서 이준경이 학문, 덕행, 문장, 사업이 만대토록 군자의 모범이 될 만하며 자신이 평생토록 높이 앙모仰慕하였다고 밝히고 있다(《孤山遺稿》권5下, 〈通訓大 夫行通禮院相禮李公墓碣銘 幷序〉참조).

[83] 鄭萬祚, 〈朝鮮時代 朋黨論의 展開와 그 性格〉, 《朝鮮後期 黨爭의 綜合的 檢討》, 한국 정신문화연구원, 1992에서는 박세채의 황극탕평론皇極蕩平論의 특징으로 1. 주자의 붕 당론 그 자체를 비판하는 입장을 취함, 2. 군주에게 인물 변별이나 시비是非 판정을 귀 속시킨 황극설皇極說, 3. 용인用人에 있어 붕당 단위가 아닌 개인 단위의 출척黜陟을 주 장 등 3가지를 들었는데 이는 윤선도의 주장과 거의 다르지 않다. 한편 설석규, 《朝鮮中 期 士林의 道學과 政治哲學》, 경북대학교 출판부, 2009에서는 16세기 사림의 붕당론 을 북인의 군자소인론君子小人論, 남인의 조제탕평론調劑蕩平論, 서인의 보합론保合論 등 셋으로 나누고 조제탕평론의 대표적인 인물로 유성룡을 다루고 있어 눈길을 끈다.

[84] 《孤山遺稿》권2, 〈時弊四條疏〉.

[85] 《孤山遺稿》권2, 〈應旨疏〉.

86 《孤山遺稿》 권2, 〈時弊四條疏〉.

87 《孤山遺稿》 권2, 〈乙亥疏〉.

88 《孤山遺稿》 권2, 〈乙亥疏〉.

89 吳仁澤, 〈朝鮮後期 癸卯·甲戌量田의 推移와 性格〉, 《釜大史學》 19, 부산대학교 사학회, 1995.

90 《孤山遺稿》 권2, 〈乙亥疏〉.

91 《孤山遺稿》 권2, 〈乙亥疏〉.

92 《孤山遺稿》 권2, 〈乙亥疏〉.

93 吳恒寧, 〈朝鮮 孝宗代 政局의 變動과 그 性格〉, 《泰東古典硏究》 9, 한림대학교 태동고전연구소, 1993.

94 《孤山遺稿》 권2, 〈時弊四條疏〉.

95 《孤山遺稿》 권2, 〈時弊四條疏〉.

96 《孤山遺稿》 권2, 〈時弊四條疏〉.

97 《孤山遺稿》 권2, 〈時弊四條疏〉.

98 《孤山遺稿》 권2, 〈時弊四條疏〉.

99 《孤山遺稿》 권2, 〈時弊四條疏〉.

100 《孤山遺稿》 권2, 〈應旨疏〉, "天人感應之理盖如是也……臣之去冬之疏所陳四弊 皆主於安民 安民非弭災之道乎".

101 《孤山遺稿》 권2, 〈應旨疏〉.

102 《孤山遺稿》 권6上, 〈對法制策〉.

103 《孤山遺稿》 권6上, 〈董仲舒賈誼優劣論〉.

104 《孤山遺稿》 권2, 〈時弊四條疏〉.

105 《記言別集》 권19, 丘墓文 〈海翁尹參議碑〉, "島民築城事 上特罷之 而移沿海諸漁子 亦多議不果移".

106 오항녕, 〈고산(孤山) 윤선도(尹善道)의 정치활동과 경세론(經世論)〉, 《한국사학보》 46, 2012.

107 《孤山遺稿》 권4, 〈呈全南方伯書 丙申〉.

[108] 《孤山遺稿》권4, 〈呈全南方伯書 丙申〉.

[109] 아울러 윤선도는 이것을 즉시 현판에 새겨 대청에 걸어놓고 길이 감계鑑戒로 삼아야 한다고 강조하였다(《孤山遺稿》권5下, 〈鄕社堂條約 丙申〉 참조).

[110] 《孤山遺稿》권5下, 〈鄕社堂條約 丙申〉.

[111] 대동법의 시행 과정과 의의에 대해서는 이정철,《대동법, 조선 최고의 개혁—백성은 먹는 것을 하늘로 삼는다》, 역사비평사, 2010 참조.

[112] 감색은 감관監官과 색리色吏로, 감관은 물품의 출입을 맡은 관리이고 색리는 담담 향리이다.

[113] 《孤山遺稿》권3上, 〈論政院壅蔽再疏〉.

[114] 윤선도가 1656년 올린 〈응지소〉에서 유일하게 효종 초년 호서대동법 시행을 주도했던 민응형閔應亨을 기용할 것을 청한 것에서도 대동법에 대한 그의 인식을 읽어볼 수 있지 않을까 생각된다(《孤山遺稿》권2, 〈應旨疏〉 참조).

[115] 구체적으로 부국론富國論은 국가재정 해결을 최우선적인 과제로 내세우며 인조 대 호패법·양전·동전 유통 등을, 효종 대에는 군비 강화와 노비 추쇄 등을 주도했다고 보고 최명길과 원두표 등 서인 공신계열 일부와 김세렴 등 북인계 인물을 대표적으로 들었다. 반면 관료적 안민론은 안민이 급선무며 안민에 도달하기 위해서는 백성에게 이득이 되는 정책을 시행해야 한다고 주장하며 '제도를 통한 안민'을 추구했다고 보고 대동법 시행을 일관되게 주장한 서인계열의 조익과 김육, 남인계열의 이원익 등을 대표적으로 들었다. 산림적 안민론도 안민을 우선시 했지만 왕도의 추구를 통해서 안민적 상황이 달성될 수 있다고 보고 제도적 대안은 공리적 목적이 배제되고 다른 모든 여건이 조성되었을 때 제한적으로 고려될 뿐이라고 보았다. 서인 산림과 남인 산림 대부분이 여기에 속한다고 보았다. 그런데 효종 대에 들어오면서 송시열을 비롯한 서인계에서는 대동법 등 제도 개혁에 점점 관심을 갖게 되면서 산림적 안민론과 관료적 안민론을 수렴해가는 과정을 거친 반면 허목 등 남인계는 기존의 산림적 안민론을 계속 견지했던 것으로 보고 윤선도도 거기에 포함시켰다(배우성, 〈사회경제정책 논의의 정치적 성격〉,《조선 중기 정치와 정책》, 아카넷, 2003 참조).

[116] 《孤山遺稿》권2, 〈時弊四條疏〉.

[117] 《孤山遺稿》권1, 〈南歸記行 辛亥〉; 〈次歡喜院壁上韻 癸酉〉; 〈李季夏次贈沈希聖韻以

寄復用其韻賦三首以謝 壬辰〉.

[118] 《孤山遺稿》 권4, 〈答李玄風必成書 壬申〉.

[119] 《孤山遺稿》 권4, 〈答白生員尙賓書 乙亥〉.

[120] 《孤山遺稿》 권4, 〈答李玄風必成書 壬申〉, 〈答白生員尙賓書 乙亥〉.

[121] 당시 사용했던 '사가私家'라는 용어는 주로 일반 사대부가를 의미하였다.

[122] 최장방最長房은 4대 8촌 이내의 자손 가운데 가장 항렬이 높은 연장자를 말한다.

[123] 《孤山遺稿》 권3下, 〈答族叔書 庚申〉.

[124] 《孤山遺稿》 권4, 〈與李進士萬封書 辛丑〉; 〈答李進士萬封書 辛丑七月〉; 〈答李進士萬
封書 壬寅二月〉.

[125] 《孤山遺稿》 권4, 〈與李進士萬封書 辛丑〉.

[126] 《孤山遺稿》 권4, 〈答李進士萬封書 壬寅二月〉, "嫡統爲重 是萬世通經常誼 豈可諉以
先祖已定 旣沒而不當改正也".

[127] 《孤山遺稿》 권3上, 〈論禮疏〉.

[128] 《論語集註》, 〈學而〉, "禮者 天理之節文 人事之儀則".

[129] 《孤山遺稿》 권3上, 〈論禮疏〉.

[130] 《孤山遺稿》 권3上, 〈論禮疏〉.

[131] 《孤山遺稿》 권3上, 〈論禮疏〉.

[132] 《儀禮注疏》 권29, 喪服第十一 斬衰 父爲長子, "第一子死也 則取嫡妻所生第二長子
立之 亦名長子".

[133] 《儀禮注疏》 권29, 喪服第十一 斬衰 父爲長子, "若然 雖承重不得三年有四種 一則正
體不得傳重 謂嫡子有廢疾不堪主宗廟也 二則傳重非正體 庶孫爲後是也 三則體而不
正 立庶子爲後是也 四則正而不體 立嫡孫爲後是也".

[134] 《記言》 권64, 拾遺 〈追正喪服失禮疏〉; 〈再疏上喪服圖〉; 〈三疏〉.

[135] 《宋子大全》 권26, 〈大王大妃服制議 庚子 三月二十三日〉.

[136] 《宋子大全》 권26, 〈練服變改及許穆圖說辨破議 庚子 四月〉.

[137] 《燃藜室記述》 권32, 肅宗朝故事本末 〈宋時烈碁三年服制辨〉.

138 《孤山遺稿》권3上,〈論禮疏〉.

139 《孤山遺稿》권3上,〈論禮疏〉.

140 《孤山遺稿》권3上,〈論禮疏〉.

141 《孤山遺稿》권3上,〈禮說上〉.

142 《孤山遺稿》권3上,〈禮說上〉.

143 《孤山遺稿》권3上,〈禮說上〉.

144 《孤山遺稿》권3上,〈禮說上〉.

145 《禮記》권3,〈檀弓上〉.

146 《孤山遺稿》권3上,〈禮說上〉.

147 〈禮說下〉의 내용도 대부분 종통적통설과 관련한 것으로 〈禮說上〉의 내용과 별 차이가 없다.

148 《현종개수실록》권3, 현종 2년 6월 庚辰.

149 李迎春,〈第一次禮訟과 尹善道의 禮論〉,《清溪史學》6, 1989; 李成茂,〈17世紀 禮論과 黨爭〉,《朝鮮後期 黨爭의 綜合的 檢討》, 한국정신문화연구원, 1992; 李元澤,〈현종대의 服制論爭과 公私義理에 관한 연구〉, 서울대학교 박사학위논문, 2000.

150 고영진,《조선시대 사상사를 어떻게 볼 것인가》, 풀빛, 1999, 93~96면.

151 《현종실록》권4, 현종 2년 4월 庚子.

152 《현종실록》권6, 현종 4년 4월 丙辰.

153 《현종개수실록》권15, 현종 7년 3월 乙巳.

154 《현종개수실록》권15, 현종 7년 3월 壬寅.

155 李迎春,〈第一次禮訟과 尹善道의 禮論〉,《青溪史學》6, 1989.

156 《白湖集》권26, 雜著〈書宋貳相小說後〉;〈答許正穆論服制疏書 別紙〉;〈與李承旨惟泰書〉.

157 《記言別集》권19, 丘墓文〈海翁尹參議碑〉.

158 윤선도가 지은 〈낙서재樂書齋〉와 이경여李敬輿가 윤선도에게 보낸 시를 보면 그가 낙서재에 많은 책을 소장하고 있음을 알 수 있다《孤山遺稿》권1,〈樂書齋 丁丑〉,"一把茅雖低

五車書亦夥 豈徒消我憂 庶以補吾過"; 〈和李政丞 三首 丙戌 元韻〉, "滄溟獨灑孤臣淚 石室方
開萬卷書 牛地卽今天壤別 鷦鷯空羨北溟魚" 참조).

159 《孤山遺稿》, 附錄 〈諡狀〉.

160 《孤山遺稿》 권1, 〈代張子浩遊三角山寺寄城中友生 癸卯〉.

161 윤선도가 장자호에게 보낸 시에는 "춘추사春秋寺 절간 속에 홀로 앉아 있노라니 쩡쩡
벌목伐木 소리에 산은 어느새 저녁이라"라는 구절이 있어 윤선도가 산사에서 머물며 이
시를 쓰고 있음을 알 수 있다(《孤山遺稿》 권1, 〈次韻酬張子浩 丁未〉 참조).

162 《孤山遺稿》 권1, 〈南歸記行 辛亥〉.

163 《孤山遺稿》 권1, 〈題礪山彌勒堂 壬子〉. 윤선도가 미륵당에서 시를 읊은 그해 윤선도
의 부친이 임종하였다.

164 《孤山遺稿》 권1, 〈遊大屯寺次楣上韻 三首〉.

165 이 시들은 문집의 배열상 40대 초반인 1627~1628년경에 쓴 것으로 보인다.

166 정윤섭, 《녹우당―해남윤씨 댁의 역사와 문화예술》, 열화당, 2015, 150~153면.

167 《孤山遺稿》 권1, 〈謝隣僧來助墾荒 二首 癸未〉.

168 文永午, 《孤山 尹善道研究》, 태학사, 1983, 24~27면.

169 《孤山遺稿》 권1, 〈淨深菴 辛丑〉.

170 《孤山遺稿》 권1, 〈集古寄虛白老師 乙未〉. 허백당虛白堂은 유정惟政의 제자이다.

171 元容文, 〈尹善道 文學의 思想的 背景〉, 《韓國言語文學》 28, 1988.

172 《孤山遺稿》 권1, 〈將遊靑鶴洞寄李子馨 辛未〉.

173 《孤山遺稿》 권1, 〈遊伽倻山 二首 乙亥〉.

174 元容文, 《孤山 尹善道의 詩歌 研究》, 국학자료원, 1996.

175 《孤山遺稿》 권1, 〈用前韻戲作遊仙辭求和 戊寅〉.

176 《孤山遺稿》 권1, 〈次韻酬東溟 四首〉.

177 《孤山遺稿》 권1, 〈戲次方丈山人芙蓉釣叟歌 壬辰〉.

178 《孤山遺稿》 권4, 〈上禮曹判書書 壬申〉.

179 《인조실록》 권26, 인조 10월 11월 丁丑; 《孤山先生年譜》 권1, 甲申年 二月, 丁酉年 九

月.

180 《孤山遺稿》권3上, 〈乞骸疏〉; 〈乞骸再疏〉.

181 《孤山先生年譜》권1, 庚子年 二月.

182 《孤山遺稿》권3上, 〈辭工曹參議再疏〉.

183 《孤山遺稿》권4, 〈上禮曹判書崔鳴吉書 同年〉.

184 안상우는 윤선도의 의학관醫學觀을, 송대 유학에서 제기되어 조선의 사대부들에게 점
차 확산되어간 유의儒醫로서의 의유동도醫儒同道의 입장으로 보고 명대 중기나 조선 후
기에 주로 나타나는 '기유위의棄儒爲醫' 입장과는 다르다고 보았다(안상우, 2015, 〈海南尹
氏 孤山 尹善道의 醫藥事跡〉, 《도서문화》46, 목포대학교 도서문화연구원 참조).

185 《孤山遺稿》권2, 〈甲申疏〉.

186 《孤山遺稿》권2, 〈甲申疏〉.

187 《孤山先生年譜》권3, 附錄 〈遺事〉.

188 정윤섭, 《녹우당—해남윤씨 댁의 역사와 문화예술》, 열화당, 2015, 156면.

189 《孤山先生年譜》권1, 壬辰年 十一月.

190 윤선도가 언제 어떻게 풍수를 배웠는가에 대해서는 확실하지 않으나 광해군 대 교하천
도론交河遷都論을 주장했던 이의신李懿信과 인척관계였으며 윤선도의 금쇄동 묘자리를
둘러싼 그와 이의신과의 일화가 지금까지 남아 있는 것으로 보아 이의신에게 풍수를 배
웠을 가능성이 높다고 생각된다(정윤섭, 《녹우당—해남윤씨 댁의 역사와 문화예술》, 열화당,
2015, 94면 참조).

191 《현종실록》권1, 현종 즉위년 5월 丁丑.

192 《孝宗寧陵山陵都監儀軌》5월 16일.

193 《孤山遺稿》권4, 〈上摠護使沈之源書 同年六月〉.

194 홍제동은 현종이 거리가 멀다는 이유로 채택하지 않았다(《현종실록》권1, 현종 즉위년 6월
19 戊申 참조).

195 《孤山遺稿》권5下, 〈山陵議〉水原戶長家後山.

196 형세풍수론形勢風水論은 당대에 체계화되기 시작하여 용龍·혈穴·사砂·수水라는 4분법
으로 구성된 논리체계를 이루게 되는데 용을 보는 방법론인 간룡법看龍法, 혈을 정하는

규칙과 방법론인 정혈법定穴法, 주변 산세의 모양을 따지는 장풍법藏風法, 물이 들어오고 나감을 보는 득수법得水法 등이 그것이다. 윤선도는 자연의 형세가 근본이 되고 그에 따른 음양의 쓰임은 부수적이라는 것을 분명히 밝히고 있다(玄京鎬, 〈孤山 尹善道의 風水思想 硏究〉, 대전대학교 박사학위논문, 2013, 194~195면 참조).

[197] 《현종실록》 권1, 현종 즉위년 7월 2일 辛酉.

[198] 이때 윤선도는 아파서 간심 초심初審에는 참여하지 못하고 대신 종의 이름으로 상보狀報를 올리고 뒤에 간심 재심再審에 참여하였다(《현종실록》 권1, 현종 즉위년 7월 癸亥 참조).

[199] 효종 영릉 택산 논쟁에 대해서는 金柄憲, 〈孝宗大王 寧陵의 擇山 논쟁〉, 《朝鮮時代史學報》 69, 2014 참조.

[200] 나문拿問을 청하는 탄핵을 받은 직후 황도명에게 보낸 편지에서, 윤선도는 조정이 1차로 염습斂襲을 잘못하고 2차로 재궁梓宮에 착오를 빚게 하였으며 3차로 산릉山陵을 그르치려 한다고 지적하였다(《孤山遺稿》 권4, 〈答黃瑞山道明書 己亥 七月〉 참조).

[201] 《孤山遺稿》 권5下, 〈山陵看審時推考緘答 己亥〉.

[202] 《孤山遺稿》 권4, 〈答沈承旨光洙書 同年六月〉.

[203] 《현종실록》 권21, 현종 14년 3월 甲午.

[204] 《弘齋全書》 권58, 〈遷奉〉 5, "故參議尹善道錄其後 又命購給家垈於水原新治".

[205] 《孤山遺稿》는 정조의 명에 의하여 1780년(정조 4) 전라감사 서유린이 간행하였으며 1796년 전라감사 서정수가 윤선도 본가의 목판본을 수정·보완하여 재차 간행하였다(《孤山先生年譜》 권3, 附錄 〈遺事〉 참조).

[206] 《弘齋全書》 권57, 〈雜著〉 4.

[207] 《弘齋全書》 권57, 〈雜著〉 4.

[208] 박권수, 〈孤山 尹善道의 山論 연구〉, 《한국문화》 72, 2015.

[209] 《孤山遺稿》 권1, 〈秋夜偶吟次古韻〉; 〈次韻酬東溟 四首〉; 〈樂書齋偶吟〉; 〈集古寄伴琴 甲申〉; 〈孤山松林聞琴蓬有感 壬辰〉.

[210] 《孤山遺稿》 권6下, 別集 〈山中續新曲 二章〉 古琴詠.

[211] 《孤山遺稿》 권6上, 別集 〈客心洗流水 戊子〉.

[212] 《孤山遺稿》 권1, 〈贈別權伴琴 癸未〉,

213 백아伯牙는 춘추시대 거문고 명인인데 그가 거문고에 뜻을 담아 연주하면 친구인 종자기鍾子期가 반드시 그 뜻을 알고 평하였는데, 종자기가 죽자 백아는 더 이상 지음知音이 없다고 탄식하며 거문고 줄을 끊어버리고 다시는 거문고를 타지 않았다고 한다. 이에 연유한 말이 백아절현伯牙絶絃이다(박준규, 《유배지에서 부르는 노래》, 중앙M&B, 1997, 333~334면 참조).

214 《孤山遺稿》권6下, 別集〈贈伴琴〉.

215 《孤山先生年譜》권1, 甲辰年 九月.

216 《孤山遺稿》권5上,〈答趙龍洲別幅 同年九月〉.

217 《論語》第八, 泰伯.

218 윤선도집안의 종택인 녹우당에는 지금도 윤선도가 손수 다루던 거문고가 보존되어 내려오고 있으며 거문고 제작과 사용 방법을 수록해놓은 책인 《회명정측悔暝霆側》이 남아 있다고 한다(鄭允燮,〈'綠雨堂' 海南尹氏家의 學問과 藝術〉,《지방사와 지방문화》6권 1호, 2003 참조).

219 정윤섭,《녹우당─해남윤씨 댁의 역사와 문화예술》, 열화당, 2015, 101~104면.

220 《海南尹氏文獻》권16,〈恭齋公行狀〉.

221 이서는 서예에 능해 옥동체玉洞體를 창안했는데 일명 '동국진체東國眞體'라고 불린다.

222 심득경은 심단沈檀의 둘째 아들로 큰 아버지 심주沈柱가 후사가 없자 양자로 갔다.

223 윤두서로부터 시작된 화가의 맥은 아들 윤덕희尹德熙, 손자 윤용尹愹에게까지 이어졌다. 또한 윤덕희는 녹우당에 전해 내려오는 수많은 전적들과 서화를 체계적으로 정리하였다. 윤선도집안이 오늘날 풍부한 문헌자료를 갖게 된 데에는 그의 공이 크다.

224 鄭允燮,〈'綠雨堂' 海南尹氏家의 學問과 藝術〉,《지방사와 지방문화》6권 1호, 2003.

225 黃義東,〈尹善道의 哲學思想 硏究〉,《道山學報》7, 1999; 이종범,〈孤山 尹善道의 出處觀과 政論〉,《大丘史學》74, 2004; 이영춘,〈孤山 尹善道의 학문과 예론〉,《국학연구》9, 2006; 오항녕,〈고산(孤山) 윤선도(尹善道)의 정치활동과 경세론(經世論)〉,《한국사학보》46, 2012.

226 《孤山遺稿》, 附錄〈諡狀〉.

227 《孤山遺稿》, 附錄〈諡狀〉.

III. 다양한 네트워크

[1] 윤광전이 처가 데리고 온 노비 1구를 아들 윤단학尹丹鶴에게 증여한 것을 기록한 〈奴婢許與文記〉를 보면 윤광전이 강진에 살았음을 알 수 있다.

[2] 安承俊, 〈16~18世紀 海南尹氏家門의 土地·奴婢所有實態와 經營—海南 尹氏古文書를 중심으로〉, 《淸溪史學》 6, 1989.

[3] 최부崔溥는 윤효정의 장인 정귀영鄭貴瑛의 형인 정귀감鄭貴瑊의 사위였다.

[4] 윤유기는 윤의중의 차남으로 큰아버지 윤홍중의 양자로 들어갔다.

[5] 윤선도는 윤의중의 장남인 윤유심의 차남으로 윤유기의 양자로 들어갔다. 본래 윤유기는 윤선도의 친 작은아버지였다.

[6] 윤이후는 윤의미의 차남으로 윤예미의 양자로 들어갔다. 윤선도의 차남인 윤의미 또한 윤유심의 장남인 윤선미尹善言의 양자로 들어갔다.

[7] 관직은 《海南尹氏族譜》(壬午譜, 1702)에 기록된 그대로 적었다.

[8] 이해준, 〈조선후기 '문중화' 경향과 친족조직의 변질〉, 《역사와 현실》 48, 2003.

[9] 윤유익尹唯益은 윤복尹復의 장남인 윤강중尹剛中의 차남으로 형인 윤유겸尹唯謙이 남자 후손이 없이 이이첨의 복심으로 인조반정 때 사형당하자 집안의 제사를 주관하였다.

[10] 《孤山遺稿》 권3下, 〈答族叔書〉.

[11] 이만봉李萬封은 윤이후尹爾厚 처의 둘째 오빠이며 조부인 이이원李而遠은 윤선도의 어릴 적부터 친구였다.

[12] 《孤山遺稿》 권4, 〈與李進士萬封書 辛丑〉; 〈答李進士萬封書 辛丑七月〉; 〈答李進士萬封書 壬寅二月〉.

[13] 《孤山遺稿》 권4, 〈與李師傅褥書 丙戌〉.

[14] 《古文書集成》 3 해남윤씨 편, 〈己丑年五月二十九日坡山先祖墓位畓立券〉, 한국학중앙연구원, 1986.

[15] 문숙자, 〈17세기 해남윤씨가(海南尹氏家)의 묘위토(墓位土) 설치와 묘제(墓祭) 설행 양상—친족결합 장치와 종가(宗家)의 역할에 대한 고찰〉, 《역사와 현실》 87, 2013.

[16] 그러나 여성은 본인의 이름이 아닌 사위 이름으로 기재하고 있는데 이러한 기재 방식은

조선 전기의 족보들도 마찬가지이다.

[17] 처가의 경우는 처의 4조(부, 조부, 증조부, 외조부)를 부주附註로 기록하였다.

[18] 《海南尹氏族譜》(壬午譜), 〈序文〉.

[19] 백광렬, 〈조선후기 '양반지배네트워크'의 성격과 구조변동—상층양반의 친족연결망을 중심으로〉, 서울대학교 박사학위논문, 2017.

[20] 그러나 첩妾(측실)은 기재하지 않았고 서자庶子에 대한 기재 내용은 적자嫡子보다 매우 소략하였다.

[21] 이남희, 〈조선 사회의 유교화(儒敎化)와 여성의 위상—15·16세기 족보를 중심으로〉, 《원불교사상과 종교문화》 48, 원광대학교 원불교사상연구원, 2011.

[22] 고영진, 〈양반관료 유희춘의 관계망〉, 《사회적 네트워크와 공간》, 이태진교수 정년기념논총 간행위원회, 태학사, 2009.

[23] 安承俊, 〈16~18世紀 海南尹氏家門의 土地·奴婢所有實態와 經營—海南 尹氏古文書를 중심으로〉, 《淸溪史學》 6, 1989.

[24] 윤선도의 혈연관계는 《해남윤씨족보》를, 교류내용은 《고산유고》를 중심으로 정리하였다.

[25] 현재 주소는 강진군 도암면 계라리 한천동이다.

[26] 현재 주소는 강진군 도암면 강정리 덕정동이다.

[27] 정윤섭, 《해남윤씨가의 간척과 도서島嶼 경영》, 민속원, 2012.

[28] 《실록》에서는 윤의중이 해남 사람으로 한미한 가문 출신이었으나 일생 산업을 영위하여 자신만을 살찌웠으므로 부가 호남에서 제일이었는데 사람들이 모두 탐욕스럽고 비루하다고 지목하였다고 적고 있다(《宣祖修正實錄》 권15, 선조 14년 5월 1일 癸亥 참조).

[29] 김창원, 〈李賢輔에서 尹善道로—族譜의 家系圖를 따라서〉, 《고전과 해석》 2, 고전문학한문학연구학회, 2007.

[30] 묘소의 위치는 《해남윤씨족보》(임오보)에 기록된 그대로 적었다.

[31] 기존 연구에서는 대부분 윤선도가 서울에서 태어나서 생활하다 25세 때인 1611년 처음 해남으로 귀향한 것으로 서술하고 있는데, 고향 친구에게 보내는 한 시에서 본인이 15세 때 과거공부 하러 서울에 올라왔다고 밝히고 있어 좀 더 세밀히 고찰해볼 필요가 있

다(尹善道, 〈次韻酬張子浩 丁未〉, 《孤山遺稿》권1 참조).

[32] 《孤山遺稿》권1, 〈次韻謙甫叔丈詠懷 二首 丙辰〉; 〈辛未三月與李子容張子浩泛舟由頭無浦泝流而上遊東湖三日乃還臨行自內殿賜送酒饌子容爲樂主時也因賦得〉; 《孤山先生年譜》권1, 戊戌 四月.

[33] 《孤山遺稿》권1, 〈次韻酬張子浩 丁未〉.

[34] 《광해군일기》권111, 광해군 9년 1월 7일 癸酉.

[35] 《孤山遺稿》권5上, 〈抵人書〉.

[36] 윤선도의 친구와의 교류내용은 《고산유고》를 중심으로 정리하였으며 《실록》과 족보 등을 참조하였다. 뒤의 표들도 마찬가지이다.

[37] 고영진, 〈비판적 지식인으로서의 윤선도의 삶〉, 《歷史學研究》68, 2017.

[38] 《孤山遺稿》권5上, 〈三水校生等呈本郡書 壬寅十二月〉.

[39] 《孤山遺稿》권5下, 〈三水郡先生案序〉.

[40] 《孤山遺稿》권1, 〈戲贈路傍人 丁巳〉; 〈復用前韻贈洪獻禮勝二郎〉.

[41] 백광렬, 〈조선후기 '양반지배네트워크'의 성격과 구조변동—상층양반의 친족연결망을 중심으로〉, 서울대학교 박사학위논문, 2017.

[42] 崔溥의 사상에 대해서는 김봉곤, 〈崔溥의 中國漂海와 儒學思想〉, 《韓國思想史學》40, 2012 참조.

[43] 유계린柳桂隣은 유희춘柳希春의 부이다.

[44] 임우리林遇利는 임억령林億齡의 숙부이다.

[45] 윤인숙, 《조선전기의 사림과 〈소학〉》, 역사비평사, 2015.

[46] 이종범, 〈海南尹氏家의 學問과 朋黨政治〉, 《韓國服飾》27, 단국대학교 석주선기념박물관, 2009.

[47] 《孤山遺稿》권3上, 〈國是疏〉, "可謂吾東之眞儒 而亞於李滉者也"

[48] 〈國是疏〉를 올린 직후인 1658년 11월 윤선도는 자신이 교정본《우득록》을 정세규鄭世規에게 보내 조경趙絅과 함께 수정을 해달라고 부탁한다. 1692년(숙종 18) 간행된《우득록》은 바로 윤선도의 교정본을 바탕으로 허목이 약간 수정한 것이다《孤山遺稿》권4, 〈上鄭知事世規 戊戌十一月〉 참조).

49 《孤山遺稿》, 附錄 〈諡狀〉, "又欲刊鄭困齋愚得錄以示來學 工費旣具 而遇庚子之禍不果焉".

50 《孤山遺稿》권3上, 〈國是疏〉.

51 《孤山遺稿》권4, 〈上鄭知事世規 戊戌十一月〉.

52 《孤山遺稿》권3上, 〈國是疏〉, "非徒士林之師宗 名卿薦進 聖主旌招非一非再 則決非凡人也".

53 정개청은 서경덕徐敬德의 문인이기도 하다《己丑錄》下, 〈困齋先生行狀〉 참조).

54 《실록》에는 윤선도의 아버지인 윤유기尹唯幾가 본래 이이첨의 당류黨類였다고 기록하고 있으며 윤선도의 7촌 족숙族叔인 윤유겸尹唯謙 역시 이이첨의 당류로 허균과 절친했다고 한다. 또한 윤선도의 서제庶弟가 유희분柳希奮의 사위였다《광해군일기》권110 광해군 8년 12월 丁巳; 권131 광해군 10년 8월 辛巳; 《孤山遺稿》권5上〈與泰仁倅李敏政書〉丙午七月 참조).

55 이발李潑의 부친인 이중호李仲虎가 윤구의 사위였다.

56 정개청鄭介淸을 비롯한 북인계 남인의 사상적 특징에 대해서는 정호훈, 《朝鮮後期 政治 思想 硏究 –17세기 北人系 南人을 중심으로–》, 혜안, 2004 참조.

57 정호훈, 《朝鮮後期 政治思想 硏究–17세기 北人系 南人을 중심으로–》, 혜안, 2004.

58 문위文緯는 정구鄭逑의 문인이다.

59 신병주, 〈17세기 政局의 전개와 趙絅의 정치적 활동〉, 《朝鮮時代史學報》80, 2017.

60 《孤山先生年譜》권2, 顯宗大王元年 庚子 四月.

61 《孤山遺稿》권5上, 〈答趙龍洲別幅 同年九月〉.

62 《孤山遺稿》권1, 〈題洪獻義妓趙生帖後〉.

63 《선조수정실록》권23, 선조 22년 12월 1일 甲戌.

64 《孤山遺稿》권4, 〈上鄭知事世規書 戊戌十月〉.

65 안방준安邦俊의 《五臣傳》에서의 5신五臣은 정개청鄭介淸, 이발李潑, 이길李洁, 유몽정柳夢 井, 조대중曺大中을 가리킨다《孤山遺稿》권4, 〈上鄭知事世規書別幅 己亥正月〉 참조).

66 《숙종실록》권5, 숙종 2년 2월 28일 庚辰.

67 《孤山遺稿》권4, 〈答耽羅伯李元鎭書 辛卯〉, .

68 강대민·박병련, 〈진주지역 향촌지배층의 형성과 변화〉, 《남명학파와 영남우도의 사림》, 예문서원, 2004.

69 《孤山遺稿》권4, 〈敬和呈謙齋靜案 丙午〉.

70 《顯宗實錄》권6, 현종 4년 4월 19일 丙辰.

71 金東洙, 〈16~17世紀 湖南士林의 存在形態에 대한 一考察－특히 鄭介淸의 門人集團과 紫山書院의 置廢事件을 중심으로 하여－〉, 《歷史學硏究》Ⅶ, 전남대학교 사학회, 1977.

72 《孤山遺稿》권1, 〈挽羅慶州 丙午〉.

732 고영진, 〈이황학맥의 호남 전파와 유학사적 의의〉, 《退溪學과 韓國文化》32, 경북대학교 퇴계연구소, 2003.

74 《孤山遺稿》권4, 〈答權贊善諰抵他人小紙 戊戌七月〉.

75 이경석李景奭은, 부친인 이유간李惟侃이 서경덕 문인이었던 민순에게 수학하는 등 서경덕학파와도 연이 닿고 있다(전다혜, 〈17세기 관료학자 李景奭의 현실인식과 정치활동〉, 건국대학교 석사학위논문, 2014 참조).

76 《孤山先生年譜》권1, 壬子.

77 《孤山先生年譜》권1, 丁卯.

78 《孤山遺稿》권1, 〈聯句 同年〉.

79 《孤山遺稿》권1, 〈戲次方丈山人芙蓉釣叟歌 壬辰〉.

80 《孤山遺稿》권1, 〈次鄭子羽韻詠黃閣老松棚八景〉.

81 《孤山遺稿》권1, 〈贈別權伴琴 癸未〉.

82 尹愃, 《甫吉島識》.

83 《孤山遺稿》권4, 〈答鄭進士吉甫書 壬寅二月〉.

84 《孤山遺稿》권3下, 〈答族叔書〉；권4, 〈答李玄風必成書 壬申〉；권6下, 別集 〈漁父四時詞〉

85 《孤山遺稿》권4, 〈上鄭知事世規別幅 己亥正月〉 "學未至於知之至 而輕爲言論故歟 抑欲掃刼嶺南先賢之論 而自立門戶歟"

86 호남사림의 학맥에 대해서는 고영진, 《호남사림의 학맥과 사상》, 혜안, 2007 참조.

[87] 조성산, 〈18세기 영·호남 유학의 학맥과 학풍〉, 《국학연구》9, 2006.

[88] 金鍾西, 〈16世紀 湖南詩壇과 唐風〉, 성균관대 박사학위논문, 2003, 31~66면.

[89] 《孤山遺稿》권1, 〈挽柳南原時定 戊戌〉.

[90] 《孤山遺稿》권4, 〈答耽羅伯李元鎭書 辛卯〉.

[91] 《孤山遺稿》권3下, 〈上本縣城主書〉.

[92] 《孤山遺稿》권1, 〈挽金士元 乙酉〉.

[93] 《孤山遺稿》권3下, 〈上錦溪君朴東亮書 丁卯〉.

[94] 《孤山遺稿》권4, 〈上禮曹判書書 同年〉.

[95] 안상우, 〈海南尹氏 孤山 尹善道의 醫藥事跡〉, 《도서문화》46, 2015.

[96] 金柄憲, 〈孝宗大王 寧陵의 擇山論爭〉, 《朝鮮時代史學報》69, 2014.

[97] 《孤山先生年譜》권2, 庚子 二月.

[98] 이경석은 예송으로 삼수에 귀양 가 있던 윤선도를 광양으로 이배하는 일과 석방하는 일 모두 힘쓰기도 하였다(《현종실록》권10, 현종 6년 2월 25일 壬午 ; 권14, 현종 8년 7월 21일 癸亥 참조).

[99] 《광해군일기》권124, 광해 10년 2월 6일 丙申.

[100] 《孤山遺稿》권5上, 〈與南兵使李汝發書別幅 壬寅十一月〉.

[101] 《孤山遺稿》권5下, 〈三水郡先生案序〉.

[102] 安承俊, 〈16~18世紀 海南尹氏家門의 土地·奴婢所有實態와 經營—海南 尹氏古文書를 중심으로〉, 《淸溪史學》6, 1989.

[103] 문숙자, 〈조선후기 兩班家系와 地域民의 관계 및 그 변화양상—해남윤씨 고문서를 중심으로〉, 《古文書硏究》48, 2016.

[104] 한효정, 〈소송을 통해 본 17세기 노비횡탈 양상—해남尹氏家(海南尹氏家) '안심(安心)' 자녀 소송 문서를 중심으로〉, 《역사와 현실》87, 2013.

[105] 고부림高傅霖은 고경명高敬命의 손자이자 고인후高因厚의 장남이다.

[106] 한상권, 〈17세기 중엽 해남 윤씨가의 노비소송〉, 《古文書硏究》39, 2011.

[107] 윤형언尹衡彦은 윤선도의 장인 윤돈尹暾의 형 윤엽尹曄의 아들이다.

108 《孤山遺稿》권3下, 〈答尹御史衡彦書〉.

109 李成妊, 〈16세기 향반사회의 "膳物經濟"〉, 《韓國史研究》130, 한국사연구회, 2005.

110 《孤山遺稿》권4, 〈呈康津城主書〉.

111 《孤山遺稿》권3下, 〈呈海南城主書〉.

112 《孤山遺稿》권4, 〈上城主書 丁酉〉.

113 《孤山遺稿》권4, 〈抵全南方伯書 丙申〉; 〈呈全南方伯單 丙申〉; 〈答全南巡相趙啓遠書 丙申十月〉; 〈與全南巡相別幅 丙申十一月〉.

114 《孤山遺稿》권4, 〈呈海南城主單子〉.

115 《孤山遺稿》권5下, 〈鄉社堂條約 丙申〉.

116 《孤山遺稿》권5下, 〈上本縣城主書〉.

117 윤선도와 교류가 보이지 않는 윤몽린, 윤지겸, 윤지눌, 윤지성 집안의 가계는 생략하였다.

118 윤선도와 교류가 보이지 않는 윤안중, 윤면중, 윤택중 집안의 가계는 생략하였다.

119 윤선도와 교류가 보이지 않는 윤민중, 윤시중, 윤굉중, 윤신중 집안의 가계는 생략하였다.

Ⅳ. 조선의 비판적 지식인들

1 정용건, 〈中宗代 文人의 昭陵 復位에 대한 기록의 양상과 그 의미〉, 《東洋古典研究》78, 동양고전학회, 2020.

2 《성종실록》권91, 성종 9년 4월 丙午.

3 《성종실록》권91, 성종 9년 4월 丙午.

4 《성종실록》권91, 성종 9년 4월 己亥.

5 《성종실록》권91, 성종 9년 4월 庚子.

6 《성종실록》권91, 성종 9년 4월 辛亥.

[7] 《성종실록》권91, 성종 9년 4월 丙午, 辛亥.

[8] 《성종실록》권91, 성종 9년 4월 乙卯, "上曰 此人所言雖非 旣求言而又問之可乎 彼雖朋 比 無能爲也 狂童之事 烏足問哉….領事盧思愼 正言成聃年曰 此人等因求言而言 言 雖不中 乃狂童之事 推鞫未便".

[9] 《秋江集》권6, 〈墓碣銘〉, "時人皆目之爲狂生".

[10] 이종범, 《사림열전 2》, 아침이슬, 2008, 212~218면.

[11] 《濯纓集》續集上, 〈請復昭陵疏 辛亥十月壬戌因辭忠淸都事〉, "批 爾能言人之所不能 言 忠鯁可尙 予亦不安於心者 有年矣 然玆事至重且大 從當有酌量之道 爾其勿辭 往 欽哉".

[12] 《연산군일기》권5, 연산군 1년 5월 庚戌.

[13] 《연산군일기》권5, 연산군 1년 12월 己卯.

[14] 《濯纓集》續集上, 〈請復昭陵再疏 丙辰正月丙午〉.

[15] 《중종실록》권17, 중종 7년 11월 壬辰.

[16] 경석현, 〈15세기 후반 朱子學的 災異論의 대두―성종 9년(1478) 南孝溫(1454~1492)의 〈昭陵追復疏〉를 중심으로〉, 《朝鮮時代史學報》81, 2017에서는 남효원의 〈소릉복위소 〉를 15세기 후반부터 대두하는 주자학적 재이론에 기반한 상소의 선구적인 예로 평가 하였다.

[17] 李賢珍, 〈조선전기 昭陵復位論의 추이와 그 의미〉, 《朝鮮時代史學報》23, 2002.

[18] 《중종실록》권22, 중종 10년 7월 辛亥; 권28, 中宗 12년 7월 丙申.

[19] 신비복위소는 박상과 김정, 유옥 세 사람이 함께 작성하였지만 상소에는 박상과 김정, 두 사람의 이름만 올렸다. 당시 유옥은 노모가 있었지만 형제가 없어 죽게 되면 부양할 사람이 없게 되자 박상과 김정이 이름을 빼는 것이 옳다 하여 상소문에 이름을 넣지 않 았기 때문이라고 한다(이해준, 〈순창의 삼인대 비와 신비복위소〉, 《순창의 역사와 문화》, 전북 전통문화연구소, 2002 참조).

[20] 《중종실록》권22, 중종 10년 8월 壬戌.

[21] 《중종실록》권22, 중종 10년 8월 壬戌.

[22] 《중종실록》권22, 중종 10년 8월 壬戌.

23 《중종실록》 권22, 중종 10년 8월 乙丑.

24 《중종실록》 권22, 중종 10년 8월 乙丑.

25 《중종실록》 권22, 중종 10년 8월 丙寅.

26 《중종실록》 권22, 중종 10년 8월 丁卯, 己巳.

27 《중종실록》 권22, 중종 10년 8월 丁丑, 戊寅.

28 《중종실록》 권22, 중종 10년 8월 己卯.

29 안당은 이에 덧붙여 대간도 시비를 다툴 때 착오가 있을 수도 있는데, 중종이 추고해서 치죄해서는 안 된다는 의정부와 육조의 말은 좇지 않고 치죄를 주장하는 대간의 말만 좇는다고 비판하여 대간들의 탄핵을 받기도 하였다(《중종실록》 권22, 중종 10년 8월 庚辰, 壬午 참조).

30 《중종실록》 권22, 중종 10년 8월 庚辰.

31 《중종실록》 권22, 중종 10년 11월 甲辰.

32 《중종실록》 권25, 중종 11년 5월 戊子.

33 이해준, 〈愼妃復位疏 論難과 再評價의 性格〉, 《儒學硏究》 28, 충남대학교 유학연구소, 2013.

34 송웅섭, 〈기묘사림과 '공론지상주의'〉, 《역사와 현실》 108, 한국역사연구회, 2018.

35 김영수, 〈동아시아 군신공치제의 이론과 현실: 태조-세종대의 정치운영을 중심으로〉, 《한국동양정치사상사연구》 제7권 2호, 한국동양정치사상사학회, 2008.

36 《孟子》 告子下, "君子之事君也 務引其君以當道 志於仁而已".

37 《孟子》 離屢上, "惟大人 爲能格君心之非".

38 《孟子》 萬章下, "貴戚之卿...君有大過則諫 反覆之而不聽則易位……異姓之卿……君 有過則諫 反覆之而不聽則去".

39 《성종실록》 권262, 성종 23년 2월 壬戌, "一國之人 以爲當然者 謂之公論".

40 《栗谷全書》 권7, 〈辭大司諫兼陳洗滌東西疏 己卯〉, "人心之所同然者 謂之公論 公論 之所在 謂之國是 國是者一國之人 不謀而同是者也".

41 송웅섭, 〈조선 초기 공론의 개념에 대한 검토—대간 언론과의 비교를 통해서〉, 《한국학 연구》 39, 인하대학교 한국학연구소, 2015.

[42] 최이돈, 〈公論政治의 형성〉,《조선중기 사림정치》, 경인문화사, 2017.

[43]《孤山遺稿》附錄,〈諡狀〉.

[44]《秋江集》권7, 雜著〈師友名行錄〉姜應貞.

[45]《성종실록》권91, 성종 9년 4월 丙午.

[46] 윤인숙,《조선 전기 사림과 〈소학〉》, 역사비평사, 2016, 152~168면.

[47]《濯纓先生年譜》辛亥年 三月條.

[48]《象村稿》권36,〈書六臣傳後〉.

[49] 정출헌,《남효온평전─유교문명의 성쇠를 꿈꾼 이상주의자의 희망과 좌절》, 한겨레출판, 2020, 163~177면.

[50]《사우문인록師友門人錄》은 일반적으로 스승과 동료, 제자들을 수록한 것이고《사우록師友錄》은 스승과 동료,《문인록門人錄》은 제자와 문인들을 수록한 것이다. 이 시기에《문인록》보다는《사우문인록》이나《사우록》이 상대적으로 많이 편찬된 것은 도통道統의식보다는 학문적 동류同類의식이 강했다는 의미이다(고영진, 〈조선시대 유학 계보 연구의 검토〉,《韓國思想史學》, 한국사상사학회, 2012 참조).

[51] 남효온의 〈사우명행록師友名行錄〉에 수록된 인물은 김굉필, 안우, 권안, 정여창, 이정은, 이분, 노조동, 정세린, 김시습, 홍유손, 유종선, 우선언, 김균, 최하림, 이달선, 권경유, 이윤종, 고순, 신영희, 이종준, 김응기, 김응규, 이총, 이현손, 윤신, 이적, 허반, 민구손, 신용개, 이주, 이원, 이계맹, 이세칙, 장세필, 최세명, 안계송, 신포, 구영안, 이심원, 강응정, 안응세, 채순, 한훈, 강흔, 조자지, 강백진, 김용석, 이장길, 최중성, 노섭, 유방, 조원기, 조광림, 정붕 등 54명이다(《秋江集》卷7, 雜著〈師友名行錄〉참조).

찾아보기

비판적 지식인 윤선도 : 사상과 네트워크

2022년 10월 2일 초판 1쇄 인쇄
2022년 10월 9일 초판 1쇄 발행

글쓴이	고영진
펴낸이	박혜숙
디자인	이보용
펴낸곳	도서출판 푸른역사

　우) 03044 서울시 종로구 자하문로8길 13

　전화: 02)720－8921(편집부) 02)720－8920(영업부)

　팩스: 02)720－9887

　전자우편: 2013history@naver.com

　등록: 1997년 2월 14일 제13－483호

ISBN 979－11－5612－229－6 93900